BSO

Redaktion: Norbert Adam, Werner Czisek, Friedrich Holzweber
Herstellung: Bohmann Druck und Verlag Gesellschaft m.b.H. & Co. KG., Wien,
Printed in Austria
Titelfoto: Sigrid Wolf, Foto Votava
Titelentwurf und Layout: Fritz Kobelhirt
256 Seiten, 24 Farbbilder, 53 Schwarzweißbilder

# sport 87/88

## ÖSTERREICHISCHES SPORTJAHRBUCH

HERAUSGEGEBEN
VON DER
ÖSTERREICHISCHEN
BUNDES-SPORTORGANISATION

BSO

BMUKS

MIT UNTERSTÜTZUNG DES
BUNDESMINISTERIUMS FÜR
UNTERRICHT, KUNST
UND SPORT

edition SPORT
Bohmann Verlag

# Inhaltsverzeichnis

# Vorwort des Vorsitzenden 1987 der Österreichischen Bundes-Sportorganisation Hofrat Prof. Anton Weghofer

## Liebe Leser!

Vor Ihnen liegt der 30. Band des „Österreichischen Sportjahrbuches“, seit es in ununterbrochener Reihenfolge erscheint. 20 Jahre davon fungiert die Österreichische Bundes-Sportorganisation als Herausgeber.
Anläßlich dieses kleinen Jubiläums sei auch auf die Entwicklung des Jahrbuches hingewiesen.

1938 gelangte der vorbereitete Jahrgang nach der Besetzung durch Deutschland nicht mehr zur Veröffentlichung (die ersten Bände waren 1936 und 1937 erschienen).

1947 war der erste Nachkriegsband durch das BMUK aufgelegt worden.

1948 gab es ein sehr umfangreiches Jahrbuch, sozusagen als Leistungsnachweis des wiedererstandenen Sports in Österreich.

1949–1957 schlug die Wirtschaftskrise zu, es folgte eine Unterbrechung von genau einem Jahrzehnt, ehe

1958 wieder ein „Jahrbuch“ erschien. Seither allerdings in ununterbrochener Reihenfolge, wobei

1968 die Österreichische Bundes-Sportorganisation, nach einem Konzept von Redakteur Norbert Adam, das auch heute noch Gültigkeit hat, die Federführung und Herausgabe mit Unterstützung des BMUK übernahm.

Bis dahin hatte das Jahrbuch kleine Auflagen und kostete schon öS 250,– pro Exemplar. Jetzt ist der Berichtszeitraum und Inhalt den Bedürfnissen der Verbände angepaßt, der Preis liegt (trotz allen Kostensteigerungen der letzten 20 Jahre) noch immer 40% unter jenem von damals, und die Qualität hat sich stetig verbessert. Als Leistungsnachweis des österreichischen Sports erfreut sich das Jahrbuch im In- und Ausland größter Anerkennung und Beliebtheit und es gehört heute zum Fixbestandteil des heimischen Sports.
Wir können stolz darauf sein.

Anläßlich der Bundes-Sportversammlung 1987 übergab Präsident Heller den Vorsitz der Bundes-Sportorganisation an Hofrat Prof. Weghofer.
V. l. n. r.: Dr. Zeh, Hofrat Prof. Weghofer, Bundesminister Dr. Hawlicek, Präsident Heller *(Foto Zink)*

Frau Bundesminister Dr. Hilde Hawlicek begrüßt den neuen Gruppenleiter Sport-Ministerialrat Mag. Baldur Preiml *(Foto Sündhofer)*

# Vorwort der Frau Bundesminister für Unterricht, Kunst und Sport, Dr. Hilde Hawlicek

Im Berichtszeitraum ergaben sich neue Wege und Möglichkeiten allein durch das größer werdende Freizeitangebot. Im Bereich der Traineraus- und -fortbildung wurden neue Lehrpläne ausgearbeitet und jene, die nicht mehr den Anforderungen und Gegebenheiten entsprachen, modifiziert bzw. novelliert.

Neue Möglichkeiten hat der immer größer werdende Freizeitsport eröffnet: Freude, Lust an der Bewegung, am Sportgeschehen hat den reinen Fitneß-Gedanken etwas zurückgedrängt. Natürlich spielt der gesundheitliche Faktor nach wie vor eine bedeutende Rolle. In diesem Zusammenhang ist es besonders erfreulich, daß das leidige Dopingproblem im heimischen Leistungs- und Spitzensport nicht existent ist.

Mit, wie ich glaube, berechtigtem Stolz dürfen wir auf die Abwicklung mehrerer Großsportveranstaltungen in jüngster Zeit zurückblicken. Mit Stolz deshalb, weil es nicht nur organisatorisch einwandfreie, sportlich faire, sondern auch finanzielle erfolgreiche Veranstaltungen waren.

Ein weiterer Schwerpunkt war die organisatorische und sportliche Vorbereitung auf die Olympischen Winterspiele in Calgary, wobei Österreich 86 Aktive, das bisher größte Kontingent an Wintersportlern aufgeboten hat. Neben der überragenden Bedeutung der Olympischen Spiele – natürlich auch der bevorstehenden Olympischen Sommerspiele in Seoul – werden in absehbarer Zeit weitere international bedeutende Sportereignisse in Österreich abgewickelt, wobei sich unsere Heimat als wichtiger Faktor des internationalen Sportgeschehens manifestieren kann.

# 1987 in Kommentar und Feuilleton

## Oder: Zweimal Berger über alles!

Wer den Schaden, wer keine Goldmedaille bei den alpinen Ski-Weltmeisterschaften hat, der braucht für den Spott im Sport nicht zu sorgen: Auf den Wiesen von Crans Montana hielten Streckenposten weiterhin Wacht, so hieß es geraume Zeit nach den Titelkämpfen, weil man ja nicht wisse, ob nicht doch noch ein Österreicher herunterkomme.

Humor ist ...: Wie die vielen Schweizer Siege, so müssen wir halt auch die Witze aushalten, noch dazu, wenn wir sie ja selber provozierten, als wir das Wachs wachsen hörten. Die Österreicher trügen nur einen Handschuh, um den Schweizern im Ziel rasch gratulieren zu können ... Dieter Bartsch habe den Seinen aufgetragen, im oberen Streckenteil nicht voll aufzudrehen, weil die Zeit ja erst unten genommen wird ...

Personelle Rochaden, knapp vorm Olympia-Winter ein notwendiges Resultat innerösterreichischen Hickhacks, lösten dann den Knoten.

Es ging um des Kaisers Bart(sch), der rasch ab war. Nolens volens gingen mit ihm auch noch zwei andere durchaus Verdienstvolle. Statt ihnen kam einer, über den Hans Pum namens der ÖSV-Trainer meinte: „Er war schon immer unser Wunschmann."

Ein Wunschmann ist freilich kein Wundermann, auch nicht, wenn er für drei arbeitet.

Vielleicht sollten auch wir von den Medien mithelfen, daß die Nerven der Akteure weniger flattern. Wir müssen es alle mitsammen ruhiger, sportlicher nehmen. Das Vaterland geht nicht zugrunde, wenn ein Unsriger das Siegespodest verfehlt.

Freuen wir uns mit der zweifach vergoldeten Maria Walliser, die bei dieser Weltmeisterschaft so viel Reklame für den Sport machte, eine strahlende Gewinnerin, bildhübsch und klug, ehrgeizig und mutig.

Wir kamen zu Geld, auch ein Trost:

Zwei Drittel aller WM-Medaillen wurden auf österreichischen Skiern gewonnen.

## Doch noch ÖSV-Gold

Die Öffentlichkeit klatschte Beifall: Sportminister Hilde Hawlicek machte Baldur Preiml zum Nachfolger des verstorbenen Niki Mader. Im Metier des neuen Sportchefs, im Skispringen, wurde indessen sein Erfolgsweg fortgesetzt. Unser Schürfen nach Gold war bei der Weltmeisterschaft in Oberstdorf von Erfolg gekrönt, als Andi Felder auf der 90-m-Schanze gewann. Ernst Vettori stellte sich ebenso mit Bronze ein wie Österreichs Team im Mannschaftsspringen.

„Gut, daß wir nicht Erster wurden", stoßseufzte Österreichs Eishockey-Trainer Ludek Bukac, als wir bei der B-Weltmeisterschaft im italienischen Canazei „nur" den 3. Platz belegten. Sonst hätten wir in der A-Klasse hohe Niederlagen gewärtigen müssen. Die Hauptsache, wir haben uns für die Olympischen Spiele in Calgary qualifiziert, – unsere Kanadier werden dort Heimvorteil genießen, go, Austria, go!

## Nach Art des Seisenbachers

Augen werden die Koreaner machen, wenn wir bei den Olympischen Spielen in Seoul, wie es geplant ist, mit einem Chinesen als Tischtennisspieler einziehen werden und mit einem Afrikaner als Boxer. Wir haben sie eingebürgert, weil sie in ihren Sportarten unsere Besten sind.

Peter Seisenbacher wird dort seine Goldmedaille von Los Angeles verteidigen. Wie wir Sport verstehen, führte unser Modellathlet übrigens beim Judo-Weltturnier in Leonding vor:

Auf Ippon für ihn entschied der Kampfrichter im Finalkampf bis 86 Kilo. Damit wäre das Treffen beendet gewesen. „Kein Ippon", machte aber Seisenbacher den Unparteiischen aufmerksam. Der Gegner habe ein Bein eingeklemmt gehabt. Daraufhin wurde weitergekämpft. Unser Mann siegte nach 3,20 Minuten mit Festhaltegriff und landete so den einzigen österreichischen Sieg.

Wie eine Politesse richtig zupackt, zeigte die Steirerin Edith Hrovat bei der Judo-Europameisterschaft in Paris, wo sie sich und Österreich versilberte – genau wie der Salzburger Niki Stajkovic beim Europachampionat im Kunstspringen in Straßburg! Dabei hatte er schon geführt, war dann aber auf dem nassen Brett ausgerutscht und hatte so die Goldmedaille noch an einen Bundesdeutschen „verschenkt". Zu nervös gewesen, zuwenig selbstbewußt?

Gleichwie, war's in diesem Sport immerhin Österreichs größter Erfolg seit 25 Jahren, als der Wiener Kurt Mrckwicka Europameister geworden war.

Das Klischee des „schlappen" Österreichers, der nur die Gemütlichkeit und das Brathendl im Sinn hat, korrigieren unsere Sportler im übrigen ja immer wieder: Wie vor ihm schon ein Niki Lauda, so besiegte sich im Motorsport auch der Oberösterreicher Gustl Auinger selbst. Beim Weltmeisterschafts-Lauf der 125-ccm-Klasse im italienischen Misano schlug ihn, den Privatfahrer, nur der Weltmeister. Dabei fuhr er nach seiner Sturzverletzung in Salzburg mit einem Korsett und „unter höllischen Schmerzen". Unter diesen Umständen war sein zweiter Platz sein bisher größter Erfolg. Die Siegerehrung stand er noch durch. Im Bett seines Wohnwagens sank er aber dann sogleich ins Reich der Träume.

Um beim Abstempeln der Österreicher im Ausland zu bleiben: Ganz „unösterreichisch" fuhr der Oberösterreicher Christian Steineder bei der Motorboot-Weltmeisterschaft in Berlin nach einem schrecklich aussehenden Zusammenstoß mit einem deutschen Boot doch noch weiter – und gewann. Es geschah im ersten von vier Läufen.

Echt „österreichisch" trat er aber zum vierten Durchgang gar nicht mehr an, um seinen bereits feststehenden Weltmeistertitel zu begießen.

## Unsere Radler: Gleich zweimal mit Bronze da

Ob bei den Olympischen Spielen oder bei Weltmeisterschaften, wir waren stets heilfroh, wenn unser Rad-Vierer noch unter die ersten Zehn rutschte. Darum konnten wir auch außer uns sein vor Freude, als Österreichs Quartett im 100-Kilometer-Mannschaftsfahren bei der Weltmeisterschaft in Villach auf den dritten Platz nach vor rollte. Obwohl er mit Polen schon Gold erobert hatte, nannte Österreichs Trainer Karol Madaj diese Bronzemedaille seinen schönsten Sieg:

Die Freude war übergroß. 3. Platz bei der Weltmeisterschaft (Mannschaft 100 km) in Villach. Die Fahrer danken dem erfolgreichen Trainer. V. l. n. r.: Wechselberger, Rassinger, Madaj, Traxl, Lienhart *(Foto Sündhofer)*

„Man muß ja wissen, daß viele Radfahrländer, die wir hinter uns ließen, vor allem die Oststaaten, ganz andere, viel bessere Voraussetzungen haben als wir." Als Karol Madaj Helmut Wechselberger, Bernhard Rassinger, Mario Traxl und Hans Lienhart gratulierte, füllten sich seine Augen. Er war nie gerührter.

Mit gutem Beispiel, mit der Bronzemedaille, war schon der Niederösterreicher Roland Königshofer im Amateur-Steherbewerb der Weltmeisterschaft in der Wiener Ferry-Dusika-Halle vorangefahren. „Ich bin so stolz auf dieses Publikum", gab unser WM-Dritter völlig Ungewohntes von sich. Denn stolz waren die 4200 Zuschauer, die ihn so feurig antrieben, ja vor allem auf ihn und seinen Wiener „Vorfahrer".

## Sag' beim Abschied ...

Wie wir den Fußball umschmeicheln sollten, spielten uns die trickreichen Portugiesen des FC Porto im Praterstadion bei ihrem 2:1-Sieg im Europacup-Finale über Bayern München vor. Statt die Konkurrenz am Wiener Schmäh zu halten, mußten wir uns dagegen gleich in drei Bewerben vorschnell verabschieden, Adieu Europameisterschaft, Adieu Olympische Spiele und Adieu Europacup!

Leider glaubten wir nicht an uns. So konnten wir in Wien gegen Spanien den Sieg nicht erwarten. Statt unsere rollenden Angriffe auch nach dem 2:2 fortzusetzen (sie eröffneten immer wieder Tormöglichkeiten), änderten wir eine Viertelstunde vor Schluß plötzlich unsere Spielanlage. Wir stellten um, wir bauten auf die Brechstange und brachten uns so völlig aus der Kontrolle. Prompt kassierten wir in der vorletzten Minute noch ein Tor, das uns 2:3 verlieren ließ und jede Chance nahm, in die Endspiele der Europameisterschaft zu kommen. Da wog auch der Gewinn von sechs Millionen Schilling, eingenommen von den 42.800 Zuschauern, vom Fernsehen und aus der Werbung, nicht mehr viel.

Wie der Vater mit dem Sohne wurde zu unserer Enttäuschung in einem freundschaftlichen Match in Banja Luka nicht gespielt, sondern gerade umgekehrt: Elsner jun., Jugoslawiens Libero, spielte mit Elsner sen., Österreichs Teamchef, „Vater, leih mir d'Scher". Wir wurden mit 4:0 abserviert. Doch spricht's nicht für den Sport, ist's nicht schön, wenn sich die Fronten wie in einem solchen Familienspiel derart aufweichen?

Format bewies der Laibacher Fußballprofessor, auch in der Niederlage stets ein Gentleman, wie er aus eigenem ging. Als wir im November im Linzer Stadion in der Olympia-Qualifikation den 3:2-Gewinn vom Hinspiel gegen Belgien nicht wiederholen konnten und 0:1 verloren, verzichtete er auf vielleicht doch noch kommende Ehr', jedenfalls aber auf viel Geld. „Ich bin innerlich kaputt", so begründetete er den Rücktritt, und er schäme sich, in den drei Jahren als Teamchef seine Ziele nicht erreicht zu haben. Wenn dabei jemand rot werden müßte, wären es freilich jene Spieler, die das Vertrauen, das er in sie gesetzt hatte, nicht rechtfertigen konnten.

Wenigstens im Resultat, für uns ging's ja um nichts mehr, legten sie beim Wiener 0:0 gegen Rumänien sich und ihm dann noch ein schönes Bild ein.

Ebenfalls in Linz verabschiedete sich ein Großer unseres Sports. Der Wiener Franz Wöhrer, einer der zeitlos besten österreichischen Schiedsrichter, leitete sein letztes Oberliga-Spiel im Land. Das Weltcupfinale war dann „nur" noch sein allerletztes Finale.

Der eine geht, und der andere kommt: Wenn er auch noch daran würgt, sich als Trainer außer in Holland, Belgien und Deutschland nun in Österreich durchzusetzen, würzt die Heimkehr Ernst Happels unseren Fußball-Eintopf doch sehr. Der einstige Rapidler verspürt jedoch am eigenen Leib, wie schwer es ist, sich im Fußball als „Provinzler" durchzusetzen. Da wird der Holländer Schinkels mit dem Hinweis eingebürgert, daß ihn unser Olympia-Team braucht, obgleich das vor allem im Interesse der Wiener Austria liegt, Happels Tiroler Jugoslawe Kalinic wird jedoch ignoriert: keine Staatsbürgerschaft. Der zornig reagierende Trainer mag sich beruhigen. Er kann sich ja beim FC Tirol mit einem schönen Happerl über solche Ungerechtigkeiten hinwegtrösten, mit einer Jahresgage von sieben Millionen Schilling. Netto. Auf d' Hand!

Happel kam, Polster ging. Der FC Torino ließ sich den Transfer des Austrianers 20 Millionen Schilling kosten. Schon beklatschte Italien unseren Schützenkönig aus Wien. Weil er viele „Gol" schießt, wird er in den Titelzeilen zum „Golster". Nur ein Österreicher? Den nehmen wir nicht. Toni Polster schüttelt die Antwort auf diese Skepsis der Münchner Bayern nur so aus den Gelenken: Zum Anfang setzte er sich sogar auf den stolzen ersten Platz der italienischen Torschützenliste.

## Berger oder Berger: Verwechslungen, die für uns sprechen

Was in Turin Polster für Torino, ist in Turin Berger für Ferrari.

Italien feiert beide. Überschwenglich wurde in den Gazetten nach Gerhard Bergers Start-Ziel-Sieg im Großen Preis von Japan in Suzuka sogar ein „neuer Lauda“ beschworen. Gleich dreimal Weltmeister zu werden, hat der Tiroler allerdings noch vor sich. Dabei liegt's ja weniger an ihm als am Gefährt, denn er selbst hat das Feeling des Technikers, der sich mit den Innereien des Autos auskennt, und er besitzt zudem die Klugheit des Taktikers, von seinem Kampfgeist, von seiner Besessenheit im Autorennsport gar nicht zu reden!

Wie schon in Japan, so gehorchte ihm sein Ferrari auch in Adelaide. Auf dem Siegerpodest stand Austria in Australia, eine Verwechslung war da nicht möglich. Es war Gerhard Bergers dritter Formel-I-Sieg am dritten Kontinent, zuerst in Mexiko, dann in Asien und nun auch in Australien. Einen besseren Botschafter für unser Land finden wir nicht so rasch, wie überhaupt der Sport die beste und zugleich billigste Werbung für Österreich ist.

Es ist nicht Sinn dieses Artikels, alle Weltmeister und Europameister aufzuzählen, die wir auch 1987 wieder hervorbrachten. Solch schöne Seiten unseres Spitzensports werden im Buch auf anderen Seiten gewürdigt. Generell ist aber doch zu sagen: Unterschätz' nie einen Österreicher! Gerhard Berger bemerkte genau das auch in Anspielung auf Jochen Rindt und Niki Lauda grinsend, als ein Rennfahrer eine Wette verlor und damit Geld, weil er in Suzuka den Sieger nicht erraten hatte:
„Unterschätz' nie einen Österreicher!“

Genugtuung für Andreas Berger, einen Sprinter, wie ihn Österreich noch nie hatte: Obgleich ihm selbst bei der Weltmeisterschaft in Rom mit „Bravo, Gerhard!“ gratuliert und obwohl der Oberösterreicher auch schon vorher oft genug mit dem Tiroler verwechselt worden war, stand doch auf einmal in einer Zeitung „Andreas Berger“ – dabei war der Autorennfahrer gemeint.

Ob Gerhard oder Andreas, die Österreicher schnellten 1987 plötzlich in die Schlagzeilen. Und beide kamen sich auch privat in die Quere.

Andreas nahm schließlich Gas von seiner Behauptung, sein Laufen sei „mehr Sport“ als das Autorennen, ja er konzedierte sogar: „Alles, was über 400 Meter geht, fährt man.“

## Der „versteckte“ Österreicher

An Bekanntheitsgrad gewann unser „poor Berger“, der arme Berger, in Rom, als er nach dem Vordringen ins Semifinale gegen schwarze Weltklasse nur über das Zielfoto ausschied. Mit Platz 4 hätte er den Endlauf erreicht. Zeitgleich mit Lee McRae (USA), der den Oberarm um eine Spur weiter vorn hatte, wurde Berger aber auf den 5. Platz zurückversetzt. Der Österreicher hatte alle Sympathien. „Wo habt ihr denn den versteckt gehalten?“ fragten die Ausländer. Antwort: „Systematischer Aufbau.“ Der deutsche Fernsehkommentator sprach vom „besten Sprinter im deutschsprachigen Raum“, und ein anderer „ernannte“ ihn gar zum „schnellsten Mann im Bereich des 3sat“…

„Für einen Weißen sehr schnell", klopfte ihm der kanadische Weltrekordler Ben Johnson auf die Schultern. Der Körperbau prädestiniert ja die Farbigen für den Sprint. Berger will übrigens „dieselben Muskeln wie Johnson" erarbeiten „und unter 10,0 Sekunden laufen". Jetzt gehe er es erst an!

Solch unösterreichisches Selbstbewußtsein müßte hierzulande Mode machen. Warum denn auch dieses immer wiederkehrende Raunzen, wir hätten nichts vorzuweisen außer Sängerknaben und Lipizzanern und über unser giftiges Weinsein würden wir bald ein Niemand sein? Statt Muskeln zu zeigen! Wie es in Rom auch der Vorarlberger Klaus Bodenmüller tat, der den besten Sowjetrussen, einen 22-Meter-Kugelstoßer, hinter sich ließ und sich im Finale als stolzer Siebenter inmitten der Weltklasse etablierte.

Was gute Vorbereitung und Mannschaftsgeist ausmachen, führten Ilia Popows Burschen beim Europacup in Göteborg vor, wo sie das Leichtathletik-Land Finnland, die Schweiz und Jugoslawien hinter sich ließen. IAAF-Vizepräsident Arne Lundquist, der Schwede, staunte nicht schlecht: „Österreich ist Europas Überraschungsteam."

*Leo Strasser*

Die Besten – Sportlerehrung 1987.
V. l. n. r.: Roswitha Hartl/Judo; Dietmar Millonig/Leichtathletik; Katrin Gutensohn/Ski; Michael Hadschieff/Eisschnellauf; Roswitha Steiner/Ski *(Foto Votava)*

# Sigrid Wolf – Sportlerin des Jahres 1987

Es war in Piancavallo, wo Sigrid Wolf von ihrer Wahl zur österreichischen Sportlerin des Jahres 1987 erfuhr. Fernsehinterviews, Blumen, eine improvisierte Feier, all das hielt sie auf Trab, zum Nachdenken keine Zeit. Erst spät am Abend, in ihrem Zimmer, da dämmerte es ihr endlich – „Zur besten, vielleicht auch zur beliebtesten Sportlerin Österreichs gewählt!"

Und eine kleine Szene aus ihrer Vergangenheit, aus den Kinderjahren, mehr als ein Jahrzehnt zurückliegend, tauchte immer wieder auf:

Sigrid, den Kinderschuhen noch nicht entwachsen, und ihre Oma sitzen in Elbigenalp vor dem Fernsehapparat. Eine Damen-Abfahrt wird übertragen, die legendäre Annemarie Moser-Pröll gewinnt. Die Oma fragt: „Möchtest nicht irgendwann einmal so werden wie die Pröll?" Klein-Sigrid antwortet fast entsetzt: „Um Gottes Willen, nein, nein, nie!"

Elbigenalp im Außerfern, rund 30 km von Reutte entfernt. Vater Wolf ist Holzschnitzer, die Mutter Hausfrau, gemeinsam betreiben sie nebenbei eine Gästepension. Im Alter von zwei Jahren erhielt Sigrid ihr erstes Paar Skier, zu Weihnachten 1966 lagen sie unter dem Weihnachtsbaum. Nach Weihnachten die ersten Versuche, die eher wenig erfolgversprechend verliefen. Sigrid konnte, zumindest bis ins Alter von vier Jahren, dem Skilauf nicht abgewinnen. „Ich hab' damals oft bitterlich g'weint!" Nur dem sanften Druck des Vaters und dem etwas energischerem des Onkels ist es zu verdanken, daß sie dem Skilauf treu blieb. „Mein Onkel, ich erinnere mich ganz genau, war wirklich manchmal erbarmungslos".

Scheu und Widerwillen der kleinen Sigrid gegen den Rennlauf legten sich langsam. Vater und Onkel konnten sie sogar zur Teilnahme an ersten Kinderrennen überreden. Im Alter von sechs Jahren gewann sie ihr erstes Rennen.

„Rennen bin i zwar vorher schon gefahren, aber immer hat irgend etwas nicht gepaßt".

Der erste Pokal hat heute noch einen Ehrenplatz; mitten im großen Pokalschrank steht er ganz allein auf einer Stellage, klein und unscheinbar, umgeben von einer Unmenge wesentlich größerer, wesentlich strahlenderer.

Die Karriere der kleinen Sigrid Wolf begann, verlief ganz normal, ein ewiges Auf und Ab, von Kinderrennen hinauf zu den Schülerrennen, bis sie – schon als Angehörige des Nachwuchskaders des Tiroler Skiverbandes – Aufnahme in die Ski-Handelsschule in Stams fand. „Wir waren eine ungemein lustige Klasse, unter anderem gingen die Lisi Kirchler, der Ernst Vettori, der Andi Felder und der Günther Mader mit mir in die gleiche Klasse", erinnert sich Sigrid noch heute.

Die Ski-Handelsschule besuchte sie eigentlich nur dem Vater und dem skinarrischen Onkel zuliebe, unter dem Motto: „Diese vier Jahre Stams gehen auch vorbei". Für Sigrid war klar: Nach Absolvierung der Handelsschule ist auch das Ende der sportlichen Karriere da. Gedanken an eine große Karriere hegte sie ohnehin nie, die absolute Zielstrebigkeit war nicht vorhanden. Training und Rennsport sollten nur Spaß vermitteln, eine mögliche Verletzung – das stand ebenfalls fest – würde das Ende der aktiven Laufbahn nur beschleunigen.

Das vierte Jahr Stams bescherte ihr urplötzlich ihre erste tolle Saison. Mit Weltcup-Einsätzen in Saalbach, wo sie Dritte wurde, in Bad Gastein und Grindelwald

Nach dem Ausscheiden in der Abfahrt – die Enttäuschung ist groß – kam Gold für Sigrid Wolf im Super-G *(Foto Titzer)*

Stephen Roch – der strahlende Sieger bei der Rad-Weltmeisterschaft/Straßenrennen in Villach *(Foto Seidl)*

Der österreichische Vierer auf dem Weg zur Bronzemedaille *(Foto Seidl)*

Das Erfolgsduo Königshofer / Igl holte bei der Bahn-Weltmeisterschaft 1987 in Wien Bronze *(Foto Sündhofer)*

Der Frühlingsmarathon hat in Wien bereits Tradition und leitet das Leichtathletikjahr ein *(Foto Sündhofer)*

Start im Gelände! Kondition und Konzentration sind Voraussetzung für den guten Orientierungsläufer *(Foto Verband)*

und mit der Nominierung für die Weltmeisterschaften von Schladming. Bei diesen Weltmeisterschaften konnte sie verletzungsbedingt nicht starten, und trotzdem war der verletzungsbedingte Ausfall gleichbedeutend mit der großen Wende: Endlich fand sie Zeit zum Nachdenken, ihre Gedankengänge waren bestimmt von zwei völlig konträren Ansichten – Ende oder Fortsetzung der Karriere. Nach vielen Tagen und Wochen des Zweifelns stand der Entschluß, ihre Karriere fortzusetzen fest. Mehr noch: „Wenn schon, denn schon, jetzt wird zielstrebig an der Karriere gearbeitet".

Für den nunmehr eingeschlagenen Weg mußte Sigrid Wolf viel lernen, viel und ständig an sich arbeiten.

„An sich bin ich ein stiller, ruhiger Typ, der stets allen alles recht machen will. Ich hab' nie egoistisch sein können. Aber gerade das, hab' ich lernen müssen. Wir sind zwar eine Mannschaft, trainieren in der Gruppe, letztlich aber bleiben wir Einzelsportler. Ich hab' früher immer zu viel Rücksicht genommen, oft war es schon so, daß ich ein schlechtes Gewissen gehabt habe, wenn ich für ein Rennen nominiert wurde. Am liebsten wäre ich zum Trainer gegangen, um ihm zu sagen, daß ich zugunsten anderer Mädchen, die enttäuscht 'rumgelaufen sind, auf den Start verzichten möchte."

Das hat sich gelegt, jetzt betrachtet sie sich als durchaus ausgewogen und ausgeglichen, weder ins eine noch ins andere Extrem fallend. „Der Ski-Zirkus hat mir gut getan, vor allem meiner Persönlichkeitsentfaltung. Ich bin kein Hascherl mehr, glaube aber auch nicht, daß ich mehr als für den Spitzensport unbedingt notwendig egoistisch und einzelgängerisch geworden bin. Vor allem, der Erfolg ist mir nach wie vor nicht so wichtig." Nach wie vor genießt sie es, sich in einer Gruppe vorbereiten, sich dann aber für das Rennen aus der Gruppe lösen und für sich allein ins Rennen gehen zu können. Und noch eines hat sie gelernt: „Am Boden bleiben! Das ist wichtig. Feiern, das geht leicht, aber das rechte Maß für die Dinge behalten ..."

Sigrid Wolf versucht, stets alles von zwei Seiten zu betrachten, wodurch sie ausgeglichen und liebenswert wirkt, was ihr hilft „normal", ein Mensch wie du und ich zu bleiben.

Auch die Weltmeisterschaft von Crans Montana sieht sie von zwei Seiten. „Natürlich ist es bitter, wenn man um eine Hundertstel Sekunde nicht nur an irgendeiner, sondern sogar an der Silber-Medaille vorbeifährt. Aber auch der vierte Platz in der Abfahrt hat sein Gutes. Mir war plötzlich klar, daß ich durchaus auch ein Weltcup-Rennen gewinnen kann." Mit diesem Glauben an sich selbst tat sie den vorerst letzten großen Schritt zu einer großen Karriere. „Zweiter zu werden, ist relativ einfach, aber zwischen dem zweiten und dem ersten Platz, da liegt unglaublich viel ..."

In Österreich herrschte nach Crans Montana ob einer enttäuschenden Weltmeisterschaft und ob einer deprimierenden Saison der ganz große Katzenjammer. Sigrid Wolf: „Für mich war das aber gar nicht so schlecht, es war kein Druck mehr da für Österreich, die Saison ohnehin verhaut, ich persönlich hab' an mir eine deutliche Formsteigerung verspürt und dazu noch der Glaube an mich selbst ..."

Unter diesen Aspekten kam sie nach Vail. „In ein Super-Skigebiet, in eine Super-Atmosphäre, dazu prächtiges Wetter und ein toller Rahmen, so richtig mit amerikanischer Show!"

Vor allem das Showelement gefiele ihr besonders, wirft sie ein und erinnert an ein Negativbeispiel aus jüngster Zeit: An die Damen-Rennen von Bad Gastein, ohne Anzeigetafel, ohne Platzsprecher, ohne die von ihr als so notwendig erachtete Show rund um ein sportliches Großereignis. Und gleichzeitig bremst sich Sigrid ein: „Ich weiß schon, das klingt vielleicht komisch, wenn man selbst betroffen ist von all diesen Showelementen, ist es anstrengend. All die Siegerinterviews, Fotos, Journalistengespräche, Sponsortermine und Pressekonferenzen. Da ist ja das Gewinnen noch einfacher. Aber ich erkenne es als notwendig an und spiele daher auch mit.
Einmal mehr, einmal weniger gern."

Noch aber war es nicht so weit, noch mußte sie nicht mitspielen. Erst als sie zum Ende der Saison 1986/87 in Vail die beiden letzten Damen-Abfahrten einer aus österreichischer Sicht mißglückten Saison gewann. Nicht nur, weil sie sich in Hochform befand, sondern weil sie sich rundum wohl fühlte. Damit war Sigrid Wolf das einzige ÖSV-Mitglied, das im Winter 1986/87 ganz oben auf dem Siegespodest stand. „Das und der Sieg im Super-G von Sestriere zu Beginn des Rennwinters 87/88 waren wohl ausschlaggebend für meine Wahl zur Sportlerin des Jahres.

Wie geht's nun weiter, Sigrid Wolf? „Ich möchte auch nach Ende der Karriere im Sport mitmischen, aber um Gottes Willen nie als Trainer. Und eines weiß ich auch, die übliche Sportlerkarriere mit Sportgeschäft oder Cafehaus als Altersversorgung werde ich auch nicht einschlagen."

Ihr Heimatort Elbigenalp, liebenswert und verträumt im Tiroler Außerfern gelegen, ist ihr zu klein geworden. Aber nicht, weil sie etwa gar hochnäsig geworden ist oder zu viel von der Welt gesehen hat, sondern aus rein praktischen Überlegungen: „Ich möchte so gern Kurse machen, mich weiterbilden, aber das könnte ich nur in Innsbruck. Oder ein anderes Beispiel, wenn ich in den Kraftraum zum Trainieren will, muß ich jedes Mal 30 km bis nach Reutte fahren."

Zurückkehren wird sie aber immer wieder nach Elbigenalp, nicht nur weil sie dort geboren und dort ihre Eltern leben, weil sie den Duft des Holzes in Vaters Schnitzerei vermißt, sondern weil dort auch ihr Freund Manfred in einer Bankfiliale arbeitet. Mit ihm, dem ehemaligen Ski-Rennläufer – er stand im Schülerkader des Tiroler Skiverbandes – und jetzigem Spielertrainer der Fußballmannschaft des SV-Elbigenalp – er spielt im Mittelfeld als Regisseur seines Teams – versteht sie sich ganz ausgezeichnet. Allerdings: „Die Telefonrechnung ist irrsinnig hoch, aber das zahl' ich gern, weil mit ihm zu reden, ist so wohltuend. Wir reden nämlich nie vom Skifahren!"

*Manfred Gabrielli*

# Andreas Felder – Sportler des Jahres 1987

1986 war er auf der Flugschanze am Kulm bei Bad Mitterndorf Skiflug-Weltmeister geworden, 1987 in Oberstdorf Weltmeister auf der 90-Meter-Schanze, dazu die Bronze-Medaille im Mannschaftsspringen von Oberstdorf 1987, bei der Weltmeisterschaft 1985 in Seefeld und Innsbruck Silber auf der 70-Meter-Schanze und im Mannschaftsbewerb, dazu noch zum Auftakt einer großen Laufbahn Silber im Mannschaftsspringen bei der Weltmeisterschaft 1982 am Holmenkolm bei Oslo.

Einer, der viel gewonnen, zahlreiche Ehrungen erlebt hat, und doch – die Wahl zum Sportler des Jahres 1987 – überraschte ihn völlig. So sehr, daß er in der Aufregung das Flugzeug der Tyrolean Airways von Innsbruck nach Wien versäumte und erst im letzten Moment zur Bekanntgabe der Wahlentscheidung im Atrium des ORF-Zentrums am Küniglberg, anläßlich der Weihnachtsfeier der Fernsehsportredaktion, erschien.

Mit seinem, für ihn typischen, strahlenden Lächeln gestand er ein: „Ich war tatsächlich total aus dem Häuschen, zum Zeitpunkt der Bekanntgabe der Wahl hatte unsere neue Springersaison schon begonnen, in Übersee lief es für mich derart schlecht, ich bin so weit hinten nachgeflogen, daß ich nicht im entferntesten daran gedacht habe, bei der Journalistenwahl eine Rolle zu spielen!"

So sind sie nun einmal, die Springer. So ist nun einmal auch Andi Felder aus Absam: bescheiden, offen und ehrlich, selbst die größten Erfolge sind bald „Schnee von gestern", zielstrebig versucht man sich stets an neuen Aufgaben zu orientieren, an neuen Zielen aufzurichten.

Dabei fiel die Wahl überraschend klar zugunsten von Andi Felder aus. Felder, Zugsführer an der Heeres-Sport- und Nahkampfschule des Österreichischen Bundesheeres in Innsbruck, erhielt 1417 Punkte, Tirols Formel-I-Star und neuer Liebling der italienischen Ferrari-Anhänger, Gerhard Berger, folgte mit 1347 Punkten auf Rang 2. Markus Prock, seines Zeichens Rodelweltmeister auf Kunstbahnen, schaffte Rang 3.

In seiner Bescheidenheit sucht Felder nach Gründen für diesen überzeugenden Sieg in der Gunst der österreichischen Sportjournalisten: „Vermutlich haben zwei Faktoren mitgespielt. Zum einen sicherlich meine Leistung, mein Sieg von Oberstdorf, sicher aber auch die Tatsache, daß der Winter 1986/87 aus österreichischer Sicht – vor allem im alpinen Bereich – denkbar schlecht verlaufen ist. Da ist mein Weltmeistertitel von Oberstdorf wahrscheinlich gerade recht gekommen. Trotzdem freut mich der Titel überaus, weil wieder einmal ein Skispringer zum Sportler des Jahres gewählt wurde. Und so gesehen habe ich auch ein bißchen die Tiroler Tradition fortsetzen können. Denn auch der Armin Kogler war ja als Weltmeister und Weltcupsieger schon Sportler des Jahres."

Am 6. März feierte Felder in Lathi, im hohen Norden, in Finnland, seinen 26. Geburtstag. Viel gefeiert wurde nicht. Weder dem Andi noch dem Ernst, seinem Freund aus Absam, und anderen Springern war besonders nach Feiern zumute gewesen. Saison verhaut, Olympia verhaut, so kann man keine große Karriere beenden. Andi Felder wird weiter springen. Gestützt auf die Erfahrungen und Erinnerungen an andere, erfolgreicher verlaufene Großereignisse.

*Manfred Gabrielli*

# Olympische Spiele – Calgary 1988

## Ein stolzes Kapitel österreichischer Sportgeschichte

Die 15. Olympischen Winterspiele in Calgary brachten für Österreichs Sport nach einigen Jahren der Mißerfolge und Enttäuschungen große sportliche Erfolge. Erstmals seit 20 Jahren gewann ein österreichisches Team wieder 10 Medaillen. Nur dreimal gab es mehr Medaillen für ein rot-weiß-rotes Olympiateam. 3 Goldmedaillen, gewonnen von Anita Wachter und Hubert Strolz in der alpinen Kombination und von Sigrid Wolf im Super-G der Damen; 5 Medaillen für die Alpinen Helmut Mayer, Hubert Strolz und Bernhard Gstrein, den nordischen Kombinierer Klaus Sulzenbacher und Eisschnelläufer Michael Hadschieff und noch zwei Bronzemedaillen gewonnen von Michael Hadschieff und der Staffel in der nordischen Kombination.

Vier Jahre nach Sarajevo, wo Anton Steiner mit seinem dritten Platz in der Abfahrt den einzigen zählbaren Erfolg holte, gab es also eine enorme Aufwärtsentwicklung innerhalb der einzelnen Verbände. Durch gezieltes und konsequentes Training, durch die Verpflichtung echter Fachleute und durch teilweise konsequentes Heranziehen junger talentierter Nachwuchsleute, hat man auch in den in der Vergangenheit ungeliebten und kaum beachteten Sportsparten wesentlich aufgeholt. Es war sicher erstmals – vom Eishockey-Team abgesehen – in jeder Sportart für Österreich ein Spitzenresultat möglich. Und dies ist ein Faktor, der für die Zukunft des gesamten österreichischen Sports von großer Bedeutung ist. Sicher haben nicht alle Teilnehmer die gesteckten Erwartungen erfüllt. Sicherlich gab es Enttäuschungen, dafür aber sprangen andere Sportlerinnen und Sportler ein und holten unerwartete Spitzenplazierungen.

Bevor wir uns im folgenden mit den einzelnen Bewerben und den in Calgary teilnehmenden österreichischen Sportlern beschäftigen, einige allgemein interessante Schlagworte und Feststellungen.

Es waren die ersten Olympischen Spiele im „Wilden Westen“, denn Calgary, die 600.000 Einwohner zählende Hauptstadt der im Westen Kanadas gelegenen Provinz Alberta, ist nach wie vor das Cowboy- und Viehzuchtzentrum des Landes. Sicher hat das Ölaufkommen die Relationen zuletzt verschoben. Doch der Cowboy-Hut dominiert auch heute. Und schließlich sorgt jährlich im Sommer die gewaltige Stampede (Rodeo-Wettkämpfe wie in der guten alten Zeit) für „Western-Atmosphäre“.

Calgary sah auch die ersten Olympischen Winterspiele im „Sommer“. So hoch kletterten in den 16 Tagen der Spiele die Plus-Grade. Die Befürchtungen, sportliche Bewerbe könnten wegen extremer Minus-Grade nicht durchgeführt werden, erwiesen sich damit als unrichtig.

Calgary sah aber auch die windanfälligsten Spiele in der Geschichte. Der gefürchtete vom Pazifik über die Rocky Mountains wehende Chinook war mehr als ein störender Begleiter. Daß zudem Sportstätten just in den windanfälligsten Gebieten rund um die Stadt gebaut wurden, steht allerdings in einem anderen Kapitel.

Das Fazit davon: Die beiden imposanten Sprungschanzen im Olympiapark, die bedingt durch den Chinook das gesamte Programm der Skispringer um mehr als eine Woche in Unordnung brachten, werden in Hinkunft wohl nur noch als architektonische Wahrzeichen Calgarys zu bewundern sein. Denn der internationale Skiverband wird es sich in Hinkunft genau überlegen müssen, ob der permanenten Windprobleme noch einmal große Sprungveranstaltungen nach Calgary zu vergeben. Und als modernes Wahrzeichen für die Stadt fungiert ja schon der Saddle-Dome.

Calgary sah übrigens auch die ersten Olympischen Spiele, bei denen nicht ein einziger Bewerb auf Naturschnee durchgeführt wurde. Ohne die drei Kunstschneeoasen in Canmore, Nakiska und im Olympia-Park hätte es diesmal nur die Hallenbewerbe gegeben. Aber es war ein besonderer Kunstschnee, ein sogenannter Bio-Schnee. Bio-Schnee mit österreichischen Geräten produziert, mit einer Beimischung von Kohl- und Zuckerrübenextrakt, wodurch eine besondere Kristallbildung hervorgerufen wurde.

Es waren Winterspiele der großen Distanzen, denn egal, ob man zu den alpinen oder nordischen Bewerben wollte, rund 200 Autobahnkilometer lagen immer dazwischen. Doch das unendlich weite Land mit ebenso unendlich weiten und schnurgeraden Straßen ließ die Distanzen eher problemlos überbrücken.

Es waren auch die ersten Winterspiele inmitten von Indianer-Reservaten. Denn knapp 15% der gesamten indianischen Bevölkerung von Kanada leben in der Provinz Alberta und ein Großteil der Reservate liegt entlang des Highways in Richtung Canmore.

Schließlich waren es gut organisierte und ebenso gut kommerziell vermarktete Spiele. Dem Modell „Sommerspiele 1984 in Los Angeles“ folgend, wird es nach genauer Abrechnung einen beachtlichen Gewinn geben. Ein Gewinn, der ähnlich wie in Los Angeles in erster Linie darauf zurückzuführen ist, daß Tausende und aber Tausende Freiwillige aus der Bevölkerung es als große Ehre ansahen, in der Organisation mitzuarbeiten. Wohlgemerkt, ohne Honorar! Ausschließlich für die Olympiakleidung und Verpflegung. Jeder, der weiß, was gerade in Europa dieser Posten an Unkosten ausmacht, kann ermessen, welche Summen die Organisation einsparte. Ein Faktor, der sicherlich mit der kanadisch-amerikanischen Mentalität zu erklären ist, wo eben jeder „Olympia 1988“ auch zu seiner persönlichen Angelegenheit gemacht hat.

Schließlich waren es Spiele herausragender Leistungen, Spiele besonderer Persönlichkeiten und Spiele, die in manchen Bereichen neue Stars hervorbrachten. Matti Nykänen, der finnische Superspringer, war mit dreimal Gold der Topstar, nur die Holländerin Van Gennip konnte ebenfalls dreimal Gold gewinnen. Alberto Tomba, Italiens neues Sportidol, bewies Nervenstärke und holte seine beiden programmierten Goldmedaillen, Vreni Schneider war die Skikönigin der Damen mit zweimal Gold und Hubert Strolz mit Gold und Silber und einem vierten Platz sicher der Top-Mann im rot-weiß-roten Skiteam. Dieser Bericht kann und will auch nicht eine Rangordnung unter den erfolgreichsten Teilnehmern erstellen, sondern sollte eher jedem Leser die Möglichkeit einer eigenen Wertung offen lassen.

Im folgenden sollen nun die einzelnen Sportsparten und damit verbunden das Abschneiden der Österreicher behandelt werden.

# Alpiner Skilauf

„Vom Winde verweht“ war einst der Kassenschlager in den Kinos. Vom Winde verweht wurden auch die Abfahrer am Mount Allen. Der Chinook wütete am Tag der geplanten Herren- und Damenabfahrt derart, daß ein reguläres Rennen nicht möglich war. Dabei präsentierte sich sowohl die Damen- als auch die Herrenstrecke in einem hervorragenden Zustand. Oben unglaublich steil mit hängenden schnellen Kurven, unten flach mit vielen tückischen Sprüngen. Eine selektive Strecke fernab von jeder Ski-Autobahn. Der Herren-Abfahrtslauf, nach wie vor die alpine Königsdisziplin, war auch der erste Bewerb.

Der Erfolgsdruck der Schweizer war gewaltig, vor allem nach dem fast unüberbietbaren WM-Erfolgsjahr 1987. Österreichs Hoffnungen hielten sich in Grenzen, kein Wunder beim teilweise geradezu katastrophalen Abschneiden bei den Weltcuprennen. Schließlich aber waren weder die Schweizer noch die Österreicher die Verlierer, sondern einzig und allein die Kanadier, die all ihre olympischen Hoffnungen in erster Linie in den Gewinn einer Medaille in der Abfahrt gelegt hatten.

Heinz Stohls mehrjährige Arbeit trug keine Früchte. Kein Kanadier unter den ersten Zehn, die totale Niederlage. Doppelsieg für die Schweiz durch Pirmin Zurbriggen vor Weltmeister Peter Müller. Bronze für den Franzosen Franck Piccard. Und erfreulicherweise gute Plätze für Österreichs Team. Leonhard Stock, acht Jahre nach seinem Olympiasieg in Lake Placid, fuhr nur um 32 Hundertstel Sekunden an Bronze vorbei, Gerhard Pfaffenbichler wurde 5. und Anton Steiner rechtfertigte, vier Jahre nach seiner Bronzemedaille, seine vierte Olympiateilnahme mit einem durchaus akzeptablen siebenten Platz. Der Auftakt war gelungen – und es sollte der Auftakt zu großen Erfolgen für das ÖSV-Team werden.

Zwei Tage später gab es die ersten Medaillen. Hubert Strolz und Bernhard Gstrein holten Gold und Silber in der alpinen Kombination. Ein Bewerb, der den perfekten Skifahrer küren sollte. Und als Topfavorit Pirmin Zurbriggen auf dem Weg zum zweiten Gold knapp vor Ende des zweiten Laufes im Kombinationsslalom einfädelte, stand der sympathische und bescheidene Vorarlberger Hubert Strolz vor dem großen Erfolg. Gold, das nicht nur Strolz in der Folge der Bewerbe enorm motivierte, sondern dem gesamten Team eine unglaubliche Sicherheit verlieh.

In der Damenabfahrt gab es den Sieg der Münchnerin Marina Kiehl. Es war der perfekte Außenseiter-Sieg. Denn die sehr launische Deutsche hatte zuvor noch nie eine Abfahrt gewonnen, doch in der Reihe der Abfahrt-Olympiasieger befindet sie sich da in guter Gesellschaft. Petra Kronberger, von vielen als „Pröll der 90er Jahre“ angesehen, wurde als beste Österreicherin Sechste. Elisabeth Kirchler wurde Achte. Sigrid Wolf scheiterte an der Piste und auch Leichtgewicht Anita Wachter wurde vom Chinook verblasen.

Doch gerade Anita Wachter, die die Tränen ob der vergebenen Abfahrtschance schnell vergaß, wurde 48 Stunden später zur Gold-Anita. Eine saubere Abfahrt, ein sehenswerter Slalom und das Produkt war Österreichs zweites Gold. Sieg über die klaren Schweizer Favoritinnen Örtli und Schneider. Wenige Stunden vor Wachters Erfolg in der Kombination holte der unbekümmerte Kärntner Helmut Mayer in einem mehr als überraschenden Super-Riesentorlauf unerwartet die Silbermedaille. Gold ging an Piccard und Bronze an den Schweden Eriksson. Die

Bernhard Gstrein landete im Slalom von Nakiska auf den vierten Platz und eroberte Silber in der Kombination *(Foto Votova)*

Favoriten Zurbriggen, Wasmayer und Girardelli scheiterten an Wind und Toren ebenso wie Alberto Tomba, der zwar einem Eiskunstläufer gleich über den ersten Steilhang seine Kreise drehte, dabei aber, so schien es, auf die Tore vergaß.

Und 24 Stunden nach diesem Medaillendoppelschlag folgte Sigrid Wolf mit ihrem eindrucksvollen Sieg im Damen-Super-G. Selten war ein Erfolg so verdient wie jener der Lechtalerin. Jahrelang an ihrer eigenen Bescheidenheit gescheitert, schon als graue Maus im Skiteam abgestempelt, wurde sie innerhalb von nur 12 Monaten zur strahlenden Siegläuferin. Der Wandel in der Persönlichkeit, das plötzliche Selbstvertrauen, der Siegeswille machten aus Wolf plötzlich eine Leaderin. Sie zerbrach auch nicht an ihrem Abfahrtsmißgeschick, sondern blieb ruhig, gelöst und wurde ihrer Favoritenrolle vollauf gerecht.

Der nachfolgende Damen-Riesentorlauf, Österreichs seit Jahren schwächste alpine Disziplin, war nicht in die Medaillenerwartungen einbezogen. Die Plätze 6 und 7 für Maier und Wachter entsprachen der Realität.

Dann folgte der Herren-Riesentorlauf. Seit dem Vierfach-Erfolg von Schladming sind wir plötzlich ein Land der Riesentorläufer geworden. Tomba gegen Österreich so lautete die Ausgangsposition. Und Tomba vor Österreich endete der Bewerb. Der Millionärssohn aus Bologna war nicht zu schlagen. Doch hinter Tomba, der im Stile eines wahren Champions triumphierte, holte sich Hubert Strolz die Silbermedaille. Doch die Freude ob des erneuten österreichischen Erfolges währte nicht lange. Der tragische Tod des weit über die Grenzen hinaus bekannten Sportmediziners Dr. Jörg Oberhammer war ein Schock für alle. Dr. Oberhammer kam bei einem an sich harmlosen Zusammenstoß mit einem Helfer der kanadischen TV-Gesellschaft CTV so unglücklich zu Sturz, daß er von einem

Bei Olympia gab es für Roswitha Steiner den undankbaren 4. Platz, doch der Weltcup-Slalom gehört ihr *(Foto epa/team)*

Nach Gold in der Kombination Silber für Hubert Strolz im Riesenslalom *(Foto epa/team)*

mehrere Tonnen schweren Pistengerät überfahren wurde. Der Jubel im ÖSV-Lager erlosch blitzartig, zu sehr lastete auf allen die Tatsache, daß man nicht nur einen hervorragenden Arzt verloren hatte, sondern auch einen wirklich guten Freund. Dr. Oberhammers Tod war für die Aktiven ein echter Schock, der sicher auch in den restlichen beiden Bewerben seinen Niederschlag fand. Die abschließenden Slalom-Konkurrenzen sollten die bis dato schon beträchtliche Medaillenzahl noch um einiges erhöhen. Doch daraus wurde nichts. Mit den unbedankten vierten Plätzen mußten Roswitha Steiner und Bernhard Gstrein vorlieb nehmen. Bei Roswitha Steiner, die heuer ja ihre erfolgreiche Laufbahn beendet, spürte man förmlich, daß ihr Mißgeschick aus dem letzten Jahr, wo sie eine sichere Goldmedaille in Crans Montana letztlich noch verbremste, in Calgary mitfuhr. Zu zaghaft ging sie den ersten Durchgang an, da reichte auch ein Superlauf in der zweiten Serie nicht mehr. Ihr erster Lauf in Crans Montana und ihr zweiter Lauf in Calgary hätten jeweils Gold bedeutet, so endete ihre Karriere ohne olympischer Medaille. Ida Ladstätter, ein „Enfant terrible" im Skiteam, war nervenschwach wie schon so oft und verpaßte ebenfalls ihre absolut intakte Medaillenchance. So wurde Vreni Schneider zur neuen Skikönigin.

Bei den Herren feierte am Schluß eines spannenden Slaloms Tomba am lautesten. Er gewann zum zweiten Mal Gold. Nicht weil er tatsächlich am besten fuhr, sondern weil er weniger Fehler machte als andere. Es war ein Slalom, der von jedem mehr als nur totalen Einsatz abverlangte. Ein klares Startnummern-Rennen im ersten Durchgang, bei dem der deutsche Weltmeister Frank Wörndl als absolut Laufbester auch profitierte. Im zweiten Durchgang hieß es aber dann: Alles oder Nichts. Es begann beim großen alten Mann des alpinen Skisportes, bei Ingemar Stenmark. Noch einmal wohl zum letzten Mal in seiner unnachahmlichen Karriere zeigte Stenmark den übrigen deutliche Grenzen. Er war klar der Schnellste im zweiten Lauf und feierte so einen gelungenen Abschied von Olympia. Als es dann in der Entscheidung um die Medaillen ging, flatterten allen die Nerven. Auch Tomba, der aber weniger Fehler machte als andere. Der Liechtensteiner Routinier Paul Frommelt meisterte den Kurs ebenfalls mit Bravour und Routine und holte sich zehn Jahre nach seiner WM-Medaille auch olympisches Metall. Wörndl schließlich fehlten nur Hundertstel, die er ob seines klaren Vorsprunges aus dem ersten Lauf verbremste, auf Gold. Und Bernhard Gstrein lag sogar bis 10 Tore vor dem Ziel auf Goldkurs. Dann aber zauberte er dermaßen, daß er an allen Medaillenrängen vorbei noch auf Rang vier rutschte. Mader, der im ÖSV-Team eigentlich enttäuschte, Stangassinger und Nierlich schieden aus. Warum der sicher am besten motivierte Hubert Strolz zuschauen mußte, wird wohl ewig das Geheimnis seines Trainers Hans Pum bleiben.

## Nordischer Skisport

Licht und Schatten wechselten beim Abschneiden der österreichischen Nordischen in Calgary. Die Aushängeschilder waren die nordischen Kombinierer. Einst eine in Österreich eher ungeliebte Disziplin, ist die nordische Kombination plötzlich unser Aushängeschild. Dank Klaus Sulzenbacher und einer guten Mannschaft. Der Kitzbüheler Sulzenbacher holte Silber und Bronze und avancierte neben Strolz und Hadschieff zum erfolgreichsten Österreicher in Calgary. Sulzenbacher ist ob seiner Jugend auch ein echter Trumpf für die Spiele von 1992. Dort könnte er jenes Gold holen, daß er in Calgary um knappe 20 Sekunden verpaßte.

Die Langläufer gingen mit einem klaren Ziel in die Bewerbe. Endlich einmal unter die ersten 10 zu kommen. Dies mißlang sowohl über 15 als auch über 30 und 50 Kilometer. Dafür aber überraschte man in der Staffel. Die Startläufer Blatter und Schwarz lagen inmitten der Weltspitze und wäre Gandler nicht wegen Erkrankung ausgefallen, so daß Österreich praktisch keinen vollwertigen vierten Mann hatte, wer weiß, ob es nicht eine Sensation gegeben hätte.

Enttäuschend verlief leider das Abschneiden der Skispringer. Ausgenommen der junge Heinz Kuttin, der bei seinen ersten Olympischen Spielen in seinem ersten Jahr in der Elite-Klasse durchaus entsprach, blieben die Erwartungen unerfüllt. Zumindest eine Medaille hatte man Vettori und Felder schon zugetraut. Doch vor allem Ernst Vettori gelang praktisch gar nichts. Mit den Rängen 24 und 28 ging er völlig unter. Und selbst die Mannschaft blieb mit einem fünften Platz doch deutlich hinter den Erwartungen zurück.

Sulzenbacher, der spätere Weltcupsieger, jubelt über Silber in der nordischen Kombination. Rechts der „Vater" der Kombinierer Vettori *(Foto epa/team)*

Die Entdeckung der Saison: Heinz Kuttin, Junioren-Weltmeister 1988, gehört bereits zur Spitze der allgemeinen Klasse *(Foto Sündhofer)*

# Bobsport

Ähnlich wie bei den Skispringern gingen auch bei den Bobfahrern die gesteckten Erwartungen nicht auf. Die Ränge 5 und 8 waren für Appelt und Kienast im Zweierbewerb noch ein Indiz auf ihre Möglichkeiten in der Spezialdisziplin „Viererbob". Doch die für viele fast sicher scheinende Medaille ging wohl schon in der Auslosung verloren. Wie selten zuvor hatten Startnummern ob der hohen Temperatur enormes Gewicht und die Österreicher hatten bei der im Austrian-Canadian Center in Calgary vorgenommenen Auslosung kein Glück. Schlechte Nummern, schwache Nerven und aus der Traum von der erhofften Medaille. Die Ränge 6 und 7 waren letztlich für die beiden österreichischen Bobs eine herbe Enttäuschung.

Die Erwartungen der Bobfahrer trafen nicht ein. Trotz großer Anstrengungen Platz 6 und 7 für die Vierermannschaften. Bob Österreich II (Appelt, Muigg, Redl, Winkler) beim Start *(Foto epa/team)*

## Rodelsport

„Die sicherste Medaille Österreichs bei den Olympischen Spielen." So lauteten praktisch fast überall die Schlagzeilen in einer Vorschau auf den Rodel-Einsitzerbewerb. Wer sollte Weltmeister und Weltcupsieger Markus Prock eigentlich schlagen? Mit einem Gegner aber hatte man nicht gerechnet. Mit Procks Nerven, die dem Tiroler nach knapp 5 Metern im ersten Lauf schon alle Chancen nahmen. Die „sicherste" Medaille zerbrach vor der ersten Kurve im Eiskanal des Olympiaparks. Am Ende war Prock total entnervt als Elfter der große „Geschlagene". Aber Prock sollte sich nicht entmutigen lassen, denn in vier Jahren ist er sicher noch jung genug um in Albertville aufzutrumpfen.

## Eiskunstlauf

Einst eine österreichische Paradedisziplin. Trixi Schuba war vor 16 Jahren die letzte österreichische Olympiasiegerin. Die Geschwister Beck waren Österreichs einzige Aktive in Calgary im Eiskunstlauf und sie scheinen auch in der Zukunft die einzigen österreichischen Eiskunstläufer zu sein, die international mithalten können. Ihr fünfter Platz nach einer sehr sauberen und praktisch fehlerfreien Kür wurde entsprechend gefeiert. Immerhin blieben sie bestes mitteleuropäisches Paar, bezwungen nur von drei Tanzpaaren aus der UdSSR und einem Paar aus Kanada.

## Biathlon

Eigentlich eine nordische Disziplin. Doch durch den Einsatz der Waffe auf dem Schießplatz ist diese noch relativ junge olympische Disziplin eine eigenständige Sportart, die klarerweise vom militärischen Skilauf herkommt. Österreich hat mit Alfred Eder, der zum vierten Mal bei Olympischen Spielen dabei war, schon große Erfolge gefeiert, und beinahe wäre Eder als Schlußmann der wirklich ausgezeichneten Staffel noch einmal ein großer Erfolg gelungen. Teilweise in Führung liegend, kämpfte Österreichs Team bis zum letzten Meter praktisch noch um eine Medaille und erst die etwas größere Zahl von Fehlschüssen bedeutete schließlich Rang vier. Nur 26 Sekunden oder zweimal weniger Nachladen bei Fehlschüssen trennte Österreichs Biathlon-Quartett von der Bronzemedaille.

## Eishockey

Daß Österreich im Kampf um die Medaillen nicht das geringste mitzureden hat, war schon vor Beginn der Spiele klar. Die Zielsetzung der vom Ludek Bukac und Bill Gilligan ausgezeichnet vorbereiteten Mannschaft war klar: Rang neun. Und genau neun belegte Österreichs Team, das in der Vorrunde gegen die „Riesen" in dieser Sportart UdSSR, ČSSR oder USA teilweise ausgezeichnet spielte. Und gegen die BRD lag lange Zeit sogar eine echte Sensation im Bereich der Möglichkeit. Die für Rang neun notwendigen Punkte wurden schließlich gegen Norwegen und Polen geholt und Verbandspräsident Dr. Hans Dobida konnte das Kapitel Olympia 1988 als durchaus positiven Abschnitt in der Geschichte des österreichischen Eishockeysports ansehen. Rang neun als beste B-Gruppen-Nation der letztjährigen Weltmeisterschaft ist ein echter Erfolg.

Das Österreich-Haus in Calgary war Treffpunkt des Sports. Christian Eminger/Eisschnellauf und Andreas Felder/Skispringen erholen sich bei einer Schale Wiener Kaffee *(Foto Titzer)*

# Eisschnellauf

Zum Schluß zu einem wirklich erfreulichen Kapitel Österreichs in Calgary. Im Super-Oval der neuen modernen Eisschnellaufhalle war der Österreicher Michael Hadschieff in seinem Element. Er lief nicht nur über sämtliche fünf Distanzen, stellte nicht nur mit einer Ausnahme neue österreichische Rekorde auf. Vor allem holte er zwei Medaillen, die Gewicht haben. Bronze über 1500 Meter nur 25 Hunderstel hinter dem Sieger und Silber über die 10.000-Meter-Strecke. Hier durfte man lange, sehr lange sogar an Gold glauben, ehe der Schwede Gustavson sozusagen als letzter ernstzunehmender Konkurrent mit neuer Weltrekordzeit dem Tiroler noch das Gold entriß. Michael Hadschieff, der gerne noch vier Jahre Amateur bleiben möchte, hat übrigens nicht nur durch unglaublich hartes und konsequentes Training den absoluten Sprung in die Weltklasse geschafft, sondern auch wissenschaftlich an seinen Erfolgen gearbeitet. Im Grazer Windkanal der Technischen Universität bastelte er an einem Schaumgummikeil, der das aerodynamische Loch zwischen Kopf und Nacken schließen sollte. Der Erfolg von Calgary gab Hadschieff recht. Und mit dem Tiroler als Zugpferd, einem Christian Eminger, der ein wenig im Schatten des zweifachen Medaillengewinners Hadschieff blieb, könnte die Entwicklung in dieser einst in Österreich schon sehr erfolgreichen Sportart ausgesprochen positiv verlaufen. Doch wie immer, es braucht eben herausragende Einzelkönner als Vorbilder, ehe vielleicht ein starkes Team heranwächst.

Damit ist also der Kreis der österreichischen Teilnehmer bei den 15. Olympischen Winterspielen geschlossen. Es waren erfolgreiche Spiele für Österreich. Spiele, die jedenfalls eine absolut positive Entwicklung für den österreichischen Sport hervorrufen sollten.

*Robert Seeger*

Michael Hadschieff zweifacher Medaillengewinner in Calgary.
Weltklasse-Schnelläufer und Prototyp einer neuen selbstbewußten Athleten-Generation
*(Foto Votava)*

Die Sieger! Gold für Strolz (rechts) und Silber für Gstrein in der alpinen Kombination bei Olympia *(Foto Titzer)*

Dem Gold entgegen! Anita Wachter bei der Kombinationsabfahrt *(Foto Votava)*

Trotz stärkster Konkurrenz gewann Markus Moser den Weltmeistertitel 1988 im Slalom *(Foto Manzl)*

Manuela Winter verspricht sehr viel für die Zukunft. Die 17jährige wurde 1988 Weltmeisterin in der Kombination *(Foto Manzl)*

Platz 5 nach großartigen Leistungen für die Geschwister Beck in Calgary und bei der WM *(Foto Votava)*

Die erfolgreiche österreichische Mannschaft bei der Eröffnung der Olympischen Spiele in Calgary. Leonhard Stock trägt die Fahne *(Foto Titzer)*

Die „Großen Drei“ bei der Ankunft in Wien.
Aschenwald, Csar, Sulzenbacher überraschten mit ihrem dritten Platz in der nordischen Kombination bei den Olympischen Spielen 1988 *(Foto Sündhofer)*

# Wintersportsaison der Weltcupsieger

Österreichs Wintersport befindet sich im Aufwind. Das absolute Tief des Vorjahres ist überwunden. Die zehn Medaillen (3 Gold – 5 Silber – 2 Bronze) bei den XV. Olympischen Winterspielen in Calgary – die beste Bilanz seit 1968 – und der ausgezeichnete sechste Platz im Nationenklassement versprühen berechtigtes Selbstvertrauen. Zu den drei Olympiasiegern im alpinen Skilauf (Sigrid Wolf Super-G/Anita Wachter und Hubert Strolz in der alpinen Kombination) kommen erstmals noch sechs Weltcup-Geamtsieger (Rodeleinsitzer Markus Prock/ Viererbob ex äquo die Piloten Ingo Appelt und Peter Kienast/ Skeleton Andreas Schmid/ Skibob Petra Wleczek und Willi Dimmer sowie Klaus Sulzenbacher in der nordischen Kombination), also Saisonbeste nach Punkten hinzu, von denen drei, Vorjahrs-Rodel-Weltmeister Markus Prock als hoher Favorit sowie die Bob-Lenker Appelt und Kienast hinterher die olympische Bestätigung in Calgary mehr oder minder deutlich verfehlten. Saison-Dominator Klaus Sulzenbacher errang in Canmore genauso Silber (Einzel) und Bronze (Staffel), wie Eisschnellauf-Vize-Europameister Michael Hadschieff (Zweiter 10.000 m, Dritter 1.500 m), der zum drittenmale hintereinander den „Goldenen Schlittschuh" für den ersten Platz in der Weltcup-Kombination nach Innsbruck entführte. Beide sind auf dem Wege echte Persönlickeiten ihrer Sportart zu werden.

Zwei große Sportler-Persönlichkeiten prägten den Skiwinter 1987/88 eindeutig ihren Stempel auf: der beste Skispringer aller Zeiten, Matti Nykänen (Finnland) mit dreimal Olympia-Gold in Calgary und zehn Weltcup-Einzelsiegen, degradierte und entnervte den „Rest der Welt", darunter auch die ÖSV-Weltklassespringer Weltmeister Andy Felder und den Vorjahrs-Weltcup-Zweiten Ernst Vettori, zu Statisten. Kometenartig tauchte der italienische Superläufer Alberto Tomba auf, der mit seinen zwei Goldmedaillen und neun Weltcup-Siegen in 14 Läufen in Slalom und Riesentorlauf das mit großen Hoffnungen gestartete ÖSV-Technikerteam (Riesentorlauf-Silber Hubert Strolz und drei Weltcup-Einzelsiege: Riesentorlauf Helmut Mayer in Kranjska Gora/ Rudi Nierlich in Schladming/Slalom: Bernhard Gstrein in Lienz) – nicht zur Entfaltung kommen ließ.

Erst im Weltcup-Finale in Saalbach stoppte der überragende Läufer der letzten Weltmeisterschaften, Weltcup-Verteidiger Pirmin Zurbriggen (Schweiz) den Senkrechtstarter Tomba, der plötzlich Nerven zeigte, „nach Punkten" (310 : 281). Noch knapper fiel die Entscheidung im Nationencup aus, in dem alle im Weltcup erzielten Punkte zählen. Die Schweiz siegte gegen Österreich mit 2.199 : 2. 195 Punkten (Damen: 1210 : 1104/ Herren: 989 : 1091).

## Strolz und Mader in Giradellis Fußstapfen?

Vier Punkte trennten das ÖSV-Team vom zehnten Sieg im alpinen Nationencup, dem ersten seit 1982. Aber, was hätte dieser Punktesieg über den Saison-Dominator Schweiz ausgesagt? Höchstens, daß Österreich über eine größere Breite an Weltcup-Punkteläufern verfügt, denn die Erfolgs-Bilanz spricht eindeutig für die

Eidgenossen. Von 55 Weltcup-Rennen der Saison gewann die Schweiz 26 (Herren 10/ Damen 16), immerhin um 15 weniger als im Vorjahr, aber um 17 mehr als Österreich 9 (5/4), das auch noch von Italien mit zehn (Tomba 9, Mair 1) übertroffen wurde.

In der Gesamt-Statistik aller 21 Weltcup-Saisonen führte Österreich am 1. Jänner 1987 noch mit 253:252 Einzelsiegen gegen die Schweiz, die am Ende der Saison 1987/88 bereits überlegen mit 306:265 in Führung liegt. Heuer fiel auch die letzte Bastion. Im Herbst hieß es bei den Herren 128:127 für die ÖSV-Elite, jetzt ist die Schweiz (Herren 137:133/ Damen 189:132) total voran.

1987/88 gewann die Schweiz mit Pirmin Zurbriggen und Michaela Figini beide Gesamt-Weltcups, dazu Abfahrt und Super-G. Herren-Slalom und Riesentorlauf gingen an Alberto Tomba (Italien), Riesenslalom-Weltcup-Siegerin wurde Matjeja Svet (Jugoslawien) und Roswitha Steiner wiederholte in ihrer letzten Saison den Sieg von 1986 im Damen-Slalom.

Bei der Verteilung der dreißig Weltcupmedaillen 1988 schnitt die ÖSV-Elite, die im Vorjahr leer ausgegangen war, mit acht Medaillen auf Rang zwei hinter der Schweiz (12) hervorragend ab, obwohl die Kombinations-Wertung, eindeutig die ÖSV-Stärke, nicht mtgezählt wurde.

Zum ersten Male seit 1977 (2. Heidegger, 3. Klammer) gelang es dem Vorarlberger Hubert Strolz, der in Saalbach Günther Mader um einen Punkt auf Rang vier verdrängt hatte, mit dem ausgezeichneten 3. Platz wieder eine große Weltcup-Medaille für Österreich zu erringen. Das ist die insgesamt Neunte in 21 Weltcup-Jahren. Anita Wachter schloß mit ihrem 3. Weltcup-Gesamtrang hinter Figini und Örtli (beide Schweiz) an die großartige Annemarie Moser-Pröll an, die zuletzt 1980 Silber holte und mit sechs Kristallkugeln und drei Silbermedaillen immer noch einsame Spitzenreiterin ist.

Medaillen in den Weltcup-Disziplinen errangen noch Sylvia Eder (2. Super-G), Anita Wachter (3. Slalom) sowie Günther Mader (2. Slalom), bzw. Hubert Strolz und Helmut Mayer als Zweite und Dritte im Riesenslalom. Mayer hätte mit einem Sieg in Saalbach noch Alberto Tomba abfangen können.

Zukunftsweisend für Österreichs Skielite waren die Serien-Erfolge in der alpinen Kombination: Hubert Strolz, Anita Wachter (Olympia-Gold), Bernhard Gstrein (Olympia-Silber), Weltcup-Siege von Strolz (Hahnenkamm-Rennen in Lienz) und Mader (Aare) sowie Spitzenplätze von Anita Wachter!

Günther Mader ist der erste ÖSV-Läufer seit 1980 (Anton Steiner, damals noch ohne Super-G), der in allen Disziplinen im Weltcup punktete. Hubert Strolz fehlten in Lienz mit hoher Startnummer nur zwei Ränge zu einem Abfahrtspunkt.

Das heißt, diese beiden frischgebackenen ÖSV-Allrounder Mader und Strolz könnten bereits in der kommenden Saison in die Fußstapfen des zweifachen Weltcup-Gesamtsiegers Mark Giradelli aus Lustenau treten, der 1983/84 die Abfahrt „entdeckt“ hatte und daraufhin 1985 und 1986 die große Kristallkugel gewann.

Die Einzel-Siegläufer der Saison, Rudi Nierlich, der die ÖSV-Phalanx (2. Strolz, 3. Mayer, 4. Mader) beim RT-Vierfach-Triumph in Schladming anführte, mit 2. Slalomplätzen in Madonna und Alta Badia, Helmut Mayer (Olympia-Silber im Super-G/ Riesentorlauf 1. in Kranjska Gora/ 3. Saas Fee/ 4. Sestriere) und Bernhard Gstrein (Slalom-Sieger über Tomba in Lienz, Olympia-Silber Kombination/ 3. Kleinkirchheim) könnten das Spezialisten-Duell mit Alberto Tomba suchen.

Bei den Damen mit drei Slalom-Saisonsiegen, Ida Ladstädter (Leukerbad), zwei Dreifache (Courmayeur: Wachter-Ladstädter-U. Maier/Aspen: Steiner-Wachter-Mayrhofer) und Super-G-Olympiasiegerin Sigrid Wolf (Weltcup-Sieg Sestriere und Erste im annullierten „Sicherheits-Nadelrennen" in Zürs holten im Riesentorlauf auf (2. Wachter, 3. Maier in Saalbach) und konsolidieren sich in der Abfahrt (2. Wolf, 3. Plätze Kronberger, Wallinger). Weltcup-Ränge der Damen: 4. Wallinger, 5. Wolf. – Herren: 10. Leonhard Stock!

Die ÖSV-Stärke bis 1986, der Abfahrtslauf, bleibt die Schwäche: von 19 Weltcup-Abfahrtsläufen (Damen und Herren) gewann die Schweiz 17 (8 Herren/9 Damen). Einziger ÖSV-Lichtblick ist der 2. Platz Steiners in Val d'Isere.

Hier fehlt bei den Herren auch der Druck aus der 2. Garnitur, während sonst Konrad Walk (Gesamt- und Riesentorlauf), Walter Gugele (Super-G) und Christian Orlainsky den Europacup souverän beherrschten. Abfahrts-Plätze 1 und 3, Barbara Sadleder und Astrid Geissler sowie Elfie Eder (3. Platz Slalom) holten sich Damen-EC-Medaillen.

Bei den Junioren-Weltmeisterschaften in Madonna di Campiglio hamsterte die 18jährige Tirolerin Sabine Ginther drei Gold- (Super-G, Riesentorlauf, Kombination) und eine Silber Medaille (Abfahrt), Elfie Eder wurde Dritte im Riesenslalom, während der männliche Nachwuchs mit zwei dritten Plätzen (Abfahrt/Super-G) des Tirolers Peter Rzehak zufrieden sein mußte.

## Silber, Bronze und Gold-Trikot: Klaus Sulzenbacher!

Österreichs junges Team in der nordischen Kombination, das Vize-Leutnant Wilfried Vettori in den letzten fünf Jahren vorsichtig aufgebaut hatte, schrieb in der Saison 1987/88 mit einer beispielhaften Erfolgsserie ÖSV-Geschichte. Zunächst landete der 23jährige Kitzbühler Klaus Sulzenbacher, der schon 1984 mit einem dritten Rang bei der Junioren-WM in Trondheim auf sich aufmerksam gemacht hatte, seinen ersten Weltcup-Tagessieg beim verregneten Saisonstart in Bad Goisern, schlüpfte ins „gelbe Trikot" des Spitzenreiters, trug es bis Les Brassus, holte es in Seefeld vor den olympischen Wettkämpfen in Canmore wieder zurück und verteidigte es bis zum Finale in Rovaniemi mit Erfolg. Seine hervorragende Saison-Bilanz lautet: vier Siege (Bad Goisern, Seefeld, Falun und Rovaniemi), drei 2. Plätze und ein 5. Platz, das ergab neuen Weltcup-Punkterekord mit 161 Zählern, 38 Punkte Vorsprung auf Weltcup-Verteidiger und Weltmeister Torbjörn Lökken (Norwegen).

Weltcupsieg, Olympia-Silber und Staffel-Bronze für den nordischen Kombinierer Klaus Sulzenbacher, der so nebenbei ÖSV-Großschanzenmeister geworden ist, das bedeutet eine Verlagerung der Schwergewichts im nordischen Rennsport des ÖSV in Richtung Zweikampf Sprung-Langlauf, der früheren Königs-Disziplin. Im Nationencup (nordische Kombination) belegte Österreich Rang zwei mit 314 Punkten, 85 Zähler hinter Norwegen, aber vor der Schweiz und Olympiasieger BRD.

Zum ersten Male in der Geschichte des Langlauf-Weltcups, scheinen drei ÖSV-Läufer im Klassement auf, d. h. sie belegten Plätze unter den ersten 15: der Kitzbühler Markus Gandler wurde Siebenter in Nove Mesto (15 km F), Routinier Alois Stadlober Elfter in Kavgolovo (39 km C) und Alois Schwarz belegte Rang

15 in Davos (15 km C). Solange die 4 × 10 km-Staffel (Schwarz/Blatter/Gandler/ Stadlober komplett antreten konnte (3. Kavgolovo/ 2. Nove Mesto) gab es Spitzenplätze, nach Gandlers Verletzung (Calgary 10./ Oslo 8.) blieb nur ein 5. Gesamtrang.

Eine böse Überraschung erlebte das erfolgsverwöhnte ÖSV-Springerteam. Weltmeister Andy Felder und der bronzene Ernst Vettori konnten im Kernschatten des überragenden Finnen Matti Nykänen (dreimal Olympia-Gold, vierter Weltcup-Gesamtsieg mit zehn Einzelsiegen) ihre Vorjahrs-Form nie finden und blieben mit ihren Leistungen weit hinter den Erwartungen zurück. Das enttäuschende Resumee der Saison: Sechste Plätze für Heinz Kuttin (70 m) und Andy Felder (90 m) in Calgary und Mannschafts-Fünfter, nur ein Weltcup-Tagessieg (Ernst Vettori in Asiago), ein 5. Platz (Ernst Vettori) in der Gesamtwertung, 18. F. Wiegele, 23. Felder) und nur ein 4. Rang im Nationencup. Erstmals nicht im Spitzenfeld.

Am deutlichsten zeichnete sich eine bevorstehende Wachablöse bei der 10. Skiflug-Weltmeisterschaft in Oberstdorf ab, wo Titelverteidiger Andy Felder nur 33. wurde, O. G. Fidjestöl siegte, erstmals ein Norweger, Günther Stranner belegte Rang 5, Werner Schuster (einmal Zweiter in Sapporo, 6. Platz in Planica) wurde Siebenter. Eine Woche später war Stranner Dritter am Holmenkollen.

Als Leader einer neuen Sprunggeneration empfahl sich der 17jährige Kärntner Heinz Kuttin, der bei der Junioren-WM in Saalfelden zwei Goldmedaillen eroberte. Im Einzelbewerb mit einem Supersprung vor dem Schweden St. Tälberg und dem ÖSV-Trio (3. Markus Steiner, 4. Andreas Rauschmaier, 5. Günther Schöffmann), das zwei Tage vorher erstmals Junioren-Mannschafts-Sprunggold überlegen vor Norwegen und ČSSR gewonnen hatte. Das ergab Rang drei in der Nationenwertung hinter UdSSR und DDR. In der nordischen Kombination belegte Klaus Ofner im Einzel Rang 8 und mit B. Pichler und R. Stadlmann in der Staffel den 5. Platz. Die 3 × 10 km-Staffel mit M. Standmann (13. über 30 km), A. Ringhofer und A. Marent(10. über 30 km) klassierte als Sechste und bestätigte den Aufwärtstrend im Männer-Langlauf. Dafür Stagnation bei den Damen, gleichmäßig bei Elite und Nachwuchs.

## Hadschieffs „Sternstunden“: Bronze und Silber!

Ein hervorragend motivierter Michael Hadschieff löschte bei den olympischen Eisschnellauf-Konkurrenzen, die erstmals in einer Halle ausgetragen wurden, die Bestleistungen des Wiener Trios Max Stiepl (Bronze 10.000 m/Fünfter über 1500 und 5000 m), Karl Wazulek (6. über 5000 m), Karl Leban (6. über 500 m) aus dem Jahre 1936.

In „Sternstunden“, wie sie Spitzensportler in dieser Dichte nur selten erleben, steigerte sich der 24jährige Ausnahmesportler aus Innsbruck in Calgary von Tag zu Tag. Auf einen 26. Rang über 500 m folgte ein 5. Platz über 5000 m und ein 6. Rang im 1000-m-Lauf. Dann holte Michael Hadschieff hintereinander zum großen Schlag aus: Bronze über 1500 m – damit Stiepl eingestellt – am vorletzten Tag und am Schlußtag Silber über 10.000 m, wobei ihn Thomas Gustafson erst im letzten Lauf der Konkurrenz von der Spitze verdrängt hatte.

Der um ein Jahr jüngere, in Basel lebende und für den UEC Innsbruck startende Christian Eminger konnte Michaels großartige Steigerung nicht mithalten und blieb mit den Rängen 19 über 10.000 m, 20 über 5000 m und 34 über 500 m unter seinen Möglichkeiten.

Was in Eminger steckt, bewies der WM-Dritte von 1985 zwei Wochen nach den Spielen bei der Weltmeisterschaft in Medeo/Alma Ata bei schwierigen Eisverhältnissen mit einem dritten Rang („kleine" Bronzemedaille) über 5000 m und einem guten 7. Platz über 1500 m, 33. über 500 m, 14. über 10.000 m, was ihm genauso wie im Jänner bei der Europameisterschaft in Den Haag den ausgezeichneten zehnten Rang im Vierkampf einbrachte. Emingers Einzelränge bei der EM: 17. über 500 m, 10. über 1500 m, 6. über 5000 m, 11. über 10.000 m!

Österreichs zweiter Eisschnellauf-Olympionike Hadschieff war bei den Freiluft-Bewerben (EM und WM) nicht so erfolgreich wie in der Halle, in der er fünf österreichische Rekorde verbesserte. In Den Haag mißlang es ihm, die Vorjahrs-EM-Silbermedaille zu verteidigen; trotz zweier „kleiner" Medaillen, Bronze über 500 m und Silber über 1500 m. Unmittelbar nach dieser Glanzleistung wurde der Innsbrucker zum 10.000-m-Lauf aufgerufen. Mit nur vierzehntbester Zeit (5. Rang über 5000 m) blieb ihm nur Rang vier im Vierkampf, auf den er sich auch bei der WM in Medeo einpendelte. Nach einem völlig verpatzten ersten Wettkampftag, 18. über 500 m, 6. über 5000 m, „explodierte" Hadschieff in seinen Medaillen-Disziplinen 4. über 1500 m, 2. über 10.000, womit er knapp eine Medaille verfehlte.

Im Weltcup 1987/88 gewann Michael Hadschieff zum drittenmal hintereinander den „Goldenen Schlittschuh", die Gesamtwertung (1500/5000/10.000 m). Über 1500 m reichte es für den 2. Gesamtrang, über 5000 m wurde er Fünfter. In Davos gewann er ein Weltcup-Einzelrennen über 1500 m. Christian Eminger belegte die Weltcup-Gesamtränge sechs (5000 m) und 26. über 1500 m.

Kleine Rangverbesserungen gegenüber dem Vorjahr kann auch Österreichs Serienmeisterin Emese Nemeth-Hunyady vorweisen. Größter Erfolg ein dritter Rang über 500 m bei der EM in Kongsberg, im Vierkampf belegte sie in Kongsberg genauso wie bei der Sprint-WM in West Allis (USA) den 15. Platz. Diesmal trat Nemeth in der Olympiahalle an, wurde 15. über 500 m und zweimal 17. über 1000 m und 1500 m. Zu beachten ist ihr 7. Weltcup-Gesamtrang über 1500 m.

## Neunmal WM-Gold im Skibob

Österreichs Skibob-Elite triumphierte bei den 12. Weltmeisterschaften in Dorfgastein: neun von zwölf möglichen Goldmedaillen (Herren, Damen, Jugend) blieben im Land. Darüber hinaus gab es noch fünf Dreifach-Siege (Herren-Abfahrt: Walter Kroneisl vor Michael Hossek und Willi Dimmer. Herren-Riesentorlauf: Dimmer vor Kroneisl und Peter Eschlböck. Herren-Kombination: Kroneisl vor Dimmer und Moser. Damen-Riesentorlauf: 1. Petra Wleczek, 2. Maria Höller, 3. Manuela Winter und Damen-Kombination: 1. Wleczek, 2. Winter, 3. Müller).

Die überragende Teilnehmerin war die 22jährige Pernitzerin Petra Wleczek mit drei Gold- und einer Silbermedaille, die sich nur im Slalom der Spezialistin Irena Francova geschlagen geben mußte. Die Niederösterreicherin ist nun mit vier WM-Goldmedaillen, fünf Europameistertiteln und drei Weltcupsiegen die erfolgreichste Athletin der Skibob-Elite. Routinier Walter Kroneisl aus Linz kassierte als bester männlicher Teilnehmer in Dorfgastein zwei Gold- und eine Silbermedaille, aber die bemerkenswerteste Leistung gelang dem 18jährigen Salzburger Markus Moser. Der dreifache Jugendweltmeister des Vorjahres gewann bei seiner Elite-Premiere ganz überlegen die Slalom-Goldmedaille und empfahl sich für eine große Karriere.

In der Jugendklasse kassierte der Niederösterreicher Horst Antos aus Öd die WM-Titel in Abfahrt und Riesentorlauf, während sein Klubkamerad Andreas Isser aus Sollenau dreimal Silber und einmal Bronze errang. Martin Tribula entführte zwei Jugend-Medaillen in die ČSSR.

Im Skibob-Weltcup 1988 siegte bei den Herren Riesentorlauf-Weltmeister Willi Dimmer aus Vigaun vor dem Salzburger Moser und dem Kärntner Thomas Scheffauer. Bei den Damen sicherte sich Petra Wleczek mit fünf Tages-Siegen den Weltcup ganz überlegen vor der Deutschen Sandra Schmidt und Eva Duchacova aus der ČSSR.

## Weltcup-Doppelsieg der Vierer-Schlitten

Die erste Olympia-Medaille seit 1968 erhoffte der Bob- und Skeleton-Verband in Calgary, weil die Generalprobe im Weltcup – vor allem bei den Vierer-Schlitten – ausgezeichnet geglückt war. Peter Kienast (Crew: Siegl/Mark/Teigl) mit Einzelsiegen in Igls und Königsee sowie Winterberg-Sieger Ingo Appelt (Muigg/Redl/Winkler) landeten in der Viererbob-Weltcup-Gesamtwertung mit je 75 Punkten gemeinsam auf Platz eins. Im Zweier-Schlitten erreichten Appelt/Winkler mit drei sechsten Plätzen in der Gesamtwertung Rang vier (8. Kienast). Das reichte für den jungen Piloten Ingo Appelt zum ersten Sieg im Kombinations-Weltcup (Zweier- und Viererbob) überlegen vor dem Zweierbob-Weltcupsieger Kipurs/Koslov (UdSSR). Bob Kienast/Winkler belegte Rang vier.

Während dem Zweierbob-Weltcupsieger Kipurs/Koslov in Calgary, die Weltcupbestätigung mit Olympia-Gold gelang, mußten sich die ÖBSV-Spitzenreiter Kienast und Appelt mit den Olympia-Rängen sechs und sieben zufrieden geben. Im Zweierbob gab es die Ränge fünf für Appelt und acht für Kienast.

Bei den Europameisterschaften in Sarajevo, die nur von den zweiten Garnituren beschickt waren, errang Routinier Franz Paulweber (Fulpmes) im Viererbob einen vierten Platz. Auch bei den Junioren-Weltmeisterschaften im Sauerland holte Hubert Schlösser – im Zweierbob Sechster – mit dem Viererschlitten die Bronzemedaille.

Im Skleleton kam Titelverteidiger Andreas Schmid aus Innsbruck bei der EM in Winterberg hinter seinem Vorgänger Alain Wicki (Schweiz) nur auf Rang zwei, eroberte aber den Weltcup-Gesamtsieg mit zwei Einzelsiegen vor dem Schweizer. In der EM landete mit Schmid, Franz Planger, Michael Grünberger und Christian Auer vier Österreicher auf den Rängen zwei bis fünf. Im Weltcup rangieren Auer und Grünberger auf den Plätzen drei und vier.

# Erstmals Rodel-Weltcupsieger: Markus Prock!

Weltmeister Markus Prock aus dem Stubaital richtete seine Saison 1988 auf zwei große Ziele aus: Er wollte als erster Österreicher den Kunstbahn-Gesamt-Weltcup gewinnen und bei den Olympischen Winterspielen in Calgary seiner Favoriten-Rolle gerecht werden. Ersteres gelang hervorragend: mit drei Einzel-Siegen – als erster Ausländer in Altenbach (DDR), in Igls und in St. Moritz – gewann Prock den Rodel-Gesamt-Weltcup 1988 überlegen mit 137 Punkten vor Juri Chartschenko (UdSSR) und dem späteren Oympiasieger Jens Müller (DDR). Otto Mayregger und Gerhard Sandbichler belegten die Ränge 10 und 14. Der Doppelsitzer Georg Fluckinger/Robert Manzenreiter belegte im Endklassement Rang sieben.

Bei den 31. Europameisterschaften auf der Kunstrodelbahn in Königsee wurde Markus Prock Zweiter hinter dem Lokalmatador Georg Hackl. Mayregger und Sandbichler landeten auf den Rängen zwölf und dreizehn, Fluckinger/Manzenreiter wurden Siebente. Die erst 17jährige Vorarlbergerin Andrea Tagwerker qualifizierte sich mit einem 15. Rang in letzter Minute für die XV. Winterspiele in Calgary, die für die ÖRV-Elite einen enttäuschenden Verlauf nahm. Der fünfte Platz des Doppelsitzers Fluckinger/Manzenreiter war die beste Placierung der enttäuschenden Österreicher, deren nervlich versagender Medaillenanwärter Markus Prock hinter seinem Teamkollegen Mayregger nur Rang elf erreichte.

# Großes Comeback für Österreichs Eisschützen

Mit der erfolgreichsten Saison in der Verbandsgeschichte feierten die Eisschützen ein großartiges Comeback als unumstrittene „Nummer eins" in der Weltelite. Die fünf Goldmedaillen bei der 2. Weltmeisterschaft im Dezember 1987 in Brixen – fünfmal mehr als bei der Premiere in Frankfurt 1983 – legten den Grundstein für eine Saison der Superlative. Die acht Goldmedaillen bei den 38. Europameisterschaften in Kärnten (Ossiach und Klagenfurt) bestätigten die wiedereroberte internationale Spitzenposition.

Die Weltmeistertitel im Mannschafts-Schießen (die Herren: K. Schöggl/H. Neukamp/R. Königshofer/H.Deutsch/L.Brantner schlugen die BRD im Finale 31:11; die Damen:M. Schiegl/S. Tschiltsch/M. Mayrhofer/S. Armellini besiegten die BRD überzeugend 48:18) gaben das nötige Selbstbewußtsein, um auch bei der Europameisterschaft in Klagenfurt die seit 1981 unbesiegten Deutschen zu stoppen. Nicht die Weltmeister, sondern Österreich II (H. Sulzenbacher/F. Lechner/J. Traunwieser/J. Schmiedlechner/P. Hanser) entthronten den Abonnement-Europameister BRD im Finale mit 29:23. Österreich I belegte Rang drei. Das Weltmeister-Quartett der Damen gewann den EM-Titel dank der besseren Stocknote vor Italien.

In den Einzelbewerben kassierten die Weitschützen alle vier Goldmedaillen. Bei der WM in Brixen siegte im Einzelbewerb Wilhelm Huszarek aus Grafendorf (OÖ) mit 130,30 m vor seinem Landsmann Gerhard Auer 123,58 m und zusammen mit Titelverteidiger Helmut Aglassinger aus Maishofen (5./118,27 m) langte es zum Sieg in der Nationenwertung. Am Tauernsee über Ossiach holte sich Ex-Weltmeister Aglassinger mit 267,52 m seinen vierten Europameistertitel und zusammen mit H. Salzmann und G. Auer auch Mannschafts-Gold. Zudem gewann der Schladminger Peter Thaler den EM-Jugend-Bewerb.

Im Zielschießen, einer deutschen Domäne, gelang den österreichischen Teams ein großer Einbruch. Bei der WM in Brixen fing die Vorarlbergerin Maria Kögler mit einem großartigen 2. Durchgang (263 Punkte) die hohe Favoritin Renate Riedl (BRD) noch um einen Punkt ab. Dazu noch Mannschafts-Silber. In Klagenfurt siegten M. Schiegl (Einzel-Bronze), M. Kögler und M. Auer in der Mannschaft. Bei den Herren – zweimal Bronze in Brixen (Werner Knauder und das Team) – explodierte in Klagenfurt der Ahndorfer Karl Treitinger, der mit einer Superserie Einzel-Gold und den Mannschaftstitel mit E. Lebenbauer und W. Knauder herausschoß. Die Jugend steuerte Silber (Mannschafts-Schießen) und Bronze (Zielschießen Nationenwertung) bei.

In der Tat eine ungewöhnliche Erfolgsbilanz eines Sportverbandes: bei der WM fünfmal Gold, einmal Silber, zweimal Bronze und beim EM-Heimfestival in Kärnten geht Gold-, eine Silber- und drei Bronze-Medaillen!

## Dreimal Rang fünf für die Geschwister Beck

Dreimal traten Kathrin und Christoff Beck, weiterhin einziges Kunstlauf-Aushängeschild des Eislaufverbandes, bei großen internationalen Veranstaltungen an und ernteten drei fünfte Plätze. Der erste 5. Platz bei der EM in Prag enttäuschte das erfolgreiche Eistanzpaar aus Wien, weil man mit einer Bronze-Medaille gerechnet hatte.

Rehabilitiert wurden die Geschwister Beck im olympischen Eistanzbewerb in Calgary und bei der WM in Budapest, wo sie gegen weit stärkere Konkurrenz den fünften Platz behaupteten. Im olympischen Bewerb ist dies die beste Plazierung seit Trixi Schubas Olympiasieg 1972 in Sapporo.

Österreichs Vertreter in den Einzelbewerben, Yvonne Pokorny (EM 20./WM 22.) und Ralph Burghart (EM 14./WM 20.), ließen internationale Reife vermissen.

## Starkes Finale der Biathleten

Offensichtlich motiviert durch den überraschenden 4. Platz im olympischen Staffelrennen in Canmore boten Österreichs Biathleten beim Weltcup-Saisonfinale in Matti Nykänens Heimat Jyväskylä eine Sonderleistung und sorgten für einen versöhnlichen Ausklang. Der vierfache Militär-Weltmeister Alfred Eder führte im 20-km-Bewerb bis zum letzten Schießen. Ein Fehlschuß warf Eder auf Rang drei hinter den Norweger Kvalfoss und Antonow (UdSSR) zurück. Im letzten Einzel-Rennen kam der Tiroler Franz Schuller mit einer fehlerfreien Schießleistung zu seinem ersten Weltcup-Tagessieg vor Erik Kvalfoss und Alfred Eder aus Saalfelden. Im abschließenden Staffelbewerb gab es für Österreich – genauso wie in Canmore – hinter BRD, Norwegen und der UdSSR den guten vierten Rang.

Bis zu den olympischen Bewerben gab es für Österreichs Biathleten nur drei Weltcup-Plätze unter den ersten Zehn: über 10 km Alfred Eder Achter und in Antholz und Ruhpolding, wo Egon Leitner über 20 km Siebenter wurde.

*Kurt Bernegger*

# Ein großes Gedenkjahr

## Vor 140 Jahren

Im Jahre 1848 revoltierten Bürger, Arbeiter und Studenten in vielen Staaten Europas gegen den herrschenden Adel, wodurch auch die k. u. k. Monarchie Österreich-Ungarn zeitweise arg in Bedrängnis kam. Vor allem die Unabhängigkeitsbestrebungen der slawischen Völker, aber auch die Gründung einer Bürgerwehr, die Forderung nach freien, allgemeinen Wahlen und einer Republik führten zur vorübergehenden Flucht des Kaisers und Fürst Metternichs aus Wien bzw. Einsetzung einer liberalen Regierung.

Auch auf turnerischem Gebiet macht sich die Revolution bemerkbar: In Ried und Krems entstehen die ersten Turnvereine, in Wien wird die Universitäts-Turnanstalt gegründet, die den Übungsbetrieb für Studenten, die Ausbildung von Vorturnern und Turnlehrern sowie die Beratung von Behörden in Turnangelegenheiten übernimmt. Ferner wird „Gymnastik“ als Freifach an Gymnasien und Realschulen eingeführt und die Weichenstellung in Richtung des Deutschen Turnens nach Turnvater Jahn vollzogen.

## Vor 100 Jahren

wird der Einfluß des angelsächsischen Sports in der Schule und den Vereinen immer deutlicher. Zunehmender Antisemitismus macht sich in Turnerkreisen bemerkbar und führt zur Einführung des Arierparagraphen (Juden dürfen nicht Mitglieder solcher Vereine sein) im Turngau Niederösterreich.

Andererseits zeigen sich Ansätze für die Gründung eigenständiger Arbeiterturnvereine.

Sportvereine für Alpinismus, Reiten, Rudern, Eislaufen bestehen bereits; Schwimmen und Schwerathletik folgen.

## Vor 80 Jahren

Im Jahre 1908 wird in Österreich ein Zentralverband für gemeinsame Interessen des Sports gegründet, der die Beschickung und Finanzierung der Olympischen Spiele übernimmt. Er gilt als Vorläufer des Österreichischen Olympischen Komitees. Immer mehr Sportarten werden in Österreich betrieben und in spartenspezifischen Vereinen oder als Sektionen von Großklubs ausgeübt. Die Vereine unterteilen sich nach ideologischen Interessensgruppierungen (Arbeitersport, christliche Turnerschaft, Deutscher Turnerbund, jüdische Sportvereinigungen sowie eigenständige tschechische und andere slawische Gruppen).

## Vor 70 Jahren

endet 1918 der Erste Weltkrieg und damit die Monarchie. Die Gründung der 1. Republik bedeutet auch eine Neuordnung im Sport. Bestehen bleiben die interessensgeteilten Organisationen: Verband der Arbeiter- und Soldatensportvereinigungen; Christlich-deutsche Turnerschaft Österreichs; Deutscher Turnerverband und verschiedene paramilitärische Formationen (Wehrturnen), die zum Schutz politischer Gruppen geschaffen werden.

Die Frau hatte infolge des Krieges viele Positionen einnehmen müssen, die bis dahin Männern vorbehalten waren. Dies führt in der Folge zu einer vermehrten Aktivität in den Sport- und Turnvereinen. Dr. Margarethe Streicher trägt zum „natürlichen Turnen“ im Schulunterricht wesentlich bei. Ihr Wirken findet starkes internationales Echo.

Der reglementierte, internationale Sport mit Titeln und Bestleistungen gewinnt – nicht zuletzt durch die Olympischen Spiele – immer mehr an Bedeutung und wird gleichwertig zum „Turnen“ (Sammelbezeichnung für volks- und wehrsportliches Tun).

## Vor 50 Jahren

Im Jahre 1938 wird Österreich besetzt und als „Ostmark“ dem Deutschen Reich einverleibt; Österreichs Sport geht im „Deutschen Reichsbund für Leibeserziehungen“ auf.

Der Sport wird immer mehr zum Faktor der politischen Machthaber und deshalb stark aufgewertet, gilt es doch, das Volk wehrtüchtig zu machen und die internationale Reputation des totalitären Staates zu heben.

Jüdische Athleten und Funktionäre, die bis 1938 zur österreichischen Sportelite gehörten, werden verfolgt und interniert. Auch solche, die vom Dritten Reich nichts wissen wollen, ereilt dieses Schicksal.

Mehrere aktive Sportler der Spitzenklasse, und nur diese hatten die Möglichkeit zu helfen, hatten viel Zivilcourage und versuchten (mitunter unter Einsatz ihres Lebens) den Leidgeprüften zu helfen.

Einer davon, Willi Löwinger, damals Mitglied der Nationalmannschaft und Olympiamannschaft 36 im Eisschnellaufen (nach dem Krieg Mitgründer der Österreichrundfahrt und Radsportpräsident, Motorsportler und Motorsportfuntionär) erinnert sich:
„Ich kam sofort nach dem Anschluß, wie viele andere prominente Sportler, in den NS-Reichsbund für Leibesübungen sowie in weiterer Folge in den SA-Sport und damit in die NSDAP. Sehr bald kamen die ersten Hilferufe von Freunden und Sportkameraden, die Juden waren und vor einer unsicheren Zukunft standen.

Felix Kaspar war zum Zeitpunkt der Besetzung in Amerika bei der Eiskunstlauf-Weltmeisterschaft. Sein österreichischer Paß verlor während der Schiffsrückreise nach Österreich die Gültigkeit. Betreuer Adolf Eder (späterer Stadthallendirektor) ließ Kaspar in Hamburg.

Er fuhr nach Wien und erkundete, wer von den alten Freunden bereit und in der Lage war, Kaspar einen deutschen Paß zu verschaffen und zwar in kürzester Zeit, da Gefahr bestand. Kaspar selbst konnte nichts machen, da er nicht die notwendigen Dokumente (Ariernachweis, Unbedenklichkeitszeugnis) erbringen konnte. Mit dieser scheinbar schwierigen Aufgabe ging ich in SA-Uniform auf das Paßamt, wo Menschenschlangen standen. Ich kam sofort zum Leiter des Paßamtes und erhielt innerhalb einer halben Stunde den nun gültigen deutschen Paß. Kaspar konnte ungehindert ins Ausland.

Nach einigen Wochen wurde ich zur GESTAPO auf den Morzinplatz zitiert und einer sehr unangenehmen Einvernahme unterzogen, da ich ja sämtliche Antragsformulare für Felix unterschrieb. Ich konnte glaubhaft machen, nicht gewußt zu haben, daß Felix „Jude" sei. Ab dem Jahre 1942 bekam ich selbst große Schwierigkeiten, wurde vom Reichsbund für Leibesübungen, der NSDAP und SA ausgeschlossen und degradiert. Wieder mit Hilfe von Freunden blieb mir das Gefängnis erspart."

Auch Österreichs bester Profiradfahrer der dreißiger Jahre, Max Bulla, erinnert sich an das Jahr 1938:

„Ich hatte in der Schweiz meine Honorare auf einem Konto. Es waren rund 60.000 Schweizer Franken. Leider war ich zu vertrauensvoll und wurde so das Opfer einer Anzeige. Ich war gerade bei einem Rennen in der Schweiz als meine Frau verhaftet und mein gesamter Privatbesitz in Wien beschlagnahmt wurde.

Erst als ich wieder in Wien war, das Schweizer Frankenkonto auflöste und den Betrag auf ein deutsches Konto überwies, ließ man meine Frau frei. Zugleich „lud" man mich ein, in einem „Unterwerfungsverfahren" diesen Betrag dem Staat zu schenken, wodurch ich Straffreiheit bekam. Unmittelbar danach wurde ich zum Militär eingezogen, doch gelang es relativ bald, in einer Wiener Kaserne eine „Sportgruppe" zu gründen, der unter anderem auch der bekannte Radfahrer Gustav Schaffer und der Eisschnelläufer Karl Wazulek, der im Krieg ein Bein verlor, angehörten."

## Vor 40 Jahren

1948, drei Jahre nach Ende des Zweiten Weltkriegs. Not, Besatzungsmächte und Demütigung beherrschen das wiedererstandene Österreich. Viele kleine Alltagsselbstverständlichkeiten von heute waren unbekannt: Die Straßen leer, den Privatautos gab's praktisch nicht; Durchlauferhitzer für Warmwasser fast unbekannt. Selbst die Beheizung der oft desolaten Wohnräume war vielen älteren Menschen unmöglich, weshalb die Stadt Wien 45 Wärmestuben einrichtete und der Wienerwald teilweise abgeholzt wurde. Das karge Mittagessen in den Betrieben nahmen die Menschen nicht in Gasthäusern oder Kantinen, sondern am Arbeitsplatz in Form von „Resten des Vorabends" aus „Menagereindln" ein; das Toilettepapier bestand aus Zeitungsseiten ...

### Große Not und immenser Lebenswille

300 Hotels und 5100 Wohnungen waren von den Besatzungstruppen beschlagnahmt; 41.000 Menschen obdachlos; die Betriebe hatten zumeist geöffnet, jedoch fehlte es an Energie, Maschinen und Rohstoffen aller Art; auch die Bahn und

Straßenbahn funktionierten wieder, aber überfüllt, spärlich und im spartanischen Zustand. Grenzübertritte von einer Besatzungszone in die andere waren wesentlich schwieriger als etwa heute das Passieren des Eisernen Vorhangs.

Aber der Lebenswille war groß. Die Salzburger Festspiele waren wiedererstanden, die erste österreichische Buchmesse ein Riesenerfolg; die zerbombte Oper hatte im Theater an der Wien und die Burg im Ronacher Ausweichquartiere und natürlich gab auch der Sport beachtliche Lebenszeichen, die Österreichs Ruf in alle Welt trugen (wenngleich Fernsehen damals noch unbekannt war).

Schon bei den ersten Olympischen Spielen nach dem Krieg konnten Österreichs Athleten sowohl im Winter als auch Sommer antreten, was gar nicht so selbstverständlich war, denn die deutschen Sportler blieben z. B. ausgesperrt und konnten später nur als gesamtdeutsche Mannschaft – also gemeinsam mit den DDR-Athleten antreten.

Die Vertretung der rotweißroten Farben war ein nationales Anliegen, weshalb alle Probleme (kaum Geld für die Entsendung, größte Reisebeschränkungen durch die Besatzer usw.) aus dem Weg geräumt wurden. Lediglich der legendäre Skispringer Sepp Bradl mußte daheim bleiben, gegen ihn hatten die Norweger Protest eingelegt (und damit einen unangenehmen Konkurrenten ausgeschaltet). Bradl war als Weltmeister und Weltrekordinhaber ehrenhalber in eine SA-Einheit versetzt worden, war zwar nie an der Front, lieferte aber damit Grund für die Sperre.

Zwei Österreicherinnen waren es, die Österreichs Flagge und Hymne als Olympiasiegerinnen damals in alle fünf Erdteile trugen.

## Beiser – das goldene Skimädel

Die Arlbergerin Trude Beiser gewann die erste olympische Alpin-Goldmedaille Österreichs.

Lassen wir die Lecherin selbst zu Wort kommen:

„Ich war in St. Moritz gesundheitlich nicht voll auf der Höhe und landete in meiner Spezialdisziplin, dem Abfahrtslauf, auf dem zweiten Platz. Im Slalom spielten mir mitunter die Nerven böse mit, doch diesmal hatte ich sie im Zaum und konnte durch zwei kontrollierte Läufe den Kombinationssieg feiern. Es war schön zu sehen, wie die rotweißrote Fahne gehißt wurde und alle Konkurrentinnen zu mir und den übrigen Delegationsmitgliedern kamen, um zu gratulieren."

Aber es gab noch weitere sechs Medaillen bei diesen ersten Olympischen Spielen nach dem Weltkrieg für Österreich: Franz Gabl, Abfahrtszweiter; Erika Mahringer, Slalom- und Kombinationsdritte, Resi Hammerer Abfahrtsbronze und im Eiskunstlauf Eva Pawlik Silber bzw. Edi Rada Bronze.

Das Team war mit sehr gemischten Gefühlen und Dressen in die Schweiz gefahren. Jede Sparte war für sich allein aus Kostengründen und möglichst unauffällig gekleidet; man wollte keineswegs auffallen. Dennoch gab es beim Einmarsch Pfiffe neben sehr viel Beifall. Doch auch die Pfiffe stellten sich als Zustimmung heraus, sie kamen von amerikanischen Zusehern.

## Bravour – Bescheidenheit – Bauma

Ein halbes Jahr später in London trat das ÖOC-Team schon selbstbewußter und mit 160 Personen ansehnlich stark in Erscheinung. Und wieder war es eine Frau, Herma Bauma, die Gold für Österreich gewann. Ihre 45,57 m im Speerwurf bedeuteten Olympiarekord und im selben Jahr verbesserte sie im Wiener Stadion auch den Weltrekord auf 48,63 m. Herma Bauma stammte, so wie Trude Beiser, aus sehr einfachen Verhältnissen und widmete einen Großteil ihrer Freizeit dem Sport, dem ihre ganze Liebe gehörte: „Der Gedanke an Geld für unsere Leistungen kam uns damals gar nicht und die mitunter tagelangen Fahrten zu den Wettkämpfen bestritten wir in der Bahn dritter Klasse, und das meist auf Stehplätzen. Die Züge waren überfüllt und die Waggons nur mit Holzbänken ausgestattet. Natürlich absolvierten wir auch die Heimfahrt aus London so und prompt standen die Offiziellen am Wiener Westbahnhof vor dem falschen Waggon (2. Klasse). Dabei hätte ich nicht einmal mehr Geld gehabt, um uns solchen Luxus leisten zu können und war froh, als Teamchefin der 23 Damen wenigstens Plätze in der dritten Klasse zu bekommen.
Meine Bekanntheit verhalf uns in London auch zu Sonderrationen, denn die englischen Quartier- und Verpflegungslady brachte uns ausgehungerten Österreicherinnen immer wieder Nahrung, die sie mitunter den reicheren Ländern abzwackte."
Bescheiden verschweigt die heute noch sehr rüstige Pensionistin, daß sie wenige Wochen vor den Spielen nach einer Mandeloperation eine Blutvergiftung bekam, lange im Spital lag und niemand mehr an eine Hochform glaubte.

## Kleines Land – große Erfolge

Aber auch in anderen Sparten gab es in diesem Jahr sehr schöne internationale Erfolge. Trude Pritzi belegte bei den Tischtennisweltmeisterschaften den dritten Platz; Bronze auch für das Herrendoppel Bednar/Wunsch. Die Radfahrer organisierten die erste „Österreich-Rundfahrt", die damals allerdings nur vier Tage dauerte. Olympia-Bronze auch für die Kanutin Fritzi Schwingl im K 1 über 500 m; die Fechterin Ellen Müller-Preis und Ina Schäfer im Kugelstoß. WM-Silber errang Österreichs Herrenteam und Bronze die Damen im Flachwasserpaddeln.

Und Österreichs Fußballer? Sie schieden im Olympiaturnier gegen den späteren Olympiasieger Schweden gleich im ersten Spiel aus, gewannen jedoch einige Länderspiele. Ungarn wurde 3:2, die Schweiz 3:1 und die Türkei 1:0 bezwungen; Niederlagen gab es gegen Ungarn auswärts (1:2) und die ČSSR (1:3). Die Revanche gegen Schweden in Wien brachte einen 2:1-Erfolg, wobei Gerhard Hanappi, der noch heute Rekordinternationaler ist, sein Teamdebut hatte.

Und der Gesamtsport Österreichs? Er bereitete sich auf die goldenen Jahre des Sporttoto vor (das Gesetz war bereits eingebracht) und versuchte, sich einen entsprechenden Platz im Staat zu schaffen.

Alle Berichte aus dieser Zeit klingen zuversichtlich und erfolgsorientiert. Keine Rede von Depression, keinerlei Schuldzuweisung an andere, sondern ausschließlich Optimismus lassen sich herauslesen. Eine beispielhafte Gesinnung, die damals auf allen Gebieten unseres Landes zu verspüren war und das neuerstandene Österreich mit jenem Aufbau-, Leistungs- und Erfolgswillen durchpulste, der die Basis zum selbständigen, freien, weltweit anerkannten Österreich war.

Die damals vom Sport formulierten Forderungen an Staat und Gesellschaft klingen noch heute teilweise richtungsweisend:

- Die tägliche Turnstunde an allen Schultypen und die obligate Einführung des Schwimm- und Skiunterrichts.
- Errichtung, Erhaltung und Ausgestaltung von Sportanlagen durch die öffentliche Hand, wobei an jeder Schule ein Turn- und Spielplatz angestrebt werden muß. Mindestforderung von 5 $m^2$ Spielplatzfläche pro Einwohner.
- Befreiung des sportlichen Übungsbetriebes der Amateurvereine von allen Abgaben und kostenlose Benützung aller Sporteinrichtungen.
- Bestellung von Turn- und Sportlehrern zur körperlichen Betreuung der Jugend in der Freizeit.
- Förderung der Ausbildung von Lehrkräften für den Sportbetrieb in der Schule und im Verein sowie deren Kostenübernahme.
- Gesetzliche Förderung durch Landessportgesetze und Schaffung von Landessportzentren in den Landeshauptstädten für alle Sparten.
- Schutz der Spiel-, Turn- und Sportanlagen durch ein Spielplatzschutzgesetz.
- Förderung der körperlichen Erziehung durch Einrichtung von wissenschaftlichen Forschungs- und Lehrinstituten auf allen Gebieten der Leibesübungen.
- Zusammenfassung aller Agenden der körperlichen Erziehung und des Sports in einem Staatssekretariat für Sport und körperliche Erziehung.

*Norbert Adam*

Naturbahn-Rodeln erfordert Mut und hohes technisches Können, um erfolgreich zu sein. Österreichs Naturbahnrodler gehören zur Weltspitze

# Der Weg ins Jahr 2000

Welche Entwicklung steht dem Sport bevor, welchen Stellenwert wird er in nächster Zeit einnehmen, wie kann er den Herausforderungen und Aufgabenstellungen der Zukunft gerecht werden? All diese Fragen werden seit einiger Zeit immer wieder und von verschiedenen Seiten beleuchtet. Die bevorstehende Jahrtausendwende und eine im Umbruch befindliche Szenerie des Sports haben Untersuchungen und Diskussionen entfacht, an denen der Sport maßgeblich mitzureden hat, und seine Stimme maßvoll einsetzen muß.

Wenn man die Veränderungen der Gesellschaft, ihrer Lebensgewohnheiten, Lebensinhalte und sozialpolitischen Wandlungen der letzten Jahrzehnte betrachtet und die jüngsten Meinungen von Futurologen, Pädagogen, Sozial- und Wirtschaftsforschern – die Zukunft betreffend – berücksichtigt, zeigt sich, daß in den Industriestaaten seit Ende des Zweiten Weltkrieges vorerst eine Freß-, dann eine Konsum- und nun eine „Erlebnis"-Welle festzustellen ist.

Dies trifft auch für den Sport zu, denn nach dem Massensport zum Null-Tarif kam der Sportkonsum als Aktiver (Pistenraser) und Fernseh-Dauerschauer, der nun zusehends dem individuellen, genußvollen, gehobenen Sportansprüchen aktiver und passiver Art Platz macht. Ein vielfältiges Erscheinungsbild ist gefragt, hervorgerufen durch das starke Körper- und Gesundheitsbewußtsein unserer Zeit, gemixt mit Lust auf Action, Abenteuer im Sport. Dieses Bedürfnis nach Körpernutzung äußert sich in einer weniger leistungsbezogenen und weniger materialistischen Grundhaltung, verbunden mit Glitzer, Farbe, Wohlklang, Duft und Erotik. Die Menschen verbinden heute vielfach mit dem Begriff Sport „Entspannung und Unterhaltung, Freude, Spaß, Herausforderung".

Es kann kein Zufall sein, wenn bei diesen Befragungen der Alpinskilauf (68%), Schwimmen/Baden (45%), Wandern/Bergsteigen (36%), Radfahren (35%), Gymnastik (34%), Tennis (32%), Jogging/Laufen (30%) und TT (23%) als die verbreitesten Sparten ausgewiesen werden. Erst dahinter folgt mit Fußball die erste Mannschaftssportart, die naturgemäß vorrangig in Klubs ausgeübt wird. Vergleicht man diese Aufstellung mit den Mitgliederzahlen der Verbände, dann rangiert Fußball an erster Stelle, woraus klar abzuleiten ist, daß nur relativ wenig Sporttreibende in den Vereinen verankert sind (47%).

Eine Aufgabenstellung für die Vereine wird auch die Erfassung neuer Bevölkerungsgruppen sein, da zur Zeit wesentlich mehr Männer (53%) als Frauen (39%) sportlich aktiv sind, mit zunehmenden Alter die Betätigung rapid abnimmt und vor allem in kleinen Gemeinden nur selten Sport aktiv ausgeübt wird. Auch die soziale Stellung (Bildung, Beruf, Einkommen) ist sehr mitbestimmend: Je höher die gesellschaftliche Rangordnung, um so mehr Sport – und umgekehrt.

> „Die Arbeitslosigkeit von Jugendlichen führt zu deren Entpolitisierung und Brutalität, zwei Aspekte, die für eine Demokratie gefährlich sind. Deshalb sollten junge Menschen auf jeden Fall eine geregelte Betätigung haben, wobei sich der Sport ganz besonders dafür anbietet."
>
> Altbundeskanzler Dr. Bruno Kreisky

## Wie kommen die Menschen zum Sport?

Vorwiegend durch Mundpropaganda (67%), wobei „Freunde und Bekannte, Familie bzw. Partner“ die Weichen dafür stellen. Nur je 8% kommen durch die Schule oder über den Verein zur regelmäßigen Sportausübung. Eine alarmierende Erhebung, die zeigt, daß die Schule ihrer Aufgabe, „life-time-Sport“ zu vermitteln, in keiner Weise gerecht wird, und die Vereine nicht jene Eigenwerbekraft ausüben, die notwendig wäre.

## Was wird falsch gemacht?

Vor allem fehlt es an der Schule am freudvollen, fröhlichen Sportunterricht (Spaß beim Sport ist das wichtigste Motiv für die Sportausübung). Gerade auf diesem Sektor weisen aber auch die Vereine ein Manko aus. Der ehrenamtliche Übungsleiter hat ja faktisch nur die Leistungsverbesserung als Erfolgserlebnis bei seiner Tätigkeit, wodurch ihm wenig Raum für Späße bleibt.

Die Vereine wären gut beraten die Leistungswilligen von den „FIT-lingen“ zu trennen (und dafür bei dieser Gruppe mehr zu kassieren). Aber woher die Sportstätten nehmen, die Kosten aufbringen, die nötigen Betreuer auftreiben?

## Gründe für die Vereinsabsenz

- keine zu starke Bindung und keinerlei Verpflichtungen
- das Gefühl der Einschränkung der persönlichen Freiheit
- politische Ausrichtung, Vereinsmeierei, der Wettkampfcharakter
- Bedürfnis nach ungezwungenem Sporttreiben

Kein Wunder, daß daher jene Personengruppe, die nicht aktiv ist, aber Sport betreiben möchte, auch angibt, lieber privat aktiv sein zu wollen, wobei Formen der Aktivität ohne Anleitung – aber mit der Möglichkeit auf Wunsch eine solche bekommen zu können – bevorzugt werden. Der Verein als strenge Organisationsform wird zumeist abgelehnt und eine freie, privat organisierte Art gewünscht. Die Problempunkte des Vereinssports der Zukunft sind daher die Angebots-, Organisations- und Führungsstruktur.

## Wohin tendiert der Sport?

Die künftige Sportbewegung insgesamt wird geprägt von Gesundheits-, Bildungs-, Kultur- und Urlaubsaspekten; also weitgehend einer Hinwendung zum Individualismus, aber verbunden mit dem Wunsch, verstärkt Kommunikation treiben zu können.

Dies bedeutet im Detail:

Noch mehr Vielfalt. Immer neue Sportarten, die wellenförmig kommen und gehen, sich durch die einschlägige Wirtschaft gut vermarkten lassen.

Beim GP 1987 in Zeltweg führt Berger, der eine erfolgreiche Saison hatte, vor Mansell *(Foto Sündhofer)*

Der ewig junge Schlager Rapid – Austria. Rapid konnte 1987 Meisterschaft und Cup für sich entscheiden *(Foto Votava)*

Gute Leistungen brachten dem österreichischen Team den 9. Platz im olympischen Eishockeyturnier. Hutz (Ö) stürzt über Kreis (BRD), links Torhüter Friesen. Das Spiel endete 3:1 für die BRD *(Foto Votava)*

Die Weltelite im Eishockey war zu Gast in Wien – Siegerehrung in der Wiener Stadthalle. 1. Schweden; 2. UdSSR; 3. ČSSR *(Foto Votava)*

Der beste Allrounder Hubert Strolz, wurde 5. in der Olympia-Kombi-Abfahrt, 7. im Kombi-Slalom und 2. im Riesentorlauf *(Foto Votova)*

Mit einem unerwarteten Sieg der Schweden endete die Eishockey-Weltmeisterschaft in Wien. Tor gegen Kanada *(Foto Sündhofer)*

Erst im Finale wurde Hypobank gestoppt. Die Südstädterinnen unterlagen im Europacupfinale gegen Spartak Kiev *(Foto Sündhofer)*

Liebling der Pferdefreunde in der Wiener Stadthalle ist und bleibt Hugo Simon *(Foto Sündhofer)*

Vorwiegend individuelle Aktivitäten, die sich auch ohne Vereinsbindung ausüben lassen, jedoch wettkampfmäßig durchaus mediengerecht angeboten (verkauft) werden können.

Dennoch ein geselliger Sport (mit Hilfe der Animateure) im Kreise gleichgesinnter Partner, Freunde oder im Kreise der Familie.

Ein weiterer Aspekt dieses Trends ist der Hang zum gehobenen Standard sowohl hinsichtlich der Ausrüstung wie auch der Übungsstätten. Immer wichtiger wird auch das benützerfreundliche Service, wozu nicht nur die freundlichen Animateure, sondern auch die bequeme Erreichbarkeit (Arbeits- oder Wohnstättennähe) und die zeitungebundene Benützungsmöglichkeit (von früh bis spät, möglichst ohne stundenweise Einteilung) verstanden wird.

Neue Personengruppen wären anzusprechen. Dazu zählen die Behinderten, vor allem aber die Senioren und Frauen.

Auch die Sportstätten selbst werden sich diesen Veränderungen anzupassen haben, denn eine Sportstadt von heute ist noch lange keine sportgerechte Stadt von morgen (Verschiebung der Sparteninteressen, kommunikationsfreundliche, familiengerechte Anlagen).

Die zeitgerechte Erkennung dieser Notwendigkeit muß eine der Aufgaben des Sports sein, denn der Sportstättenbau der Zukunft ist für die Gesellschaft und den Traditionssport zu wichtig, um ihn einfach der Zukunft allein zu überlassen.

## Mode – Markt – Medien

Diese Trilogie ist für die Weiterentwicklung des Sports sehr bedeutsam, weshalb sich der Sport ehest damit beschäftigen sollte. Um den Anforderungen des Sports von morgen entsprechen zu können, bedarf es einer neuen Schubkraft, die aus Freude an der Bewegung, Nützlichkeit der Sportausübung, Spaßhaben, Gesundheit und Fitneß besteht.

Auf dem Kommerzsektor muß der Sport die partnerschaftliche Zusammenarbeit mit der (Werbe-) Wirtschaft und den Medien anstreben, aber auch den Einbau hauptamtlicher Sport-Mitarbeiter forcieren, ohne auf die Ehrenamtlichkeit zu verzichten.

Hinsichtlich der Eliteathleten ist deren Belastbarkeit an einer Grenze angelangt, nun gilt es, eine soziale Absicherung zu realisieren.

Im Bereich der Leistungssport-Nachwuchsarbeit muß die derzeit zu frühe Spartenspezialisierung aufhören und einer verbesserten Allgemeinbildung weichen.

Dazu gehören gut ausgebildete und entlohnte Betreuer.

Bleibt noch der Mediensektor zu erwähnen, wo eine teilweise Mitbestimmung angestrebt werden muß.

Der zur Zeit gebotene TV-Sport prägt das öffentliche Sportbild, ist aber nicht der Sport. Sport darf nicht nur als Unterhaltung angeboten werden, sondern muß auch in all seinen Aspekten und seiner Vielfalt zum Ausdruck kommen. Dazu bedarf es einer Zusammenarbeit auf dem Sektor der Sportjournalistenaus- und fortbildung.

Der Sport kann und darf seine Entwicklung nicht der Eigendynamik überlassen.

# Hoher Stellenwert

> „Wenn die Politik weiterhin den Anliegen des Sports so wenig Augenmerk schenkt, dann müssen wir eben der Politik mehr auf die Pelle rücken.
> Man sollte den schlafenden Riesen „Sport" nicht wecken!
> Weniger Beschlüsse, dafür mehr „tun" wäre anzuraten."
>
> Hans Hansen, Präsident des Deutschen Sportbundes

Sport betreiben heißt, das Leben lebenswerter gestalten.

Der Sport wird in Hinkunft noch stärker aktive Lebenshilfe sein, wenn es gelingt, die dem Sport innewohnenden Ideale und Zielsetzungen in die Öffentlichkeit zu tragen.

So ist der Sport eine kulturelle Notwendigkeit, vor allem für jene Menschen, die noch nicht oder nicht mehr im Berufsleben stehen und sich somit nicht selbst über die Arbeit verwirklichen können. Die Bewegungskultur hat aber auch in Bereichen der Erziehung (Kinder, Jugend) hohen Stellenwert, denn wirklich Sport betreiben und damit der Gesundheit dienen, heißt nicht „nach Lust und Laune", sondern bedarf echter körperlicher Beanspruchung im Rahmen einer geregelten bzw. regelmäßigen Aktivität.

Der Sport wird der Gesellschaft um die Jahrtausendwende sehr große Dienste leisten können, denn die im Sport gebotene Chancengleichheit, Fairneß, das soziale Engagement und das Streben nach individueller Leistung sowie die damit verbundene Freude und die Möglichkeit, körperliches und geistiges Geschick zum Ausdruck bringen zu können, sind wesentliche Komponenten. Diese Möglichkeit der Selbstbestimmung, Kreativität, Individualität und Selbstverwirklichung bedeutet verbesserte Lebensqualität und damit Lebensgenuß.

Der Sport will keine Erziehungsanstalt der Nation sein, aber ein Stück Verheißung bieten, ein zutiefst menschliches Instrument und Bereicherung der Freizeitgestaltung von morgen sein, das Abenteuer, Abwechslung, Lebenserotik vermittelt.

## Sport als Lebenshilfe

- bedeutet aber auch, nach Niederlagen den (die) Aktiven nicht vom Thron zu stürzen, sondern die positiven Aspekte herauszustreichen;
- heißt, Minderbegabten schon bei kleinsten Fortschritten Lob zu spenden;
- bedeutet, Mut zu machen, Selbstvertrauen zu vermitteln;
- kann zur Gegensteuerung bei der Altersverschiebung werden.

Alle Interessierten (Eltern, Sport und Staat) sollten ehest dafür sorgen, daß die Lehrer zu einer Klammer Verein/Schule werden, nur so kann Sport als Lebensinhalt schon während der Schulzeit vermittelt werden.

# Out- und Negativ-Aspekte

Und welche Bereiche des Sports von heute werden „out" sein? Dazu zählen Grundsportarten wie die Leichtathletik und das Schwimmen, für die sich immer weniger Trainingsbegeisterte finden, da die Bereitschaft zur Leistung abnimmt.

Wenig mediengerechte, streng genormte, anstrengende und einer Regelmäßigkeit unterworfene Tätigkeiten ohne hohen Marktwert finden wenig Anklang.

Deshalb dürfte sich der Hochleistungssport künftig wohl auf noch höherer, aber eher sehr schmaler Basis bewegen.

Auch die Bindungskraft des traditionellen Sportvereins läßt nach, denn Vereinstreue, Ehrenamtlichkeit und Selbstfinanzierung sind keineswegs „in".

Die Unfinanzierbarkeit des Hochleistungssports bringt auch die Gefahr einer Spaltung der Sportorganisation mit sich. Während sich aus dem Freizeitsport die Klubkasse relativ leicht füllen läßt, leert sie der Leistungssport um so schneller, wodurch sich immer mehr Vereine nur noch dem Fitneßsport widmen.

Auch die Nachwuchsarbeit im Kinder- und Jugendbereich für den Leistungssport könnte durch eine solche Entwicklung arg beeinträchtigt werden, denn die Langsamkeit wird wiederentdeckt und der spielerisch-sportlichen Betätigung große Bedeutung beigemessen.

Gefährlich ist der Blick in die Zukunft, wenn man an die GEN-Technik denkt (Züchtung spartenspezifischer Talente) und es nicht gelingt, die Pharma-Industrie wieder vom Sport abzukoppeln.

Nicht aus den Augen gelassen werden darf auch die Neigung zu einer „Verrechtlichung" des Sports. Immer mehr Unzufriedene suchen über ordentliche Gerichte zu ihrem vermeintlichen Recht zu kommen.

## Wertewandel im Freizeitbereich

> „Der Sport führt ihm durch den Staat übertragene Aufgaben durch. Dafür steht ihm eine Abgeltung in Form von rechtlich zustehenden Alimenten und keinesfalls nur Subventionen als freiwillige Spenden zu."
>
> Dr. Peter Büchner, Sportsprecher der SPD

Der Sport als Freizeitaktivität nimmt stark zu. Selbstbestimmung, Kreativität, Individualismus und Selbstverwirklichung machen den traditionellen Sportvereinen kräftig zu schaffen.

Der Trend zeigt Richtung „Dienstleistungsbetrieb" mit Animateuren, die sich in die Psyche ihrer Kursteilnehmer einfühlen müssen und erst in zweiter Linie Leistung als Übungsziel anzustreben haben.

Der Vereinssport wird sich entscheiden müssen, ob er diesen Wandel mitmachen, oder an seinen traditionellen Aufgaben mit Gemeinschaft, Leistungsstreben, Ehrenamtlichkeit, Übernahme von sozialen und pädagogischen Aufgaben zum Wohle des Staates festhalten will.

Wenn ja, werden neue Strategien für eine erfolgreiche Arbeit gesucht, gleichzeitig aber die öffentliche Hand daran erinnert werden müssen, daß ein Konkurrenzkampf mit kommerziellen Klubs, die sich der gleich guten oder schlechten steuerlichen Behandlung erfreuen, auf Dauer nicht tragbar ist.

*Norbert Adam*

# Trainer – Beruf oder Berufung?

Ein Sonntagabend im Februar 1986 im Sportpalast von Madrid – die Läufer des 3000-m-Finales der Halleneuropameisterschaften kämpfen auf der Zielgeraden um jeden Zentimeter. Ein kleiner schnauzbärtiger Lockenkopf hat schließlich die Nase vorne. Er kniet nieder und küßt in seinem Glück die Laufbahn – Dietmar Millonig hat endlich die so lang ersehnte Medaille errungen und noch dazu die goldene.

Statio Olympico Rom, ein Sommerabend 1987, Andreas Berger hat nur um wenige Hundertstelsekunden den Einzug ins 100-m-Finale verfehlt, dennoch etablierte er sich unter den zehn besten Sprintern der Welt. Eine nie erwartete Leistungsexplosion eines Österreichers.

Zwei Athleten stehen am vorläufigen Höhepunkt ihrer Sportlerlaufbahn. Von den Medien werden sie vorübergehend glorifiziert, ihre Leistungen entsprechend gewürdigt. Der Erfolg wurde aber nicht von ihnen allein errungen. Daß hinter diesen Leistungen neben dem Einsatz der Athleten ein ganzes Team steht, in dem der Trainer eine führende Rolle besitzt, wird nur allzuoft vergessen.

Die Betreuer dieser beiden Sportler, Hubert Millonig und Heimo Tiefenthaller, sind waschechte Österreicher, die in ihrer Heimat ihre Ausbildung genossen haben, eine bemerkenswerte Tatsache in einem Land, das im sportlichen Bereich sehr oft durch mangelndes Selbstwertgefühl gekennzeichnet ist, in dem der ausländische Trainer oder Sportler oft mehr zählt als der einheimische.

Augenblicke des Erfolges sind die Höhepunkte im Leben eines Sportlers und Trainers. Sie entschädigen für viele Mühen und Plagen, für manchen Rückschlag und Tiefpunkt auf dem Weg zum sportlichen Ziel und sind auch für den Trainer eine wichtige Motivation, da es in unserem Land meist nur ideelle Anreize zum Trainersein gibt. Es ist auch unbedingt notwendig, Idealist zu sein, um als Trainer Erfolg zu haben. Der Einsatz und Aufwand ist so groß und umfassend, daß diese Tätigkeit ohnehin nicht entsprechend entlohnt werden kann, noch dazu in einem Land, in dem man den Stellenwert der Arbeit eines Trainers offensichtlich noch nicht erkannt hat, da es die nötige Infrastruktur, wie sie in anderen Ländern längst selbstverständlich ist, nicht gibt.

Die Tätigkeit des Betreuers erstreckt sich nicht nur auf die Gestaltung und Durchführung des Trainings. Der Betreuer fungiert als Erzieher im ganzheitlichen Sinn. Er ist Freund und Vater in einem, Belohner und manchesmal auch Bestrafer. Er wirkt nur allzuoft als Mitgestalter und Wegbereiter der Entwicklung vom Kind zum Jugendlichen und weiter zum Erwachsenen. Er füllt schlechthin die Funktion des Pädagogen aus. Er ist sehr oft für den Athleten Berater in allen Lebenslagen, hat aber immer dann bescheiden in den Hintergrund zu treten, wenn der Athlet erfolgreich ist. Um dies alles realisieren zu können, benötigt der Trainer neben dem entsprechenden Fachwissen auch eine große Portion an Persönlichkeit und menschlichen Qualitäten. Daß es auch Situationen gibt, wo der Betreuer auch gegen seine innerste Einstellung, zum Vorteil des Athleten, ein gerüttelt Maß an Härte, ja Brutalität einsetzen muß, möge auch nicht verschwiegen werden.

## Die Voraussetzungen

Wie wird man Trainer? Kann man diesen Beruf erlernen? Welche Voraussetzungen sollte man dazu mitbringen? Wo kann man sich zum Coach ausbilden lassen? Die Antwort auf diese Fragen sollen wieder unsere zwei obengenannten Betreuer anhand ihres eigenen Beispieles geben.

Eine sehr günstige Voraussetzung stellt eigene leistungssportliche Betätigung dar. Die Tatsache, daß man selbst als Wettkämpfer aktiv war, vermittelt soviel Einblick in die Psyche des Sportlers, daß man viele Situationen und Verhaltensweisen des Aktiven besser verstehen und deuten kann. Man kennt die Wirkungsweise von Grenzbelastungen besser und was dabei im Athleten vorgeht.

Nach Beendigung der eigenen Laufbahn oder kurz davor sollte eine Sportlehrer- oder Trainerausbildung im Rahmen der Bundesanstalten für Leibeserziehung oder eine Turnlehrerausbildung der Institute für Sportwissenschaften absolviert werden und daneben bereits mit einer Jugendgruppe im Verein recht intensiv gearbeitet werden, um das theoretisch Vermittelte in die Praxis umsetzen und erproben zu können. Nach Beendigung der Ausbildung sollte jede Möglichkeit der Weiterbildung genutzt werden, egal ob das Fortbildungslehrgänge der Vereine sind oder persönliche Gespräche mit anderen Trainern oder Experten.

Um das alles verwirklichen zu können, muß auch die berufliche Situation stimmen. Ein Beruf, bei dem es dazu gehört, immer wieder tagelang auswärts zu sein, läßt keine sinnvolle Trainertätigkeit zu. Eine Arbeitsstelle, wo es nicht die entsprechende Flexibilität gibt, was Arbeitseinteilung und Urlaubskonsum betrifft, und wo auch nicht dann und wann eine Dienstfreistellung möglich ist, erschwert das Trainerdasein sehr.

Eine wichtige Voraussetzung, um sich als Trainer zu entwickeln und für seine Athleten immer da sein zu können und mit ihnen zu wachsen, ist der entsprechende Lebenspartner. Eine Ehefrau, die überhaupt kein Verständnis für den Sport besitzt, die nicht erkennt, welche Erfüllung die Betreuung von Athleten, das Dasein für seine Sportler dem Gatten gibt, wird den Holden früher oder später vor die Alternative stellen „die Sportler oder ich“. Es gehört sehr viel Toleranz und Verzicht auf manches dazu, daß die private Bindung unter dem zeitlichen Aufwand für Training und Wettkampf nicht leidet. Als Idealfall ist es zu betrachten, wenn die Ehefrau selbst einmal Sport betrieben hat, und der Trainer es versteht, seine Familie in das Vereinsleben zu integrieren.

Wo kann man sich zum Trainer ausbilden lassen? Die Bundesanstalten für Leibeserziehung führen diese Ausbildungen in Zusammenarbeit mit den betreffenden Fachverbänden durch. Die erste Ausbildungsetappe, die Lehrwarteausbildung, umfaßt ca. 150 Unterrichtseinheiten. Sie vermittelt in drei Wochenkursen die Grundlagen des Anfängertrainings. Der zweite Ausbildungsabschnitt, die Trainerausbildung, versucht in ca. 350 Unterrichtseinheiten die Grundlage für das Leistungstraining zu vermitteln. Ob sie das immer kann, ist schon aus zeitlichen Gründen manchmal fraglich. Parallel zu den Ausbildungskursen verläuft die Praxisarbeit im Verein. Es ist aber auch möglich, über den Weg einer Turn- und Sportlehrerausbildung zur Trainerausbildung zu stoßen. Unsere beiden Modellfälle sind Lehrer an einer Hauptschule bzw. an einer HTL.

## Die Leistungsbasis fehlt

Die „Schmalspurtrainerausbildung“ in unserem Land entspricht dem Stellenwert, den der „Trainerberuf“ in der österreichischen Gesellschaft besitzt. Aufgrund der Tatsache, daß man sich nur auf Grundlagenvermittlung beschränken muß, ist es notwendig, ein hohes Ausmaß an Kreativität, Selbständigkeit, Offenheit und Fortbildungswillen zu besitzen, um mit den Sportlern und Trainern anderer Länder konkurrieren zu können. Die Ausbildung zum Trainer erfolgt nicht nur in der Zeitspanne, in der Lehrgänge stattfinden, sie ist vielmehr ein nie abgeschlossener Prozeß. Ständig gilt es, sich neue Erkenntnisse anzueignen und womöglich selbst Neuland zu entdecken. Auch der Trainer befindet sich in einem ständigen Wettbewerb mit den Kollegen anderer Länder, allerdings bestreitet er diesen Wettkampf unter sehr ungünstigen Rahmenbedingungen, man kann ruhig sagen, er hat ein Vorgaberennen zu bestreiten. Während die Trainer der Spitzenathleten anderer Länder ihre Tätigkeit meist professionell durchführen, wirkt das Gros der österreichischen Betreuer als Amateure, soferne es sich nicht um Trainer jener wenigen Sportarten handelt, die auch in unserem Land stark kommerzialisiert sind. Ein Spitzentrainer im Fußball wird ungläubig den Kopf schütteln, wenn er hört, was Betreuer von Spitzenathleten in anderen Sportarten bekommen oder besser gesagt nicht bekommen.

Es soll an dieser Stelle nicht der arme Trainer beklagt werden, der so viele Opfer bringen und Idealismus an den Tag legen muß – diese Menschen haben für sich selbst längst Stellenwerte geschaffen; nein, es soll die bedenkliche Situation aufgezeigt werden, daß man in unserer Gesellschaft nichts übrig hat für Leistung, für die Rahmenbedingungen, die für Leistung notwendig sind. Wir Österreicher sind noch immer damit beschäftigt, den Stein der Weisen zu suchen, den Wunderheiler zu finden, der durch Handauflegung oder Suggestion, besondere Ernährung und Pillen über Nacht aus der klapprigen Mähre ein stolzes Rennpferd macht. Wir haben noch immer nicht erkannt, daß Spitzenleistungen das Produkt disziplinierter, konsequenter und harter Arbeit sind. Wir wundern uns, daß wir eine junge Generation herangezogen haben, in der es nur allzu viele gibt, die glauben, im Schlaraffenland zu leben. Das ist das Ergebnis eines Erziehungssystems, in dem die Leistung zu stark im Hintergrund steht, in dem die jungen Menschen nicht gelernt haben, daß es ohne Fleiß keinen Preis gibt. Wir dürfen uns nicht wundern, wenn unsere Wirtschaft in zunehmendem Maße an Wettbewerbsfähigkeit verliert, wenn die Jugend in diesem Land zu wenig auf Wettbewerb vorbereitet wird, ja geradezu ermuntert wird, den bequemen Weg zu gehen; wenn sie nicht gelernt hat, sich auf den Leistungsvergleich konsequent und gediegen vorzubereiten; wenn der Jugend immer wieder vorgegaukelt wird, das Leben wäre ein Spiel.

## Erziehungsbasis überdenken

In diesem Bereich eröffnet sich in unserem Land ein unermeßliches Feld der pädagogischen Einflußnahme, das von den eigentlich dafür bestimmten Institutionen nur allzu selten bestellt wird. Auch die Medien scheinen diese Situation nicht zu erkennen, sonst würde dieser Thematik und ihrer Lösung mehr Raum gewidmet werden und Berichterstattung und Beiträge sich nicht vorwiegend darauf beschränken, darüber zu berichten, daß dem Fußballstar W im Trainingslager die Zehennägel geschnitten werden mußten, der Motorsportler X Keuchhusten hatte und die Skistars Y und Z am Wochenende in Grinzing beim Heurigen waren. Unter dem kleinen Kreis der Rufer in der Wüste finden sich immer wieder Menschen, die wir von ihrer Tätigkeit als Trainer von Spitzenathleten kennen.

Die Überzeichnung obiger Situation erfolgt nicht aus Besserwisserei oder chronischer Veranlagung zum Nörgeln. Sie soll wachrütteln, die Augen öffnen, uns überlegen lassen, was wir ändern können, damit wir unserer Jugend wieder neue Ideale vermitteln können. Ihr Fähigkeiten und Eigenschaften mit auf den Weg geben, die sie in die Lage versetzen, mehr kreativ, initiativ und gestaltend zu sein als konsumierend. Wir müssen den jungen Menschen mehr Selbstwertgefühl anerziehen, mehr Mut zur eigenen Leistung, ihren Ehrgeiz ständig verbessern, um sich selbst zu übertreffen; mit Erfolgen und Mißerfolgen fertig zu werden.

Um diese hohen Ziele zu erreichen, muß sich sehr viel am Erziehungssystem bei uns ändern. Alle Lehrerausbildungssysteme müssen in ihrer personellen und strukturellen Situation überdacht werden. Das Ausleseverfahren für den Eintritt in diese Ausbildungen ist zweifellos zu ändern. Es muß nach neuen Lösungen gesucht werden, wie das geeignete schulische Lehrpersonal dem außerschulischen Sport zugute kommen kann. Vorschulische, schulische und außerschulische Erziehung sollten in Abstimmung miteinander arbeiten. Eine Personalunion zwischen Schulsportlehrer und Vereinstrainer stellt sich immer wieder als der Idealfall heraus. Unsere beiden Modelltrainer zeigen das recht deutlich auf. Es muß nach Lösungen gesucht werden, damit auch die Betreuungsarbeit im Vereinssport entsprechend entlohnt wird. Oft ist es so, daß es dort, wo die meiste und qualitativ beste Arbeit geleistet wird, praktisch keine Entschädigung gibt. Das entspricht ungefähr einer Situation, wo die Vielzahl der praktischen Ärzte ein gutes Einkommen bezieht, die Fachärzte, Primarärzte und Professoren ihre Tätigkeit aber ehrenamtlich ausführen, dafür aber einige Male im Jahr in den Zeitungen lobend erwähnt werden und alle fünf Jahre vom Gesundheitsminister eine Verdienstmedaille verliehen bekommen, die dann der ranghöchste Ministerialrat in Vertretung des anderwärts beschäftigten Ministers überreicht.

Diese weit fortgeschrittene Krankheit, um bei der Diktion der Medizin zu bleiben, kann man nur mit einer Radialkur heilen. Eine schonende Therapie trägt die Gefahr in sich, daß der Patient während der Behandlung stirbt. Ein radikaler Eingriff ist notwendig, um das Geschwür zu entfernen, ehe sich die Metastasen noch weiter ausbreiten.

Die notwendigen Veränderungen sind nur zu realisieren, wenn sich alle gesellschaftsrelevanten Kräfte in Österreich darüber einig werden, daß dies für die Zukunft unserer Jugend und unserer Heimat von größter Bedeutung ist. Dieses Thema darf nicht zum Spielball parteipolitischer Interessen werden. Nur wenn das gelingt, wird sich der Vers aus unserer Bundeshymne „Heimat bist du großer Söhne ...“ wieder stärker mit Inhalten füllen, was natürlich nicht nur für den sportlichen Bereich gilt.

Diese eher düstere Vision über das derzeitige Trainerdasein in Österreich wurde nicht gezeichnet, um zu schrecken. Im Gegenteil, sie soll wachrütteln, soll alle engagierten Pädagogen, Funktionäre, Politiker und Journalisten, die ähnlich denken, motivieren, dafür zu kämpfen, die Situation zu ändern, meinungsbildend in diese Richtung zu wirken, damit endlich Maßnahmen gesetzt werden.

*Johann Gloggnitzer*

# Sport im Fernsehen:

# Information, Unterhaltung oder Vergewaltigung?

Der Titel war vorgegeben, also beantworte ich zunächst die darin enthaltene Frage: Information und Unterhaltung sind die beiden wichtigsten Komponenten der Fernseh-Sportberichterstattung, ergänzt durch den gesetzlichen Bildungsauftrag. Vergewaltigung? Tatsache ist, daß Sport und Fernsehen ohne einander kaum bestehen können; die Masse der Sportveranstaltungen wäre ohne TV-Patronanz und Popularisierung durch die Sendung überhaupt nicht mehr durchführbar. Das Fernsehen wiederum muß froh sein, in einer Zeit der totalen Programmkonkurrenz im Sport ein breites Unterhaltungsprogramm zu haben, das die Hälfte der potentiellen Zuschauer interessiert, im Vergleich etwa mit Showprogrammen immer noch verhältnismäßig billig ist und überdies eine der Möglichkeiten bietet, daß sich ein kleines Land wie Österreich vor manchmal gewaltigen Publikumszahlen identifizieren kann. Wer vergewaltigt wen?

Fernsehen ist ein Angebot wie Kino, Stadion, Restaurant, Nachtlokal oder Rummelplatz; jeder Apparat hat den berühmten Knopf, der nach dem Abdrehen alle anderen Wahlmöglichkeiten offenläßt. Nach dem Aufdrehen allerdings wird die ganze Palette vom Kino bis zum Rummelplatz auf einmal geboten. Daheim. Für einen finanziellen Gegenwert, der vergleichsweise vernachlässigt werden kann. Die kritiklose „Selbstvergewaltigung", die voraussetzt, daß auch ständig Programm geboten wird, das diesem einen Dauerseher gefällt, ist das eine gefährliche Extrem; das andere ist das Ablehnen dieses faszinierenden Mediums, das ich immer noch als Wunder der Technik betrachte, weil es mir Bilder von Ereignissen in aller Welt – und darüber hinaus – zeigt.

## Zuschauer hat Wahlmöglichkeit

Vernünftige Auswahl unter den Offerten schafft ganz sicher ein vielfaches Maß an Programmzufriedenheit. Und damit können wir uns nun mit dem Ausmaß der gegenseitigen Beeinflussung auseinandersetzen: keine Frage nämlich, daß diese Gegenseitigkeit oft genug Ärger schafft. Die Medien haben ursprünglich auf den um die Jahrhundertwende keimenden Leistungssport zögernd reagiert, bald immer intensiver. Und sehr bald begonnen, ihn zu beeinflussen. Zunächst durch den Zwang zur Ordnung, sprich zum organisierten, öffentlichen Ereignis. Dann durch die Kritik und in der zweiten Hälfte des Jahrhunderts durch das Fernsehen, dessen starke Präsenz der Werbeindustrie ungeahnte Möglichkeiten schuf. Natürlich darf man diese Tatsache nicht nur als massive Form der Beeinflussung, wenn Sie wollen Vergewaltigung, sehen. Erst dadurch haben ja viele Sportler die Chance für den Aufbau einer Existenzmöglichkeit gefunden und der Sport damit die Chance, Rekorde durch professionelle Einstellung zu Training, Wettkampf und Körperfragen sprunghaft zu verbessern.

Die passive Konsumation via Fernsehen hat so gewaltige Vorteile, daß man darüber leider den unersetzbaren Genuß vergißt, den die Unmittelbarkeit des Dabeiseins im Kreis Gleichgesinnter schafft. Fernsehen spart Energie, Zeit und Geld; man sitzt erste Reihe Mitte und die besten Szenen werden prompt wiederholt. Ich hoffe, es wird zumindest aus der Sicht des ORF, einer „Anstalt öffentlichen Rechts", mit entsprechenden Pflichten, nie zu einer Vergewaltigung des Sports in dem Ausmaß kommen, das wir durch das Diktat privater TV-Anstalten, insbesondere in den USA, schon kennen. Zur organisierten Sensation, mit Spielen, in denen der Gast zur Pause 3:0 führen wird und die das Heimteam letztlich 4:3 gewinnt. Mit Läufern, die kurz vor dem Ziel stürzen, weil sie laut Absprache nicht gewinnen dürfen. Denken Sie ein bißchen nach, es gibt eine Reihe von Beispielen dafür, daß wir nicht weit weg von dieser Vision sind. Und auch hier ist die öffentlichrechtliche Anstalt, die Geld braucht, um gutes Programm zu machen, ein Garant gegenüber jenen, die Programm verkaufen, weil sie Geld machen wollen. Das Fernsehen für den Rückgang des Zuschauerpotentials auf dem Sportplatz fast allein verantwortlich zu machen, ist billig. Und kurzsichtig, weil es eben ein Teil unserer Zeit ist. Weil es ohne Zweifel auch einen wertvollen Beitrag für die Popularisierung des Sports und der Sportler leistet, Vorbilder aus aller Welt zeigt und so die Jugend – denken Sie an Borg – auch weltweit bewegen kann. Meiner Ansicht nach ist der Hauptgrund für das Fernbleiben des Publikums von den Sportveranstaltungen in der Tatsache zu sehen, daß man heute weit körperbewußter lebt, weit mehr für die eigene, aktive Pflege des Sports tut, und deshalb weniger Zeit, Lust und Geld hat, um auf dem Sportplatz so präsent zu sein wie früher.

## Sensation und Erziehungselement

Der Sport verlangt Bekenntnis; abgesehen von wenigen kulinarischen Ereignissen ist das Publikum klar dafür oder dagegen. Und so ergibt sich immer wieder der Gegensatz zwischen den Anhängern beider Lager: die einen empfinden die im Zeitausmaß noch dazu aufwendige Sportberichterstattung schlichtweg als Belästigung und ärgerliche Beeinträchtigung ihrer Sehergewohnheiten und auch die anderen haben oft genug Grund zum Unmut. Für den Fan ist es schlicht fahrlässig, wenn wir nur die entscheidenden Momente eines Wettkampfes senden, etwa die Schlußrunden eines 10.000-Meter-Laufs, und auf das erregende Taktieren während der halben Stunde des Rennens einfach deshalb verzichten müssen, weil es eben eine halbe Stunde Sendezeit „kostet". Der Fan, der ober ihm wohnt, interessiert sich jedoch weit weniger für einen 10.000-Meter-Lauf, sondern vielmehr für den zeitgleich stattfindenden Formel-Eins-WM-Bewerb, dessen Liveübertragung den Fußballfan im Nebenhaus zum Warten auf die Aufzeichnung verurteilt. Allen Menschen recht getan ...

Das Management der TV-Sportredaktion erfordert perfekte Teamarbeit und da kaum etwas auf dieser Welt perfekt ist, gibt es hin und wieder Pannen, obwohl die Mannschaft Klasse hat. Denn auch hier treffen Interessensgegensätze aufeinander: die Information soll so aktuell, authentisch und umfassend wie möglich erfolgen. Der „Sport am Montag", der sich auch nach unglaublichen sechshundert Folgen noch nicht abgenützt hat, darf im Hauptabendprogramm wiederum das Unterhaltungselement keinesfalls vernachlässigen, um mehr Publikum zu interessieren als die reinen Sportfreaks. Dazu aber kommt als Bestandteil aller Überlegungen in der Redaktion der Bildungsauftrag, der sich keinesfalls mit Lehrserien oder Animationsspots zur aktiven körperlichen Betätigung erschöpft. Natürlich wird das breite Sportinteresse durch Spitzenleistungen angeregt; aber sie allein garantieren noch lange nicht die breite Basis. Nicht nur Idole sind Vorbild; Szenen der Freude, aber auch das womöglich direkte Miterleben von abschreckenden, oft furchtbaren Ereignissen dienen der Erziehung. Leider nicht allein im positiven Sinn. Selbstverständlich kann das Gladiatorentum der Spitzenathleten, die Nähe zur Ekstase, zur Sensation faszinieren. Nur gefestigte, reife Persönlichkeiten verkraften diese Eindrücke, sehen mit Begeisterung das Positive an diesem Nervenkitzel. Der Unreife wird von diesen Eindrücken geprägt, letztlich vergewaltigt. Aus all dem ergibt sich das enorme Maß an Verantwortung jedes einzelnen Mitarbeiters.

## Das Positive suchen

Die Vorbildfunktion von Bild ebenso wie Sprache darf in diesem Massenmedium nie vergessen werden. Und ich möchte mit Zufriedenheit feststellen, daß in diesem Punkt viel Positives geschehen ist. Sportkommentare werden nicht nur von den Fans gehört; viele Konsumenten beurteilen neben dem Inhalt auch die Form. Ein Reporter oder Kommentator, der sich im Vokabular oder Tonfall allzu oft wiederholt, dessen Reaktionsfähigkeit und Sprechtechnik nicht ausreichen, um natürlich zu wirken, wird sich schneller abnützen als sein Mikrophon. Nicht zu vergessen Zivilcourage und Textgefühl, das die Vergewaltigung des Menschen, der sportliche Leistung bringt, zu vermeiden hilft. Vergewaltigt nicht auch das Publikum? Es erfordert schon ein hohes Maß an Zivilcourage des Kommentators, der Masse nicht nach dem Maul zu reden, die nur zu bereit ist, dem Sport mehr nationale Bedeutung zu geben, als er hat und haben will. Bei aller Selbstkritik gegenüber abgegriffenen Wortparaden muß man den Sportberichterstatter von Fernsehen wie Radio zugute halten, daß sie kaum je die Möglichkeit haben, über die optimale Formulierung nachzudenken. Wenn Sie sich von manchen Tiraden vergewaltigt fühlen, dann haben Sie bitte auch Verständnis dafür, daß der Reporter selbst vom Zeitdruck gepeinigt wird. Abgesehen davon muß man sagen, daß manche der aus Zeitnot geborenen Wortschöpfungen des Sportjargons so plakativ sind, daß sie nicht nur für die Werbung interessant, sondern in den allgemeinen Sprachgebrauch übernommen wurden ...

Noch ein Faktor ist zu erwähnen, wenn sich manche Kritiker, aus welchem Lager auch immer, durch „provinzielle Wald- und Wiesenbeiträge“ vergewaltigt fühlen: Wir haben die Pflicht, bei aller Rücksichtnahme auf den aktuellen Publikumsgeschmack auch die Belange der sogenannten Randsportarten wahrzunehmen, ein breites Spektrum in erster Linie des österreichischen Sports zu bieten. Es gibt nur ganz wenige Disziplinen, die tatsächlich auch unter den Sportfreunden kaum Anhänger haben; wenn die Leistung stimmt, dann beeindruckt das Gebotene, wird der erhoffte Werbeeffekt für diese Sportarten trotz seltener Sendetermine erreicht. Vergewaltigung auf diesem Sektor entsteht nur durch Übermaß, das wir trotz der vorgegebenen Anforderung etwa durch den Totosport Fußball, der ja damit viele andere Sportarten miterhält, tunlichst vermeiden.

## Im Zwiespalt des Angebots

Die Sportredaktion plant und stellt also in dem Ausmaß her, das sie aus der Sicht des Sports für erforderlich hält. Dazu aber kommen die Richtlinien, die die übergeordneten Instanzen der ORF-Hierarchie zu beachten haben. Für sie ist das Angebot des Sports eines von vielen, für eine von vielen Publikumschichten, die alle ihr Recht auf möglichst umfassendes, qualitativ wertvolles TV-Programm haben. Und so ist mir als Sportjournalist, der natürlich alles so aktuell, ausführlich und kulinarisch wie möglich übertragen möchte, durchaus verständlich, daß eine Vergewaltigung der Sportgegner durch ständiges Streichen von Sendungen, die sie auf Grund des für alle gestalteten Programmschemas erwarten dürfen, vermieden wird. Damit wir uns richtig verstehen: Ereignisse, und solche gibt es selbstverständlich auch im Sport, haben übertragen zu werden, aber Qualität muß Vorrang vor Quantität haben, die Negativeffekte erzeugt. Quantität, die in erster Linie dadurch entsteht, daß sich die Sportveranstalter von den Werbemittlern beeinflussen lassen, die immer noch einem Irrglauben nachhängen: nicht die Dauer einer Sendung, in der geduldet Werbung zu sehen ist, bringt den gewünschten Reklameeffekt, sondern die Intensität des Eindrucks, der durch Programmzufriedenheit entsteht. Dieser Punkt, der Einfluß der Werbenden, ist es, durch den sich die Redaktion vergewaltigt fühlt, die in erster Linie für gute Bildberichte sorgen will. Vergessen wir bei diesem Thema auch nicht das ungeheure Heer der Bittsteller, in dem die zahllosen Lobbies mit höchst prominenten Persönlichkeiten des öffentlichen Lebens an der Spitze eine besondere Rolle spielen. Ihnen nicht zu Willen zu sein, sondern die Wünsche nach den erwähnten, vorgegebenen Richtlinien zu beurteilen, ist ein hartes Brot. Pflicht vor allem der TV-Verantwortlichen ist es, den Sport nicht von Leuten mißbrauchen zu lassen, die ihn und seine Aktiven als Schaubühne und Handlanger ihrer Popularitätsbemühungen betrachten.

Allen aber, die den Sportler wie das Sportgeschehen kritisieren, müßte die Achtung vor der Leistung erstes Gebot sein. Das Positive herauszustreichen, soll Leitgedanke sein; auch wenn dies in der Kritik oft genug mit unkritischer Verhaberung und Anbiederung vermengt wird. Es ist in Kenntnis der Bedeutung des Fernsehens, ebenso wie der Bedeutung von Radio und Printmedien, eine der Hauptaufgaben der Verantwortlichen des Sportgeschehens, dieses den Medien so positiv wie möglich näherzubringen. Leistung schafft den Zwang zur Berichterstattung; was darüber hinaus für eine Sportart in den Medien passiert, die Umsetzung des Bedürfnisses der Selbstdarstellung, ist selbstverständlich auch Aufgabe wie Verantwortung des Sportmanagements.

*Franz Krynedl*

# Leibesübungen und Sport in der Schule

Einer kürzlich veröffentlichten Untersuchung über die Einstellung der Menschen zum Sport im Land Niederösterreich sind eine Reihe von interessanten, auch neuen Zusammenhänge zu entnehmen. So war man überrascht über die Wandlung der Gründe, Sport zu betreiben und zugleich erstaunt über die Ergebnisse zu der Frage, ob die Schule zum Sporttreiben nach der Schulzeit anleitet oder nicht.

Die Antwort war: Nein. Und der Aufschrei der Lehrer, die für sich in Anspruch nehmen, daß sie diese Aufgabe immer schon erfüllen, entsprechend groß.

Worin besteht der Auftrag an den Sport in der Schule?

Die sportpädagogische und didaktische Fachliteratur stellt die Kategorien Bewegung, Spiel, Leistung und Gesundheit als zentrales Anliegen und Aufgaben von Leibeserziehung und Schulsport heraus. Diese vier Kategorien sind damit auch die Grundlage der (neuen) Lehrpläne des Faches Leibesübungen an den Schulen in Österreich.

Wenn wir davon ausgehen, daß Lehrplaninhalte von Lehrern sowohl gelesen, aber auch vollzogen werden, und wenn wir weiters davon ausgehen, daß in einem Lehrplan nur solche Anliegen stehen, die auch verwirklicht werden können, dann soll über diese vier Merkmale etwas entwickelt werden: nämlich die endgültige Fähigkeit der Schüler, über die Schule hinaus Sport zu verstehen, in ihr Leben einzubeziehen, zu treiben und auch organisieren zu können.

Diese Anliegen beziehen sich nicht nur auf die Schulen der Mittel- und Oberstufe, sondern richten sich vor allem auch auf den Erziehungsprozeß in der Grundschule. So nannte etwa der Europarat zum Thema Sport in der Grundschule vier wesentliche Ansprüche der Kinder, die erfüllt werden müssen:

1. Kinder brauchen körperliche Entwicklungsreize. Ohne sorgfältige und intensive Leibesübungen wird sich das Kind nicht in einer gesunden und harmonischen Weise entwickeln.
2. Kinder brauchen motorische Erfahrungen. Bewegungserfahrung ist die Grundlage für die Gesamtentwicklung einschließlich der intellektuellen.
3. Kinder brauchen Herausforderung und Bestätigung. Motorische Fähigkeiten und erfolgreiche motorische Leistungen spielen eine bedeutende Rolle in der Entwicklung des Selbstkonzeptes und der Identitätsfindung des Kindes.
4. Kinder müssen mit anderen Kindern spielen können.

In den Spielen, die auf körperlicher Betätigung basieren, wird die Auseinandersetzung mit der gegenständlichen und personalen Umwelt praktisch erprobt. Die Wissenschaftler nennen diese Auseinandersetzung „Handlungsfähigkeit und Handlungsbereitschaft der Kinder und Jugendlichen im Sport".

Die Fähigkeit zur Konfliktbewältigung und damit das faire sportliche Handeln soll angebahnt werden. Spielideen und Spielformen sollen auf der Basis von Regelbewußtsein, d. h. Spielvereinbarungen und Spielregeln anzuerkennen, sie eventuell abzuändern oder zu entwickeln, ablaufen.

Gemeinsam erbrachte Leistungen sind die Grundlage des Vielseitigkeitsbewerbs der Schulen Österreichs. Die Schüler sind mit Begeisterung und Freude dabei.

Leistung und Leistungswille als anerkannter Wert der motorischen Leistungsfähigkeit für das eigene Leben, soll auf einem vielseitigen, sportlich breiten Niveau entwickelt werden.

Wenn eine verantwortliche und kritische Haltung zu den Auswirkungen des Sports auf den einzelnen, die Gesellschaft und die Umwelt entstanden ist, dann könnte jeder einzelne für sich abschätzen, was Bewegung und Bewegungsfähigkeit für ihn bedeutet und ob er für sein Leben durch den Sport einen Gewinn erzielen möchte.

## Die Schule allein kann nicht alles leisten

Die Schule wird nicht alle diese Aufgaben in gleicher Weise erfüllen können, sie wird sie vor allem aber auch nicht allein erfüllen können. Sie braucht dazu die Partnerschaft der Eltern, der Schulärzte, der Lehrer und des großen Kreises jener Personen, die zum Sport anleiten oder über den Sport erziehen. Es ist daher alles, was Lehrer in den Schulen tun, auch unter dem Aspekt zu sehen, wie das begonnene Werk über die Schule hinaus fortgesetzt werden kann, etwa in Vereinen, in Freizeiteinrichtungen, in Erwachsenenbildungsorganisationen, in Jugendgruppen und Interessensgemeinschaften.

Es ist daher aber auch genau zu prüfen, ob die Schule nicht einem Ideal nachläuft, das in der Realität des Sporttreibens außerhalb der Schulzeit versagen muß. Heute scheint es jedenfalls so, als ob es gar nicht so schlecht wäre, wenn die entscheidenden Impulse zu einer anderen Sicht des Sports kommen als jener der ausschließlichen Wettkampffähigkeit oder des Dominierens. Die schon erwähnte Untersuchung zeigt auch, daß Sporttreiben im Bewußtsein der Menschen von heute nicht unbedingt das ist, was uns die Massenmedien in den Sportteilen der Zeitungen und Illustrierten oder in den Sportjournalen von Rundfunk und Fernsehen vorsetzen.

Diese Art des Sports beginnt sich aufgrund der sie umgebenden Rahmenbedingungen deutlich von den Möglichkeiten, selbst Sport zu betreiben, zu trennen. Damit ist aber auch kein unmittelbares Verlangen der Menschen zu spüren, diese Form des Wettkampfsportes auch in das eigene Leben einzubeziehen, was noch nicht heißen soll, daß jegliche Art des Wettkampfes aus dem Sporttreiben auszuschließen wäre.

## Trend zum ungebundenen Sport

Den jungen Menschen ist aber sichtlich klar geworden, daß der immer größer werdende Zeitaufwand, die entsprechenden Einschränkungen im Freizeitbereich oder die notwendigen Risken für die eigene Gesundheit es einfach nicht mehr lohnen, für die wenigen Augenblicke der Befriedigung sportlich über andere dominiert zu haben, viele andere Interessen zurückzustellen.

Wir müssen diese Gegebenheit also festhalten und unseren Sportunterricht danach ausrichten, daß die Teilnahme an Wettkämpfen und das Messen der eigenen Leistungsfähigkeit an weit entfernten Normen des professionalisierten Sportes für viele junge Menschen keine Motivation zum Sporttreiben bedeutet.

Wir müssen also andere Überlegungen miteinbeziehen, die der Tatsache Rechnung tragen, daß die Erhaltung körperlicher Gesundheit, das Erleben von Freude und Sicherheit beim Sporttreiben in Gruppen immer häufiger als Grund für sportliche Betätigung genannt werden.

Neues zu erleben, Risken einzugehen und über dieses Wagnis für sich neue Dimensionen zu erschließen. Die Beispiele kennen wir alle: Tiefschneefahren, Windsurfen, Drachenfliegen, Motorsport etc.

Gleichzeitig muß uns aber bewußt sein, daß Menschen imstande sein müssen, ihr Tun aufgrund ihrer Möglichkeiten zu gestalten, d. h. das, was sie tun, auch verantworten zu können, die Situationen, die sie aufsuchen, auch im Hinblick auf Auswirkungen auf Mitmenschen und Umwelt zu beurteilen.

Womit sich der Kreis zu schließen scheint.

Die organisatorischen Bedingungen für die Erfüllung ihres Auftrages sind für die Schule heute nicht schlecht, wenn wir auch weit davon entfernt sind, eine umfassende Lösung bereit zu haben. Das Ausmaß des Pflichtunterrichtes in der Grundschule mit zwei bzw. drei Wochenstunden wäre ausreichend, besonders wenn man davon ausgeht, daß der Lehrer in der Volksschule jederzeit auch kleinere Einheiten bilden kann, so daß der Gedanke einer täglichen Bewegungszeit durchaus realisierbar erscheint. Diese tägliche Bewegungszeit jedenfalls sollte gegeben sein, will man die Zielsetzung der Volksschule, die das so wichtige motorische Lernalter der 7- bis 10jährigen miteinschließt, wirklich ernst nehmen. Das Verständnis der Lehrer muß gegeben sein und die persönliche Einstellung dieser Lehrer zum Sporttreiben ein günstiges. Wer selbst vom Sporttreiben nichts hält, wird diese Einstellung mit großer Wahrscheinlichkeit durch sein Tun (und sein Lassen) auf seine Schüler übertragen. Lehrerausbildung, aber auch Lehrerfortbildung muß sich in ganz besonderer Weise um diese Tatsache kümmern.

Volksschullehrer sind Klassenlehrer, d. h. sie unterrichten alle Gegenstände und (weil wir alle Menschen sind) sicherlich nicht alle Bereiche gleich gut. Eine innere Differenzierung innerhalb einer Schule durch Übernahme bestimmter Schwerpunkte durch besonders engagierte Lehrer scheint eine erste Lösung zu sein.

## Erkenntnisse für die Schule

Das Stundenausmaß im Bereich der Schulen der 10- bis 14jährigen könnte an sich eine vielfältige Ausbildung sicherstellen, wenngleich auch Garantien in der Vergangenheit (etwa die Anhebung des Stundenausmaßes in der Hauptschule), den Tatsachen in der Gegenwart nicht ähnlich sind. Aber es geht nicht so sehr um die Anzahl der Wochenstunden, sondern um die Erfahrungen, die Schüler in ihrem Sportunterricht machen: Alle Verantwortlichen müssen sich im klaren sein, daß ein einseitiges Angebot immer bedeutet, daß die Schüler in ihrem späteren Leben nicht ausreichend beurteilen können, ob und in welcher Weise sie Sport betreiben wollen. Eine Einschränkung des Angebotes käme auf unterschiedliche Art und Weise zustande: So kennt man den Begriff des heimlichen Lehrplanes durch die Bildung von Aktionsgemeinschaften und Schülerligen, die Lehrer veranlassen, sich auch im Pflichtunterricht sehr stark auf das Angebot dieser Gruppen zu konzentrieren und im Hinblick auf die Teilnahme an Wettkämpfen, das Erreichen von Abzeichen usw. ausschließlich dieser Inhalte anzubieten.

Wir wissen, daß organisatorische Gegebenheiten, wie z. B. ungenügende Übungsstätten, die Schließung von Hallenbädern, das Fehlen von Freianlagen es mit sich bringen, daß Schüler bestimmte Inhalte nie kennenlernen und daher auch aufgrund des kleinen Ausschnittes aus der Welt des Sportes vielleicht auch keinen Zugang zu dieser finden.

Damit verbunden ist auch die notwendige Förderung jener leistungsschwächeren Schüler, die aus verschiedenen Gründen bestimmte Inhalte und Erlebnisse im Sport nie kennengelernt haben. Das ist ursächlich damit in Zusammenhang zu sehen, daß das gemeinsame Sporttreiben der Familien eher im Abnehmen begriffen ist und das Freizeitverhalten junger Menschen nicht zwangsläufig sportliche Betätigung in sich trägt. Die Schule wird sich klar sein müssen, daß sie hier Programme zum „Sportförderunterricht" anbieten wird müssen.

Wenn unsere Medizin auch weit davon entfernt ist, eine Präventivmedizin zu sein, so sollte das Handeln der Schulärzte in den Schulen doch von diesem Gedanken bestimmt werden. Eine Zusammenarbeit zwischen dem Leibeserzieher und den Schulärzten kann daher die Basis für gesundheitserziehliches Tun und die Grundlegung der Einstellung bei den Schülern sein, Sport auch aus Gründen der Gesunderhaltung zu betreiben.

Bei aller Berücksichtigung des Wertewandels im Sport dürfen wir aber trotzdem eine Aufgabe der Schule nicht außer acht lassen: Sie ist sicherlich verpflichtet, für die sportlich leistungsfähigen Schüler Anreize zu setzen und Modelle zu finden, die es diesen ermöglichen, ihre Begabung und Neigung weiter auszubauen.

## Spezialformen des Schulsports

Die Schule darf aber dabei nicht außer acht lassen, daß sich viele andere Gruppen um ähnliche Anliegen bemühen und muß daher dauernd bestrebt sein, Brücken zu schlagen und die Erziehungsziele, die sie vertritt, mit den Verantwortlichen in Vereinen und Verbänden festzulegen. Die Möglichkeit der Talentsuche werden in der Regelschule sicherlich geringer sein, als in den Sonderformen mit sportlichem Schwerpunkt, also etwa im Bereich der Sporthauptschulen, der Skihauptschulen, der Sportgymnasien und der Oberstufenrealgymnasien für Leistungssportler.

Schulen mit besonderer Berücksichtigung der sportlichen Ausbildung gehen heute in ihrer Gestaltung des Unterrichtsjahres einen weiten Schritt über den normalen Schulalltag hinaus. Sie versuchen eine Verbindung des sportlichen Trainings und dessen Periodisierung mit einer fundierten schulischen Ausbildung, die es den Absolventen letztlich ermöglicht, einen Hochschulzugang oder einen Beruf zu ergreifen, ohne damit ihre sportliche Entwicklung oder auch ihre Freude am Sport zu verlieren. Dabei sollte man aber nicht übersehen, daß viele dieser Schulen heute unter großen Existenzängsten leiden. So fehlen landesrechtliche Bestimmungen (etwa die schon lange ausstehende Lösung der Sprengelfrage und damit das finanzielle Rückgrat von Schulen und Internaten) oder es stellt sich die Frage der Standorte von weiterführenden Schulen, so daß wohl die Versorgung der 10- bis 14jährigen, nicht aber die Möglichkeit des Besuchs einer weiterführenden Schule mit sportlichem Schwerpunkt besteht.

Barbara Paulus, die Nr. 1 bei den Damen *(Foto Sündhofer)*

Erwin hält, was er verspricht. Seit 30 Jahren ist er Platzwart. Und Mädchen für alles. Er mäht den Rasen, schaufelt Schnee, wäscht die Dressen, putzt die Schuhe. Verkauft Eintrittskarten oder Würstel und weist Plätze an. Jubelt bei Siegen und leidet bei Niederlagen. Manchmal hilft er auch dem Trainer. Bei der Aufstellung. Denn seine Burschen, wie er sie nennt, kennt er schon von klein auf. Er hat ihnen die Nasen geputzt und die Schuhe gebunden. Die Bälle aufgepumpt und zugeschupft. Früher hat er selbst einmal gespielt. Im Tor, in der Landesliga. Darum versteht er sich auch mit Rudi, dem Torwart so gut. Nur beim wöchentlichen Toto Tip kriegen sie sich manchmal in die Haare. Und wenn Rudi samstags beim Match nicht richtig hält, fällt Erwin eine sichere Bank um.

TOTO

TOTO IST SPORT.

Große Erfolge unserer Ballonfahrer bei der Weltmeisterschaft im Raum Schielleiten. Josef Starkbaum erreichte den zweiten Platz, Leopold Hauer den dritten *(Foto Votava)*

Alexandra Worisch bewies bei der Europameisterschaft wieder ihre Klasse und gewann Silber. Inzwischen trat sie vom Wettkampfsport zurück *(Foto Sündhofer)*

Jene jungen Sportler, die aufgrund ihrer Leistungsfähigkeit nationalen Kadern oder Leistungszentren angehören, können aufgrund ihrer Wettkampfteilnahme oft über lange Zeit hinweg nicht „zur Schule“ (etwa im Bereich des alpinen Skilaufs oder die Tennisspieler) gehen.

Bei diesen Schulen wird man die Entwicklung beobachten und sehr genau überlegen müssen, ob eine Zurücknahme der einstmals mutigen Konzeption durch – auf Sparmaßnahmen begründete – Reduktion des Konzeptes „Größere Gruppen, weniger Klassen“ nicht wieder zunichte gemacht wird. Eine „sinnvolle“ Kosten-Nutzenrechnung wird man im Bereich dieser speziellen Schulformen sicherlich nicht anstellen können. Sporttreiben in der Schule heißt, Sporttreiben unter Anleitung zu entwickeln und damit Verhaltensformen auszuprägen, die das spätere Leben jedes Menschen beeinflussen. Wir sind der Überzeugung, daß diese Chance nicht ungenützt verstreichen soll.

*Prof. Sepp Redl*

Der Einsatz stimmt beim Leichtathletik-Schulcup in Wolfsberg

# Steine aus dem Weg räumen ...
# Die Paralympics Innsbruck 1988

1984 stand die Tiroler Landeshauptstadt Innsbruck zum ersten Mal im Zeichen der Welt-Winterspiele für Körperbehinderte.
Zum ersten Mal fanden die Spiele damals unter dem Patronat des Internationalen Olympischen Comités statt. Die besten Sportler und Sportlerinnen von Innsbruck 1984 konnten damals, wenige Wochen später, ihr hohes Können bei den Olympischen Winterspielen von Sarajevo in einigen Demonstrationsbewerben unter Beweis stellen. Ab diesem Moment sollten für alle Zukunft Olympische Winterspiele und Welt-Winterspiele für Körperbehinderte an einem Austragungsort durchgeführt werden, beginnend mit Calgary, der Stadt des Öls und der Rinder, in der kanadischen Provinz Alberta.

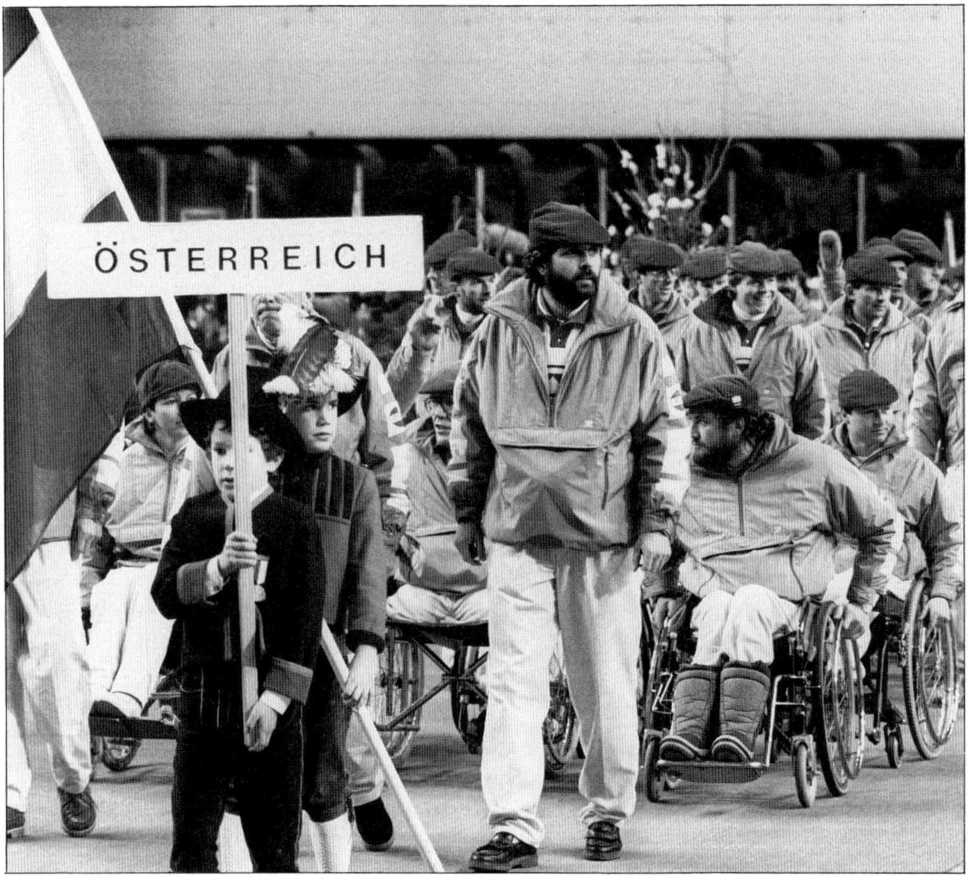

Die Olympia-Stadt Innsbruck war Austragungsort der 4. Winterspiele für Behinderte. Einmarsch der österreichischen Mannschaft *(Foto Votava)*

## Innsbruck sprang wieder ein

Angesichts der Doppelbelastung mit der Durchführung zweier Winter-Großereignisse legte Calgary die Durchführung der Welt-Winterspiele für Körperbehinderte zurück. Da kein anderer Austragungsort gefunden werden konnte, sprang Innsbruck wieder einmal, wie schon für die Olympischen Winterspiele 1976, damals nach der Absage Denvers, ein.

Ende Jänner 1988 loderte damit zum vierten Mal nach den Olympischen Spielen von 1964 und 1976 sowie den Behinderten-Welt-Winterspielen von 1984 das Olympische Feuer über Innsbruck, wehte zum vierten Mal ein olympisches Banner über der Tiroler Landeshauptstadt.

21 Nationen schickten 1984 über 800 Sportler in die Tiroler Olympia-Stadt. Vier Jahre später waren es 22 Nationen mit 720 Aktiven. Eine Nation mehr – die Sowjetunion –, dafür aber weniger Sportler. Der Grund ist klar: Die Qualifikations-Richtlinien waren in jeder Nation in diesen vier Jahren strenger geworden, die Idee des Behindertensports hatte eine immens rapide Entwicklung in Richtung absoluter Spitzensport genommen.

Welt-Winterspiele für Behinderte bleiben trotzdem ein humanitäres Ereignis, neben allen Spitzensport-Ambitionen. Gilt es doch, dem behinderten Menschen durch den Sport Lebensmut und Lebensfreude zu vermitteln.

Das offizielle Emblem drückt diesen Gedanken aus: Die Olympische Idee durch die Ringe in den fünf Farben der Kontinente, darunter das stilisierte Bild des berühmten „Goldenen Dachls" als Wahrzeichen von Innsbruck, fußend auf fünf unterbrochenen Ringen als Symbol der Versehrtheit der Aktiven, in grüner Farbe, der Farbe der Hoffnung. Die großartigen sportlichen Leistungen sollen die Welt aufrütteln im Bestreben, dem behinderten Menschen durch das Betreiben von Leistungssport Freude am Leben zu vermitteln und ihn in die Welt der Nichtbehinderten zu integrieren.

Der medizinische Wert des Sports liegt in der Hilfestellung bei der Überwindung seelischer und körperlicher Rückschläge des Behinderten und in der Möglichkeit der Verhinderung von Folgeschäden.

## Der bildende Wert des Sports

Bedeutung und Stärke des Sports als psychischer Bildungsfaktor liegen darin, daß eine Bewährung im Handeln und durch konkrete Taten verlangt wird. Sport verlangt Willenseinsatz, Mut, Energie und Ausdauer, entfaltet das Gefühl der Kraft und Sicherheit und schenkt beglückende Erlebnisse.

Der soziologische Wert des Sports ist klar gegeben. Jeder kleine sportliche Fortschritt, und sei es auch nur die Meisterung eines kleinen Bewegungsablaufes, vermittelt dem Behinderten ein Erfolgserlebnis. Sportliche Erfolge bringen Anerkennung, zuerst im Kreis der Bekannten und Freunde, helfen aber letztlich bei der Reintegration in die Gesellschaft.

Innerhalb sportlicher Betätigung erlernte soziale Verhaltensweisen beschränken sich in ihrer Auswirkung nicht nur auf die Sportgruppe, sondern befähigen den Behinderten, mit Nichtbehinderten zu kommunizieren. Und hoffentlich auch umgekehrt. Der kulturelle Wert des Sports liegt in der Hilfe bei der Bemühung um sinnvolle Freizeitgestaltung und gewinnt mit Zunahme der Freizeit immense Bedeutung.

## Begonnen hat es 1948 in England

in der kleinen Stadt Stoke-Mandeville im Norden von London. Der emigrierte deutsche Professor Gutmann, ein Arzt jüdischer Abstammung, animierte in den Jahren nach dem Krieg die vielen Verletzten und Versehrten aus dem Zweiten Weltkrieg zu sportlicher Betätigung. Auch im Rollstuhl. Die ISMGF, die International Stoke-Mandeville-Games Federation war geboren, als erster Verband für behinderte Sportler. Weitere Verbände wurden in den Jahren danach ins Leben gerufen: Für die Amputierten-Sportler die ISOD, die International Bords Organisation for Disableds. Für die Blindensportler die IBSA, die International Blind Sports Association. Und schließlich für die Spastiker die CP-ISRA, die Cerebral-Palsy-International Sports and Recreation Association.

Gemeinsame Bestrebungen und Veranstaltungen, wie Weltmeisterschaften und Weltspiele, werden durch das ICC, das International Coordination Committee, durchgeführt. Ein internationaler Verband für alle Arten des Behindertensports befindet sich im Gründungsstadium.

Schweden, ohnehin schon vorbildlich als führendes skandinavisches Land im Umgang mit behinderten Menschen, war 1976 Ausrichter der ersten Welt-Winterspiele für Behinderte. Im gleichen Jahr wurden in Kanada die ersten Sommerspiele durchgeführt.

Winterspiele für Behinderte folgten dann 1980 in Geilo in Norwegen, Holland führte 1980 die zweiten Sommerspiele durch. 1984 war Innsbruck erstmals mit den dritten Welt-Winterspielen an der Reihe. Den Organisatoren von Innsbruck und den internationalen Verbänden gelang es erstmals, das Internationale Olympische Comité zur Mithilfe zu gewinnen. „Unter dem Patronat des IOC“ so lautete die offizielle Formel für die Welt-Winterspiele von Innsbruck 1984. Die dritten Sommer-Paralympics wurden in den USA und Großbritannien abgehalten. 1988 war Innsbruck zum zweiten Mal, diesmal mit den vierten Welt-Winterspielen an der Reihe, die Sommerspiele werden in Seoul, parallel zu den Olympischen Spielen durchgeführt.

## Das Programm

Es umfaßt derzeit drei Bereiche: Den nordischen, den alpinen und den Eisbereich.

Im alpinen Bereich werden Slaloms, Riesenslaloms und Abfahrten für Blinde sowie für die verschiedensten Behinderten-Klassen durchgeführt.

Unter derselben Klasseneinteilung verlaufen nordische Rennen über 5, 10 und 15 Kilometer bei den Damen sowie 10, 15, 20 und 30 km bei den Herren, dazu gibt es nordische Staffeln und erstmals seit Innsbruck 1988 einen Biathlon-Bewerb. Dabei wird sitzend mit Luftgewehren auf eine Distanz von 10 Metern geschossen.

Eisschlitten-Rennen, als dritter großer Sportblock, werden auf 400-Meter-Bahnen durchgeführt, gefahren wird in kleinen Schlitten, die mit zwei kurzen Stöcken geschoben werden. Die Distanz reicht vom 100-Meter-Sprint bis zur langen 1500-Meter-Distanz.

Einer der Erfolgreichsten! Paul Bluschke gewann bei der Behinderten-Olympiade Gold im Slalom und Riesenslalom *(Foto Murauer)*

Eines haben alle Bewerbe gemeinsam: die Emotionen.

Wie im Nichtbehinderten-Sportbereich gibt es Freude und Trauer, Ärger und Enttäuschung, Jubel und Siegestaumel. Nur erlebt und empfindet der Zuschauer diese emotionellen Momente berührender und intensiver.

Mit ihrem hohen sportlichen Können, ihrem unbeugsamen Willen und ihrem unerschütterlichen Lebensmut, gepaart mit den ganz normalen, vom Sport her gewohnten Emotionen, vermitteln die Behinderten den Nichtbehinderten die Hoffnung und das Bewußtsein, das Leben auch im Fall schwerster körperlicher Schäden wieder meistern zu können.

Anerkennung, Integration in die Gesellschaft und Animieren zu sportlicher Betätigung tritt dann ein, wenn es dem Behinderten gelingt, aus den eigenen Reihen Superstars hervorzubringen.

Einen Franz Klammer auf Behindertenbasis im alpinen Bereich, einen Gunde Svan im nordischen und einen Michael Hadschieff im Eisschieben.

Man mag durchaus über die Sinnhaftigkeit extremer sportlicher Betätigung durch Behinderte diskutieren, sich über eventuelle Folgeschäden an sich schon Behinderter durch sportliche Überbelastung auseinandersetzen können. Nur, eines bleibt: Die Superstars von Innsbruck 84 und 88 haben Pionierarbeit geleistet, möglicherweise auch auf Kosten von Folgeschäden in späteren Jahren.

Und sie haben bewiesen, sie alle, die Meusburgers, Myklebusts, ein Pieksämäki, ein Felix Karl, all die großen Sieger, daß sie ihre Träume von der Rückkehr in ein ganz normales Leben wahrgemacht haben. Und daß ein jeder, ob nichtbehindert oder versehrt, dazu in der Lage ist.

## Jeder zehnte Österreicher ist behindert

Die Rückkehr in ein normales Leben ist schwer, viele Steine müssen aus dem Weg geräumt werden. Die behinderten Sportler haben das Ihre dazu beigetragen. An der Gesellschaft wird es liegen, weitere Steine aus dem Weg zu räumen.

Und wer weiß, vielleicht benötigt ein heute noch nicht Behinderter irgendwann einmal die Erfahrungen eines Behinderten, seinen Willen, seinen Lebensmut, seine Hoffnungen und seine Träume.

Tanja Blixen, die dänische Schriftstellerin, hat einmal gesagt – und der Geist dieses Zitats lag eine Woche lang 1984 und 1988 über den Spielen von Innsbruck –: „Der unwiderstehlichste Mensch auf Erden ist der Träumer, dessen Träume wahr geworden sind."

*Manfred Gabrielli*

# Sportreport 1987/88 des Ressortministeriums und der Bundes-Sportorganisation

„Alte Probleme, neue Ideen, umfangreiche Aktivitäten" könnte man diesen Tätigkeitsbericht, der gemeinsam von der Österreichischen Bundes-Sportorganisation und der Gruppe Sport des BMUKS verfaßt wurde und der damit auch die enge Zusammenarbeit zwischen beiden dokumentiert, überschreiben.

Aber nicht nur der Kontakt zwischen BSO und BMUKS ist gut, auch die Zusammenarbeit mit den Bundesländern, dem Bundesministerium für Landesverteidigung, den Instituten für Sportstättenbau und Sportmedizin, dem Verein für medizinische und sportwissenschaftliche Beratung, dem Leistungsmodell Südstadt, der Wirtschaft, dem ORF, den Massenmedien und mit anderen Organisationen und Institutionen zur Förderung des Sportes wurde weiter gepflegt.

In diesem Zusammenhang war wichtig, daß mit 15. Juli 1987 Mag. Baldur Preiml zum neuen Leiter der Gruppe Sport bestellt wurde, der aus seiner Vergangenheit als Skispringer (Olympiadritter 1968 in Grenoble), als Trainer und als Abteilungsleiter für die Trainerausbildung an der BAfl Innsbruck, aber auch in letzter Zeit als Sportdirektor der Therme Loipersdorf neue Überlegungen und Ideen, insbesonders im Trainer- und Leistungssportbereich, mitbrachte.

## Auslandsbeziehungen ausgeweitet

Die „Paritätische Kommission für sportliche Auslandsbeziehungen", das Koordinationsorgan für Auslandsbeziehungen zwischen BSO und BMUKS, hat im vergangenen Jahr Beziehungen nicht nur zu den sozialistischen Ländern Bulgarien, ČSSR, DDR, Polen, Ungarn und UdSSR unterhalten, sondern auch mit Japan, Frankreich, Kanada und USA.

Mit den sozialistischen Ländern fand, neben vielen Wettkämpfen auf Nationalmannschaftsebene, ein erweiterter Expertenaustausch für Fitneßsport, Sportmedizin, Sportstättenbau und Trainerwesen statt, für die UdSSR wurde auch mit Hilfe der PKA ein Skipool gegründet.

Von Seiten der BSO wird außerdem ein enger Kontakt mit den nichtstaatlichen Sportorganisationen Westeuropas gehalten. BMUKS und BSO waren auch beim Europarat in Straßburg tätig, bei dem die Förderung des „Sport für Alle" und auch die Dopingfrage zur Diskussion standen.

Von besonderer Wichtigkeit 1987 waren 2 internationale Kongresse, nämlich die „Europäische Sportkonferenz" und der „Trim- und Fitkongreß International".

Österreich war nicht nur in beiden internationalen Vorbereitungskomitees vertreten, es war auch für den Arbeitskreis „Jugendsport" der ESK federführend und im Arbeitskreis „Sport für Alle" tätig. Leider wurden beide Arbeitskreise, obwohl sie auch für die Praxis relevante Arbeit geleistet hatten, aufgelöst, was aus der Sicht Österreichs einen Rückschritt darstellt.

Bei der Trim- und Fitneßkonferenz International, die im Juli in Oslo tagte, wurde erstmals der Versuch gewagt, Praktiker und Wissenschaftler zusammenzuführen.

Wenn es auch in Zukunft für eine solche Zusammenarbeit präziserer Vorgaben bedarf, so war es doch möglich, daß für die praktische Arbeit aus den wissenschaftlichen Ergebnissen, zumindest in Teilbereichen, wichtige Schlüsse gezogen werden konnten.

## Doping – in Österreich kein Problem?

Auch 1987 war der Verein für medizinische und sportwissenschaftliche Beratung mit der Dopingkontrolle von ausgelosten österreichischen Staatsmeisterschaften befaßt und es kann festgestellt werden, daß kein einziger positiver Fall zu registrieren war. Wenn dies auch darauf hindeutet, daß Doping in Österreich zumindest nicht allgemein üblich ist, so wird diese Kontrolltätigkeit auch in der Zukunft unverändert fortgesetzt werden. Wichtig war in diesem Zusammenhang auch der Beschluß des BSO-Fachrates, das Dopingreglement insofern zu ergänzen, daß man verletzten Sportlern zugesteht, daß sie zur Ausheilung bzw. zur Rehabilitation unter Umständen auch Medikamente nehmen können, die auf der Dopingliste stehen. Allerdings müssen sie sich vor Aufnahme der Wettkampftätigkeit einer Untersuchung unterziehen und werden erst dann zugelassen, wenn die Wirkung des Medikamentes nicht mehr gegeben ist. Überlegungen, in Österreich eine Untersuchungsstelle für Anabolika zu errichten, scheitern an finanziellen Überlegungen; diese Untersuchungen werden weiterhin im Ausland durchgeführt.

Mindestens ebenso wichtig waren die komplette sportmedizinische Betreuung von 800 Spitzensportlern im Jahr 1987 und die allgemeinen und spartenspezifischen Kontrolltests, welche an mehr als 8000 Sportlern vorgenommen wurden.

## Der neue Österreichische Skilehrplan – endlich Wirklichkeit

Von den 3 Interessensgruppen „Berufsskilehrer“, „Lehrwarte“ und „Skilauf an den Schulen“ wurde ein neuer Lehrplan erarbeitet, der per Verordnung vom 21.2.1987 auch gesetzlich verankert wurde. Damit wurde ein jahrelanger Streit, welcher der Bedeutung Österreichs im Skilehrwesen geschadet hat, beendet.

Mit Mag. Preiml erhielt auch der Verein Interski-Austria einen neuen Obmann; es wurde auch das Organisationskomitee für den 14. Interski-Kongreß 1991, der in St. Anton stattfinden wird, gegründet. Diesem Kongreß wird nicht nur skisportliche, sondern auch fremdenverkehrspolitisch enorme Bedeutung zukommen, werden doch mehr als 4500 Gäste aus 30 Nationen in Tirol erwartet.

## Großsportveranstaltungen in Österreich

Solche Großsportveranstaltungen sind immer wieder willkommene Anlässe, um den Gästen einerseits unsere Heimat zu präsentieren, andererseits aber auch um den Nachweis zu erbringen, daß es österreichische Sportfunktionäre und Manager verstehen, derartige sportliche Ereignisse von weltweiter Bedeutung vorbildlich zu organisieren und abzuwickeln.

So wurde im April 1987 in der Wiener Stadthalle bereits zum 3. Male die Eishockey-WM der Gruppe A ausgetragen, wobei die Verantwortlichen nicht nur ohne staatliche Zuschüsse auskamen, sondern sogar mit einem Gewinn von S 8,5 Millionen, der der Nachwuchsförderung zugute kommen wird, abschlossen.

Die schwierige organisatorische Aufgabe, die Rad-WM der Amateure und Professionals gleichzeitig in Wien und Villach abzuwickeln, wurden von den Verantwortlichen hervorragend gelöst; erfreulich war auch, daß aus sportlicher Sicht die Österreicher ganz hervorragend abschnitten.

In der Bundessportschule Schielleiten wurden die 8. Weltmeisterschaften im „Heißluftballonfahren" veranstaltet, im Raum Innsbruck (Natters und Seefeld) wurden – bereits zum 2. Male in Österreich – im Jänner 1988 die Paralympics, die Winterspiele der Behinderten, ausgetragen. Schließlich gelangten im Februar 1988 in Saalfelden die nordische Junioren-WM zur Austragung.

## Rückgang der BMUKS-Subventionen bringt Probleme

Nachdem die Subventionen des BMUKS an den österreichischen Sport seit dem Jahr 1976 im Prinzip in gleicher Höhe verblieben waren, mußten in den letzten 3 Jahren Abstriche in Kauf genommen werden, welche nun besonders den österreichischen Leistungs- und Spitzensport in eine schwierige Lage bringen. So ist es künftighin nicht mehr möglich, die gewohnte Zuschußleistung zu Welt- und Europameisterschaften zu gewähren, auf dem Nachwuchssektor mußten zahlreiche Beiträge überhaupt eingestellt werden, auch die Trainersubvention, obwohl sehr wenig zurückgegangen, reicht nicht mehr aus, um die neben- und hauptamtlichen Trainer zu halten.

Da es der BSO nicht möglich war, so wie gewohnt, an der Erstellung des BMUKS-Sportbudgets 1988 mitzuwirken, konnten auch eine Reihe von Vorschlägen für Umschichtungen keine Berücksichtigung finden. Für 1989 erhofft sich die BSO aber nicht nur ausführliche Gespräche, sondern auch eine Schwerpunktsetzung bei der Subventionierung des Sportes, wie dies 1988 durch das BMUKS bei der Kultur geschehen ist.

Hilfreich waren in dieser Situation die „Besonderen Bundes-Sportförderungsmittel", in welche die Totomittel umgewandelt worden waren. Hier konnten dem Sport S 310 Millionen zugewendet werden. Die Verwaltung und Kontrolle der Mittel, welche der BSO übertragen worden waren, funktionierte reibungslos und vor allem sehr billig.

Praktisch auch während des ganzen Jahres hat sich die BSO Gedanken zu einer Strukturverbesserung des Sportes, auch ohne zusätzliche Subventionen gemacht, insbesonders wird für die Zukunft auch eine beträchtliche Steigerung der Eigenmittelaufbringung beschlossen werden müssen.

## Das Mietrecht bringt die Sportstätten in Gefahr

Durch das neue Mietrecht, welches nach Auslaufen der Übergangsbestimmungen 1989 in Kraft treten soll, laufen Sportstätten Gefahr, entweder gekündigt zu werden oder zumindest eine Erhöhung der Mieten in Kauf nehmen zu müssen, die unter Umständen die Sportstätten ebenfalls in Gefahr bringen könnten.

Es hat deswegen 2 Gespräche der BSO mit dem Bundesminister für Justiz, Dr. Foregger, gegeben. Der Sport ist nun dabei, entsprechende Lösungsmöglichkeiten zu erarbeiten. Dr. Foregger hat sich jedenfalls bereit erklärt, die Übergangsbestimmungen um 1 Jahr zu verlängern, sollte dies einer entsprechenden Regelung dienlich sein.

## Sportstätten überdenken

Der österreichische Sportstättenplan war in den vergangenen 20 Jahren ein wichtiges Instrument zu einem geplanten und koordinierten Bau von Sportplätzen, Hallen und Schwimmbädern, womit die Basis für die Sportausübung in Österreich nach dem Kriege gelegt wurde.

Nun scheint die Fortführung eines Sportstättenplanes in dieser Form nicht mehr sinnvoll, weil neue Gesichtspunkte auch in den Sportstättenplan einfließen müssen, so z. B. die geänderten Sportneigungen, die Veralterung und damit die veränderten Bedürfnisse der Bevölkerung, das starke Anwachsen des Fitneßsportes bei einem weiteren Zurückgehen des Spitzensportes, die Frage des Zuschauerschwundes, die Einbeziehung von Freizeitanlagen mit Sportmöglichkeiten und vieles andere mehr.

Die Diskussion über eine Neuregelung wurde jedenfalls eröffnet, sie wird wahrscheinlich vom jetzigen Sportstättenplan weg zur Bedarfsdeckung im Lokalbereich führen.

## Bundesheer und Spitzensport

Die Förderung des Spitzensportes durch das Bundesministerium für Landesverteidigung war 1987 durch die Einberufung von 135 Präsenzdienern und 120 Zeitsoldaten in die 10 HSNS-Zentren voll wirksam. Durch diese Förderungsmöglichkeit konnten einerseits bei den Präsenzdienern – und damit im Nachwuchsbereich – bedeutende Leistungsverbesserungen erzielt werden, andererseits sind nur fast alle Athleten, die im internationalen Bereich ein Wörtchen mitzureden haben, Zeitsoldaten und können sich somit voll ihrem Training und ihrer Wettkampftätigkeit widmen.

Wichtig für die Zukunft war auch der Beschluß des BSO-Fachrates, daß man 20 hervorragend qualifizierten Nachwuchssportlern die Gelegenheit geben wird, innerhalb von 2 Jahren als Zeitsoldaten Anschluß an die internationale Spitze der allgemeinen Klasse zu erreichen.

Auch die Möglichkeit, nach mehrjähriger Verpflichtung bei der HSNS eine Berufsausbildung auf Kosten des Bundesheeres zu bekommen, wird von vielen Sportlern in Anspruch genommen, und stellt derzeit praktisch die einzige Möglichkeit dar, auf Kosten anderer zumindest eine bessere Einstiegschance in das Berufsleben zu finden.

## Fitneßsport – Bundes-Sportorganisation führend

Die Fitaktionen gingen auch 1987 ungeschmälert weiter, d. h., daß die ständigen Volkssporttage – Nationaler Skiwandertag, Nationaler Radwandertag, Fitlauf-

und Fitmarsch zum Nationalfeiertag – weiter fortgeführt wurden, zum Teil schon zum 17. Mal in ununterbrochener Reihenfolge. Es wurden aber auch die Aktionen „Österreichischer Wanderschuh“, „Österreichisches Wanderrad“ fortgesetzt, mit „Tennisland Österreich“ wurde eine neue Aktion gestartet.

Im Rahmen der Fitaktionen wurden außerdem bisher rund 8000 km Radwege ausgeschildert und dabei 21.000 Schilder kostenlos zur Verfügung gestellt. Es wurde auch eine Österreich-Radwanderkarte herausgegeben. Die 3 Dachverbände haben 1987 wieder ÖSTA-Aktionen durchgeführt – die Erkenntnisse sollen nun zu einer Neuordnung des ÖSTA führen.

## Tagungstätigkeit wurde intensiviert

Zur Information der Trainer wurden wieder eine Reihe von Fortbildungstagungen durchgeführt, auch Sportwarte und Kassiere der Verbände wurden mit den neuesten Entwicklungen konfrontiert, mit den Bundesanstalten für Leibeserziehung wurden in Koordinationstagungen die langfristigen Lehrwarte- und Trainerausbildungen sichergestellt.

Intensive Beratungen fanden auch zur Frage, wie Jugendleistungskurse jugendgerechter durchgeführt werden können, statt; insbesonders stand auch die Frage der Freizeitbetätigung auf dem Programm. Die Erkenntnisse aus dieser Tagung sollen nun in die Lehrwarte- und Trainerausbildung einfließen.

Die Verbindung mit den Bundesländern wurde durch gemeinsame Koordinationstagungen, aber auch durch den ständigen Vertreter der Bundesländer in der Exekutive aufrechterhalten. Vorwiegend standen Fragen der finanziellen Koordination auf der Tagesordnung, aber auch Versicherungsfragen, die Österreichischen Staatsmeisterschaften, die zukünftige Entwicklung des Sportes und ähnliches.

## Publikationstätigkeit

Die neue, gemeinsam mit dem BMUKS herausgegebene Publikation „Ö-Sport“ konnte in seinem Bestand gesichert werden und erfeut sich bereits großer Beliebtheit. Es ist geplant, Ö-Sport weiter auszubauen und allen Sportverbänden die Beteiligung anzubieten.

Auch das Österreichische Sportjahrbuch erreichte 1987 mit einer Auflage von fast 6000 Exemplaren eine einsame Höhe auf dem Sportbuchsektor.

Der ORF hat 1987 ein neues Programmschema verabschiedet, bei welchem auch die BSO-Vertreter im Kuratorium bzw. in der Hörer- und Sehervertretung, GS Dembsher und Präs. Kucera, mitwirken konnten. Dabei gab es einige Umstellungen, es kann aber gesagt werden, daß es für den Sport eine günstige Lösung gab.

Vor kurzem wurde auch mit der TV-Sportabteilung ein Übereinkommen geschlossen, welches die Werbung bei Sportveranstaltungen regelt. Wenn auch hier nicht alle Wünsche des Sportes Berücksichtigung finden konnten, so ist dieses Übereinkommen doch ein bedeutender Fortschritt, stellt es doch eine gewisse Selbstbindung des ORF dar und gibt den Sportfunktionären eine ausreichende Information über Werbemöglichkeiten.

## Ausblicke

Das Jahr 1988 wird ein sehr wichtiges Jahr werden: Es wird nicht nur darauf gedrängt werden müssen, daß die Mittel für den Sport nicht noch weiter gekürzt werden, es muß auch die Frage des Mietrechts von Sportstätten zufriedenstellend gelöst werden. Im Bereich der Trainer- und Funktionärsausbildung wird eine Qualitätssteigerung angestrebt, ebenso will man in der Fortbildung neue Wege gehen. Gemeinsam mit den Landessportreferenten soll eine Enquete stattfinden, die Bevölkerungs-, Freizeit- und Lebensqualitätsentwicklung untersuchen und einen Ausblick auf den „Sport im Jahr 2000" bringen soll. Auch die Frage der Neuregelung des österreichischen Sportstättenplanes wird von großer Wichtigkeit sein. Auf dem Freizeitsektor sind neue Aktivitäten von Seiten der BSO geplant, welche einen noch größeren Bevölkerungskreis dem Sport zuführen sollen.

*Hofrat Mag. F. Holzweber/Dr. F. Negrini*

Unter dem Motto „Sportler helfen Sportlern" beteiligten sich Roswitha Steiner und Leonhard Stock am Super-10-Kampf der Sporthilfe *(Foto rubra)*

## BSO

**ÖSTERREICHISCHE BUNDES-SPORTORGANISATION**
gegründet als Arbeitsgemeinschaft – vereinsrechtlich eingetragen 1969

Vorsitzender 1987/88 Hofrat Prof. Anton Weghofer
ab März 1988 Dr. Walter Hofbauer

Geschäftsstelle
Haus des Sports,
Prinz-Eugen-Straße 12, A-1040 Wien
Telefon 0 22 2 / 65 37 42, Klappe 60, 61 DW, Telex 133 132 sport a
(Telefonänderung bevorstehend: 22 2 / 50 53 742)
Leiter der Geschäftsstelle: Hofrat Mag. Friedrich Holzweber

**ÖSTERREICHISCHER BUNDES-SPORTFACHRAT**
(bestehend aus Vertretern der 44 anerkannten Fachverbände)

Präsidium 1988
Dr. Theodor Zeh, Vorsitzender (Tennisverband)
Min.-Rat Dr. Josef Simecek (Tischtennisverband)
Arbeits- und Sozialgerichtspräsident Dr. Karl-Heinz Demel (Tanzsportverband)

**ÖSTERREICHISCHER BUNDES-SPORTRAT**
(bestehend aus Vertretern der Bundes- und Landesleitung der Dachverbände ASVÖ, ASKÖ, UNION, der Ministerien und Landessportorganisationen)

Präsidium 1988
Dr. Walter Hofbauer, Vorsitzender (ASVÖ)
Kurt Heller (ASKÖ)
Min.-Rat Dr. Josef Finder (UNION)
Der Vorsitz wechselt jährlich.

**EXEKUTIVKOMITEE**
Die Präsidien des Bundes-Sportfachrates und des Bundes-Sportrates und folgende Herren:
Ing. Friedrich Augustin (Fußballbund)
Roland Gusenbauer (Leichtathletikverband)
Präs. Kurt Kucera (Judoverband)
Generalsekretär Felix Netopilek (ASVÖ)
Generalsekretär Rudolf Spiola (ASKÖ)
Generalsekretär Helmut Dembsher (UNION)
sowie mit beratender Stimme:
Min.-Rat Mag. Baldur Preiml (BM f. Unterricht, Kunst und Sport)
OR Dr. Johann Kurz (Bundeskanzleramt – Gesundheit)
Dr. Peter Pilsl (Bundesländervertreter)
HR Mag. Friedrich Holzweber (Leiter der Geschäftsstelle)
Dr. Heinz Jungwirth (ÖOC)

Offizielle Publikationen
„Ö-Sport", 6mal jährlich
BSO-TERMINKALENDER, 2mal jährlich
Offizielles Österreichisches SPORT-JAHRBUCH

# MITGLIEDERSTATISTIK DER SPORTORGANISATIONEN

Stand: Jänner 1988

| | Burgenland | | Kärnten | | NÖ. | | OÖ. | | Salzburg | | Steiermark | | Tirol | | Vorarlberg | | Wien | | Gesamt | | Veränderungen gegenüber Vorjahr | | | |
|---|---|---|---|---|---|---|---|---|---|---|---|---|---|---|---|---|---|---|---|---|---|---|---|---|
| | Vereine | Mitglieder | Vereine | Mitglieder | Vereine | Mitglieder | Vereine | Mitglieder | Vereine | Mitglieder | Vereine | Mitglieder | Vereine | Mitglieder | Vereine | Mitglieder | Vereine | Mitglieder | Vereine | Mitglieder | Vereine – | Vereine + | Mitglieder – | Mitglieder + |
| ASKÖ | 209 | 32.113 | 372 | 78.823 | 676 | 164.383 | 554 | 198.080 | 225 | 53.648 | 606 | 176.570 | 171 | 44.599 | 146 | 27.874 | 616 | 272.095 | 3.575 | 1,048.185 | – | 93 | – | 10.481 |
| ASVÖ | 240 | 32.941 | 196 | 50.914 | 217 | 44.991 | 333 | 105.929 | 180 | 45.199 | 244 | 64.084 | 410 | 114.162 | 365 | 63.019 | 215 | 100.310 | 2.400 | 621.549 | – | 106 | – | 17.442 |
| UNION | – | – | – | – | – | – | – | – | – | – | – | – | – | – | – | – | – | – | 3.627 | 941.995 | – | 66 | – | 38.955 |
| VAVÖ | – | – | – | – | – | – | – | – | – | – | – | – | – | – | – | – | – | – | – | 391.590 | – | – | 1.590 | |
| Americ. Football | – | – | 1 | 38 | 4 | 345 | 1 | 80 | 2 | 314 | 2 | 130 | 1 | 39 | 1 | 49 | 5 | 480 | 17 | 1.475 | – | – | – | |
| Badminton | – | – | 11 | 526 | 15 | 778 | 20 | 802 | 6 | 278 | 11 | 421 | 8 | 345 | 18 | 809 | 15 | 489 | 104 | 4.448 | – | 2 | – | 59 |
| Bahnengolf | – | – | 5 | 98 | 28 | 734 | 12 | 321 | 9 | 225 | 6 | 156 | 12 | 676 | 9 | 294 | 8 | 265 | 89 | 2.769 | – | 1 | – | 174 |
| Basketball | 9 | 578 | 11 | 692 | 19 | 1.288 | 23 | 1.245 | 12 | 713 | 23 | 1.056 | 12 | 466 | 6 | 312 | 38 | 1.962 | 153 | 8.312 | – | 9 | – | 33 |
| Billard | 3 | – | 15 | – | 14 | – | 7 | – | 7 | – | 5 | – | 6 | – | 4 | – | 15 | – | 76 | ca. 2.550 | – | 14 | – | – |
| Bob | – | – | 2 | – | 2 | – | – | – | 3 | – | 1 | – | 14 | – | 1 | – | 1 | – | 24 | 620 | – | 3 | – | 51 |
| Boccia | – | – | – | – | – | – | – | – | – | – | – | – | 3 | 63 | 3 | 59 | – | – | 6 | 122 | – | – | – | – |
| Bodybuilding | 3 | 6 | 5 | 41 | 10 | 155 | 14 | 230 | 4 | 82 | 20 | 316 | 3 | 55 | 1 | 33 | 22 | 385 | 82 | 1.303 | – | – | – | – |
| Bogenschützen | 1 | 12 | 3 | 71 | 5 | 84 | 11 | 162 | 5 | 141 | 8 | 171 | 6 | 163 | 4 | 67 | 3 | 101 | 46 | 972 | – | 6 | – | 59 |
| Boxen | – | – | 4 | 208 | 7 | 346 | 10 | 641 | 6 | 349 | 6 | 336 | 6 | 312 | 4 | 108 | 8 | 466 | 51 | 2.766 | – | – | 47 | – |
| Casting | – | – | – | – | 3 | 150 | 7 | 480 | – | – | – | – | – | – | – | – | 6 | 441 | 16 | 1071 | – | 6 | – | – |
| Eishockey | 1 | 82 | 17 | 862 | 5 | 247 | 7 | 221 | 8 | 459 | 9 | 585 | 7 | 363 | 15 | 632 | 9 | 464 | 78 | 3.915 | – | 4 | 4 | – |
| Eislaufen | 4 | 413 | 2 | 598 | 10 | 624 | 7 | 612 | 6 | 489 | 11 | 614 | 8 | 998 | 5 | 570 | 19 | 3.841 | 72 | 8.759 | – | 2 | – | 475 |
| Eisschießen | 27 | 1.312 | 211 | 14.325 | 183 | 7.955 | 394 | 20.195 | 128 | 12.312 | 594 | 29.968 | 111 | 7.383 | 20 | 731 | 25 | 1.422 | 1.693 | 95.603 | – | 23 | – | 4.966 |
| Fechten | 1 | 5 | 7 | 235 | 9 | 330 | 6 | 260 | 4 | 210 | 5 | 154 | 3 | 142 | 4 | 153 | 12 | 361 | 51 | 1.850 | – | 1 | 47 | – |
| Flugsport | 16 | 360 | 30 | 1.339 | 77 | 2.737 | 47 | 1.840 | 21 | 1.620 | 69 | 2.355 | 51 | 1.551 | 19 | 660 | 34 | 1.894 | 364 | 14.356 | – | 24 | 47 | – |
| Fußball | – | – | – | – | – | – | – | – | – | – | – | – | – | – | – | – | – | – | 2.036 | 255.000 | – | – | – | – |
| Gewichtheben | 2 | 159 | 2 | 71 | 26 | 1.988 | 8 | 842 | 4 | 302 | 6 | 412 | 5 | 509 | 3 | 225 | 17 | 1.459 | 73 | 5.967 | – | 1 | 9 | – |
| Golf | 1 | – | 5 | 367 | 7 | 1.249 | 4 | 1.175 | 8 | 1.315 | 5 | 608 | 6 | 1.330 | – | – | 1 | 590 | 37 | 6.634 | – | 7 | – | 595 |
| Handball u. Faustball | – | – | 14 | 615 | 42 | 2.962 | 136 | 5.276 | 20 | 1.337 | 40 | 2.683 | 14 | 759 | 24 | 1.115 | 38 | 3.633 | 328 | 18.380 | 18 | – | 88 | – |
| Heeressport | 6 | 1.270 | 6 | 1.679 | 21 | 6.514 | 10 | 2.796 | 3 | 1.795 | 13 | 2.905 | 9 | 1.664 | 1 | 309 | 6 | 4.350 | 75 | 23.282 | – | 3 | – | 905 |
| Hockey | – | – | – | – | 3 | 489 | 2 | 194 | 1 | 12 | 1 | 132 | – | – | – | – | 10 | 2.322 | 17 | 3.149 | – | – | – | 9 |
| Jagd- u. Wurftaubenschießen | 10 | 7.198 | 5 | 200 | 29 | 1.940 | 7 | 1.972 | 3 | 6.750 | 16 | 20.021 | 6 | 3.050 | 1 | 25 | 21 | 2.400 | 98 | 43.556 | – | 8 | 36 | – |
| Jiu-Jitsu | 4 | 198 | – | – | 21 | 832 | – | – | – | – | – | – | – | – | – | – | 16 | 875 | 41 | 1.905 | – | – | 26 | – |

| | | | | | | | | | | | | | | | | | | | | | | | | |
|---|---|---|---|---|---|---|---|---|---|---|---|---|---|---|---|---|---|---|---|---|---|---|---|---|
| Judo | 9 | 500 | 12 | 650 | 34 | 1.500 | 54 | 2.400 | 18 | 1.500 | 27 | 1.250 | 8 | 800 | 8 | 600 | 29 | 3.500 | 199 | 12.700 | – | 7 | – | 590 |
| Kanu | 1 | 22 | 3 | 234 | 12 | 719 | 11 | 1.214 | 3 | 60 | 6 | 112 | 5 | 236 | – | – | 8 | 618 | 49 | 3.215 | – | 2 | – | 331 |
| Karate | – | – | 6 | 320 | 10 | 350 | 13 | 1.385 | 13 | 1.060 | 10 | 1.040 | 7 | 420 | 11 | 1.510 | 15 | 1.310 | 85 | 7.395 | 3 | – | – | 113 |
| Kickboxen | 4 | 143 | 5 | 263 | 4 | 172 | 3 | 136 | 2 | 58 | 17 | 1.196 | 4 | 159 | 1 | 63 | 8 | 428 | 48 | 2.618 | – | 2 | – | 111 |
| Kraftdreikampf | 1 | 4 | – | – | 11 | 170 | 6 | 64 | 3 | 102 | 12 | 112 | 7 | 65 | 2 | 28 | 12 | 507 | 54 | 1.052 | – | – | – | – |
| Leichtathletik | 13 | 383 | 20 | 590 | 43 | 3.300 | 48 | 4.035 | 18 | 912 | 42 | 4.410 | 26 | 3.215 | 30 | 1.250 | 29 | 2.210 | 269 | 20.305 | – | 16 | – | 1.252 |
| Mod. Fünfkampf | – | – | 1 | 32 | 4 | 120 | 1 | 12 | 1 | 14 | 1 | 28 | – | – | – | – | 2 | 58 | 10 | 264 | 1 | – | 79 | – |
| Motorboot | – | – | 1 | 60 | 26 | 980 | 18 | 736 | – | – | 7 | 299 | – | – | 3 | 143 | 5 | 381 | 60 | 2.599 | 3 | – | 103 | – |
| Orientierungslauf | 6 | 123 | 5 | 90 | 10 | 248 | 7 | 132 | 4 | 50 | 11 | 224 | 3 | 26 | 1 | 9 | 13 | 379 | 60 | 1.281 | – | – | 77 | – |
| Pferdesport | 24 | 980 | 41 | 1.400 | 209 | 7.180 | 80 | 2.860 | 39 | 1.340 | 63 | 2.900 | 34 | 1.330 | 22 | 950 | 17 | 2.370 | 529 | 21.310 | – | 1 | – | 2.384 |
| Rad | 12 | 2.174 | 29 | 3.255 | 87 | 7.461 | 63 | 6.397 | 20 | 3.119 | 68 | 6.272 | 36 | 3.414 | 38 | 4.886 | 47 | 8.518 | 400 | 45.496 | – | 7 | – | 578 |
| Ringen | 3 | 235 | – | – | – | – | 4 | 650 | 5 | 525 | 4 | 245 | 4 | 510 | 5 | 745 | 5 | 500 | 30 | 3.410 | – | 3 | – | 100 |
| Rodeln | – | – | 43 | – | 14 | – | 10 | – | 16 | – | 48 | – | 111 | – | 11 | – | 36 | – | 289 | ca. 24.000 | – | 20 | – | 1000 |
| Rollsport | 2 | 90 | 1 | 15 | 1 | 10 | – | – | 4 | 185 | – | – | – | – | – | – | 12 | 625 | 20 | 925 | – | 4 | – | 145 |
| Rudern | 1 | 25 | 5 | 850 | 7 | 710 | 9 | 1.317 | 1 | 116 | – | – | – | – | 1 | 305 | 10 | 1.241 | 34 | 4.564 | – | – | – | 254 |
| Schach | 32 | 227 | 48 | 460 | 51 | 414 | 60 | 916 | 21 | 308 | 84 | 1.250 | 28 | 304 | 18 | 282 | 80 | 1.556 | 422 | 5.717 | – | – | – | – |
| Schießen | 26 | 432 | 54 | 1.507 | 117 | 5.260 | 138 | 6.367 | 56 | 4.390 | 86 | 4.350 | 152 | 11.031 | 42 | 2.287 | 30 | 1.758 | 701 | 37.382 | – | 12 | – | 1.264 |
| Schwimmen | 11 | 2.474 | 18 | 7.320 | 27 | 7.614 | 30 | 8.231 | 12 | 4.021 | 26 | 11.234 | 13 | 4.343 | 9 | 3.027 | 11 | 17.831 | 157 | 66.095 | 1 | – | – | 562 |
| Segeln | 11 | 2.340 | 6 | 1.233 | 2 | 128 | 18 | 3.197 | 8 | 1.644 | 4 | 374 | 6 | 789 | 6 | 970 | 10 | 2.856 | 71 | 13.531 | – | 2 | – | 118 |
| Skibob | – | – | 4 | 146 | 10 | 292 | 12 | 298 | 15 | 356 | 3 | 52 | 12 | 277 | 5 | 180 | 4 | 208 | 65 | 1.809 | – | 3 | – | 109 |
| Skilauf | – | 1.190 | – | 14.680 | – | 13.848 | – | 26.361 | – | 17.547 | – | 17.497 | – | 37.366 | – | 14.209 | – | 8.009 | 1.285 | 150.707 | 23 | – | – | 2.052 |
| Sportkegeln | 20 | 438 | 19 | 265 | 74 | 1.252 | 72 | 803 | 31 | 483 | 25 | 491 | 55 | 1.063 | 13 | 274 | 210 | 3.090 | 519 | 8.159 | – | 11 | – | 751 |
| Squash | – | – | 2 | 45 | 3 | 90 | 7 | 390 | 3 | 250 | 8 | 750 | 14 | 560 | 2 | 90 | 9 | 680 | 48 | 2.855 | – | 6 | – | 185 |
| Taekwondo | – | – | – | – | 4 | 300 | 11 | 800 | 6 | 400 | 5 | 300 | 23 | 2.200 | 5 | 400 | 12 | 800 | 66 | 5.200 | 15 | – | 520 | – |
| Tanzen | – | – | 6 | 187 | 7 | 184 | 15[1] | 905[1] | – | – | 9 | 435 | 6[2] | 465[2] | – | – | 16 | 685 | 59 | 2.861 | 2 | – | – | 250 |
| Tauchen | 1 | 25 | 2 | 220 | 6 | 180 | 9 | 380 | 4 | 350 | 5 | 360 | 2 | 245 | 4 | 150 | 21 | 1.200 | 54 | 3.110 | – | 1 | – | 25 |
| Tennis | 73 | 4.530 | 121 | 8.928 | 343 | 26.510 | 266 | 28.725 | 86 | 7.797 | 176 | 15.890 | 110 | 11.042 | 51 | 4.772 | 75 | 11.893 | 1.301 | 120.087 | – | 61 | – | 3.822 |
| Tischtennis | 18 | 438 | 42 | 906 | 116 | 3.555 | 188 | 5.250 | 32 | 1.204 | 58 | 1.984 | 50 | 2.265 | 20 | 575 | 66 | 6.106 | 590 | 22.283 | – | 15 | – | 558 |
| Turnen | 8 | 426 | 20 | 5.474 | 89 | 27.288 | 191 | 38.250 | 41 | 11.717 | 68 | 15.239 | 39 | 13.304 | 37 | 8.557 | 109 | 43.723 | 602 | 163.978 | 1 | – | – | 1.840 |
| Versehrtensport | 1 | 75 | 4 | 574 | 3 | 180 | 14 | 425 | 2 | 513 | 8 | 479 | 1 | 437 | 1 | 192 | 2 | 568 | 36 | 3.443 | – | 2 | – | 205 |
| Volleyball | 9 | 263 | 20 | 491 | 38 | 1.210 | 60 | 2.515 | 23 | 672 | 33 | 894 | 25 | 1.130 | 21 | 620 | 41 | 7.738 | 270 | 15.533 | – | 35 | – | 2.408 |
| Wasserrettung | – | 110 | – | 3.785 | – | 514 | – | 2.500 | – | 2.000 | – | 1.000 | – | 1.700 | – | 1.000 | – | 1.000 | – | 13.609 | – | – | 41 | – |
| Wasserskilauf | 1 | – | 7 | 850 | 3 | 470 | 11 | 1.042 | 3 | 145 | 2 | 58 | – | – | 1 | 102 | 3 | 213 | 31 | 2.880 | – | – | – | 130 |
| Zillensport | keine Meldung | | | | | | | | | | | | | | | | | | | | | | | |

[1] Vereins- und Mitgliedszahlen der Landesverbände Oberösterreich und Salzburg
[2] Vereins- und Mitgliedszahlen der Landesverbände Tirol und Vorarlberg

## ASKÖ

**ARBEITSGEMEINSCHAFT FÜR SPORT UND KÖRPERKULTUR IN ÖSTERREICH,** gegründet 1892
1230 Wien, Steinergasse 12, Telefon 0 22 2 / 86 32 45, 86 32 46, 86 32 47
Telex 112411 ASKOE
Dienstzeit:
Montag bis Donnerstag von 8 bis 17 Uhr, Freitag von 8 bis 12.30 Uhr

3575 Vereine, 1.048.185 Mitglieder

Präsident
Kurt Heller, 1010 Wien, Ringturm, Wr. Städt. Versicherung,
Telefon 0 22 2 / 53 139 / 10 20

Generalsekretär
Rudolf Spiola, 1230 Wien, Steinergasse 12,
Telefon 0 22 2 / 86 32 45, 86 32 46, 86 32 47

Mitglied des
**Comité Sportif International du Travail** (CSIT), gegründet 1913, 16 Verbände, 1,3 Millionen Mitglieder

Anschrift
13, Boulevard de l'Empereur, B-1000 Bruxelles (Belgique),
Telefon (02) 512 24 27
ASKÖ-Generalsekretär Rudolf Spiola ist auch Exekutivkomiteemitglied des CSIT.

Offizielle Verbandszeitung
„Sport" (ASKÖ-revue), monatlich
Chefredakteur
Rudolf Spiola, 1230 Wien, Steinergasse 12,
Telefon 0 22 2 / 86 32 45, 86 32 46, 86 32 47

### ASKÖ-BUNDESFEST 1987

Höhepunkt des ASKÖ-Sportgeschehens war das Internationale Bundesfest vom 4.–8. Juni 1987 in der Steiermark. In 17 Gemeinden versammelten sich rund 12.000 Sportlerinnen und Sportler aus 24 Nationen, um an den sportlichen Veranstaltungen und Bewerben in 40 verschiedenen Sportarten teilzunehmen. Im Rahmen des Festes wurde auch das renovierte Alpenstadion in Kapfenberg in Anwesenheit von Bundeskanzler Dr. Franz Vranitzky, Unterrichts- und Sportminister Dr. Hilde Hawlicek, Gesundheitsminister Dr. Franz Löschnak und zahlreichen weiteren Ehrengästen von Bürgermeister Franz Fekete wieder seiner Bestimmung übergeben.

**Umfangreiche Kurstätigkeit**

Zur Förderung der Interessierten und Begabten hatte die ASKÖ auch 1987 wieder ein umfangreiches Kurs- und Schulungsprogramm angeboten und realisiert, das den Anforderungen und Bedürfnissen voll entsprach. Allein von der ASKÖ-Bundessportorganisation wurden 70 Aus- und Fortbildungslehrgänge für Lehrwarte und Trainer sowie Leistungskurse in 30 Sparten durchgeführt. Hinzu kommen noch neun Lehrgänge des Fit-Referates für Kinder, Jugendliche und Erwachsene.

Nicht minder aktiv war das ASKÖ-Jugendreferat: Drei Jugendskiwochen, zwei Jugendsommerlager sowie eine Jugendsportwoche erfaßten rund 400 Teilnehmer.

Ergänzt wird die Bundestätigkeit von den ASKÖ-Landesverbänden sowie auch von den Vereinen, die in ihrem Wirkungsbereich gleichgelagerte Aus- und Fortbildungsmöglichkeiten anbieten.

Höhepunkt der ASKÖ-Aktivitäten 1987 war das internationale Bundesfest in 17 Orten der Steiermark.
Erstmals im Programm: Rock'n'Roll-Akrobatik. *(Foto ASKÖ)*

**Freizeit – Gesundheit – Sport**

Am 26. April startete die Aktion „Langsam-Lauf-Treff" in ihre 2. Saison. Mit 110 Langsam-Lauf-Treffs in ganz Österreich gelang es ein bundesweites Netz aufzubauen, deren Ziel es ist, Menschen gesund zu erhalten und Risikofaktoren gar nicht erst entstehen zu lassen. Parallel dazu wurde vom ASKÖ-Referat für Fitneß- und Gesundheitsförderung eine Informationskampagne gestartet und das Angebot an Lauf-Treff-Seminaren erweitert. Ein weiterer erprobter Weg der Gesundheitsvorsorge wurde mit dem sogenannten Herztraining beschritten.

**Mehr als 1 Million Mitglieder**

Auch im abgelaufenen Jahr gab es eine Aufwärtsentwicklung sowohl bei den Mitgliedern als auch bei den Vereinen. Wurde 1986 erstmals die Millionengrenze bei den Mitgliedern überschritten, so gab es auch 1987 eine Steigerung: Mit 1,048.185 Mitgliedern in 3.575 Vereinen betrug der Zuwachs bei den Mitgliedern 10.481 und bei den Vereinen 93.

**Nächstes Bundesfest in Wien**

Das nächste Internationale ASKÖ-Bundesfest wird im Zeichen von „100 Jahre Arbeitersport in Österreich" stehen und 1992 in der Bundeshauptstadt Wien, der Geburtsstätte der österreichischen Arbeitersportbewegung, abgehalten.

In Anbetracht dieses besonderen Ereignisses wurde unmittelbar nach Ende des Bundesfestes in der Steiermark mit der Vorbereitung des Wiener Jubiläumsfestes begonnen und ein Rahmenkonzept ausgearbeitet, das der Länderkonferenz vorgelegt wurde. Abweichend von allen bisherigen Festen soll es nicht nur eine zentrale Veranstaltung geben, sondern während des ganzen Jahres mit speziellen Festlichkeiten dem 100jährigen Bestandsjubiläum der österreichischen Arbeitersportbewegung gedacht werden. „100 Jahre ASKÖ" ist nicht nur eine Verpflichtung, sondern auch eine Herausforderung für alle, die sich dieser großen Sportbewegung verbunden fühlen.

# ASVÖ

**ALLGEMEINER SPORTVERBAND ÖSTERREICHS,** gegründet 1949
1130 Wien, Dommayergasse 8, Telefon 0 22 2 / 82 61 50 und 82 66 41
Telegrammadresse: ASVOE-SPORT-WIEN
Telex: 132788 asvoe a
Dienstzeit:
Montag bis Donnerstag von 7.30 bis 16 Uhr, Freitag von 7.30 bis 13.30 Uhr

2400 Vereine, 621.549 Mitglieder

Präsident
Dr. Walter Hofbauer, 6020 Innsbruck, Maria-Theresien-Straße 57,
Telefon 0 52 22 / 28 3 94

Generalsekretär
Felix Netopilek, 1130 Wien, Dommayergasse 8, Telefon 0 22 2 / 82 61 50

Offizielle Verbandszeitung
„SPORTMAGAZIN“, erscheint 6mal jährlich

Das Turnier um den ASVÖ-Cup im Volleyball der Damen war einer der sportlichen Höhepunkte 1987 *(Foto Tomastik)*

**Sport ist mehr**

war das Leitthema der Arbeit innerhalb des Allgemeinen Sportverbandes Österreichs im Jahr 1987. Es bedeute, daß der Sport enorm vielfältig in seiner Bedeutung ist. Von einem überparteilichen Sport-Dachverband, wie es der ASVÖ ist, wird erwartet, daß er alle Bereiche des Sportes wahrnimmt.

Ein gutes Beispiel einer Verbindung zwischen Breitensport und sozialpolitischen Aufgaben zeigte eine großangelegte ÖSTA-Aktion zugunsten der Kinderkrebshilfe:

**gewinn mit – hilf mit**

ist der Titel dieser gemeinsamen ÖSTA-Aktion des Allgemeinen Sportverbandes Österreichs (ASVÖ) und des Bundesministeriums für Unterricht, Kunst und Sport (BMUKS).

Im Rahmen der Förderung des Breitensportes ist die Motivation sowohl der Mitglieder als auch der Bevölkerung zur aktiven und regelmäßigen Sportausübung eine der Hauptaufgaben. Dabei bietet sich das ÖSTA und das ÖJSTA besonders an. Der ASVÖ war immer schon ein besonderer Förderer des ÖSTA und es war daher für die ASVÖ-Vereine nicht schwer, dieser Aktion zu einem Erfolg zu verhelfen.

**ASVÖ-Cup**

Der ASVÖ führt aus grundsätzlichen Überlegungen keine Meisterschaften durch, da man der Meinung ist, daß der Begriff „Meisterschaft" nur in den Zuständigkeitsbereich der Fachverbände gehört. Da innerhalb des ASVÖ aber auch die Förderung des Leistungssports sehr umfangreich wahrgenommen wird und auch Wettkämpfe durchgeführt werden, hat man die Form des „Cups" gewählt.

**Sportausschuß**

Daß natürlich auch auf nationaler Ebene zahlreiche Wettkämpfe und vor allem Lehrgänge durchgeführt werden, ist für den ASVÖ-Sportausschuß eine Selbstverständlichkeit.

Einen Schwerpunkt in der Lehrgangstätigkeit bildet dabei die Trainer- und Lehrwartefortbildung. Speziell im Schwimmen und im Skilauf (nordisch und alpin) finden Seminare statt, die auch international große Bedeutung haben.

Ergänzend dazu wurden vom ASVÖ-Sportausschuß 65 zentrale Bundeslehrgänge und Seminare organisiert, bzw. im Ausland besucht und 21 Wettkämpfe (national und international) durchgeführt oder besucht. Dabei wurden 43 Sportarten berücksichtigt.

**Jugendarbeit**

Eine qualifizierte Schulung und eine kontinuierliche Fortbildung jener Mitarbeiter im Sport, die vor allem mit Jugendlichen arbeiten, ist die Grundlage für eine qualitativ gute Jugendbetreuung in den Vereinen des ASVÖ. Wobei nicht das Streben nach Spitzenleistungen an erster Stelle steht, sondern die Vermittlung der Freude am Sport und eine möglichst polysportive Ausbildung der jungen Sportler.

**Mitglieder**

Verstärktes Interesse besteht, ASVÖ-Mitglied zu werden. Dies zeigt die Entwicklung des Vereins-Mitgliederstandes. Der Vereinszuwachs von 5% ist sehr erfreulich und bedeutet, daß dem ASVÖ derzeit 2400 Sportvereine angehören und die Tendenz ist weiter steigend. Diese Zahlen gewinnen umso mehr an Bedeutung, wenn man berücksichtigt, daß beim ASVÖ nur jene Sportvereine ordentliche Mitglieder werden können (und in den offiziellen Statistiken auch nur gezählt werden), die bei einem von der BSO anerkannten Fachverband gemeldet sind! Neben diesen Sportvereinen gibt es aber noch eine große Zahl von Vereinen, die als außerordentliche oder Schutzmitglieder beim ASVÖ gemeldet sind, wobei der Schwerpunkt der Tätigkeit dieser Vereine doch der Sport in einer seiner vielfältigen Form sein muß.

# UNION

**ÖSTERREICHISCHE TURN- UND SPORT-UNION,** gegründet 1945
1010 Wien, Falkestraße 1, Telefon 0 22 2 / 513 77 14 Serie
Dienstzeiten:
Montag bis Mittwoch von 8 bis 16.30 Uhr, Donnerstag von 8 bis 17 Uhr, Freitag von 8 bis 12 Uhr

3627 Vereine und Sportgruppen, die der Österreichischen Turn- und Sport-Union angeschlossenen Verbände, 941.995 Mitglieder

Präsident
Ministerialrat Dr. Josef Finder, 1010 Wien, Hafnersteig 5,
Telefon 0 22 2 / 51 507 / 22, privat 0 22 2 / 63 20 385

Generalsekretär
Helmut Dembsher, 1010 Wien, Gonzagagasse 3/8, Telefon 0 22 2 / 63 72 01

Mitglied der
**Fédération Internationale Catholique d'Education Physique et Sportive**
(FICEP), gegründet 1911, 18 Länder
Anschrift
5, rue Cernuschi, F-75017 Paris, Telefon 4766-03-23
Präsident Dr. Josef Finder ist auch Präsident der FICEP.

Offizielle Verbandszeitung
„Union-Post", erscheint monatlich (außer Juli und August)

Es ist nie zu früh! *(Foto Union)*

Im April 1987 wurde von der Österreichischen Turn- und Sport-Union anläßlich ihres 15. ordentlichen Bundestages die in jahrelanger Vorbereitungsarbeit eingeleitete Strukturreform abgeschlossen und beschlossen, die personelle und organisatorische Veränderungen bewirkte.

Die danach gebildeten Ausschüsse haben sich mit Zuversicht und großem Engagement an die Arbeit gemacht und Konzepte für die Schwerpunkte der Tätigkeit entworfen.

Die Turn- und Sport-Union wird sich in Zukunft neben dem Breiten-, Leistungs- und Hochleistungssport auch dem Freizeit- und Fitneßsport und den älteren Menschen widmen.

Das für 1988 beschlossene Jahresmotto „AKTIV er LEBEN mit Union-Sport" unterstreicht die Zielrichtung.

Die Aus- und Fortbildung von Trainern, Übungsleitern, Jugendleitern und neuerdings von Sportanimateuren bildete den Schwerpunkt im abgelaufenen Berichtszeitraum. So fand der Wochenendlehrgang „Animation im Sportverein", der mehr als 400 Interessenten aus dem gesamten Bundesgebiet anlockte, großes Echo.

In voller Verantwortung eines Dachverbandes wird die Union auch in Zukunft den verschiedenen Strömungen Rechnung tragen und in allen Bereichen von Fitneßsport, Breitensport bis zum Spitzen- und Hochleistungssport Aktivitäten setzen und diese auch fördern.

Damit sei auch dokumentiert, daß die Frage der Existenzberechtigung eines Dachverbandes in der heutigen Zeit eine völlig überflüssige geworden ist, da es gerade die Dachverbände, und die Österreichische Turn- und Sport-Union im besonderen, sind, die sich vor allem um die ganzheitliche Erziehung des jungen Menschen bemühen und den Sporttreibenden von Jung bis Alt entsprechende Angebote schaffen.

Auch als Sportplatzbauer und Erhalter hat seit Bestand der Zweiten Republik die Union einen wichtigen Beitrag auf breitester Basis geleistet.

Die fachlich orientierten Verbände, deren Zusammenarbeit angestrebt wird, können entsprechend ihrer derzeitigen Struktur- und Organisationsreform gerade noch ihren fachbezogenen Aufgaben nachkommen. Eine sinnvolle Ergänzung, Unterstützung und Zusammenarbeit ist von der Österreichischen Turn- und Sport-Union immer angeboten worden.

## ÖOC

**ÖSTERREICHISCHES OLYMPISCHES COMITÉ,** gegründet 1912
1040 Wien, Prinz-Eugen-Straße 12
Telefon 0 22 2 / 65 33 65 und 65 33 66, Telex 133 418 oeoc a, Telefax 65 09 303
Dienstzeit: Montag bis Donnerstag 8.30 bis 17 Uhr, Freitag 8.30 bis 14.30 Uhr

Schirmherr: Bundespräsident Dr. Kurt Waldheim

Vom **Internationalen Olympischen Comité** (IOC) anerkannt.
Anschrift: Château de Vidy, CH-1007 Lausanne,
Telefon 05 / 021 / 25 32 71 – 74, Telex 45 40 24 A CIO CH, Telefax: 24 15 52

Präsident
Kurt Heller, 1010 Wien, Ringturm, Telefon 0 22 2 / 53 139 / 10 20
Generalsekretär
Dr. Heinz Jungwirth, 1040 Wien, Prinz-Eugen-Straße 12, Telefon 0 22 2 / 65 33 65

Vertreter Österreichs
DVw. Philipp Schoeller ist der vom IOC gewählte Vertreter Österreichs.

Offizielle Verbandszeitung
„Olympische Blätter", ca. 6mal pro Jahr, ca. 1000 Stück

## ALPINISMUS

**VERBAND ALPINER VEREINE ÖSTERREICHS** (VAVÖ), gegründet 1949
1010 Wien, Bäckerstraße 16, Telefon 0 22 2 / 52 54 88
Dienstzeit:
Montag bis Donnerstag von 9 bis 17 Uhr, Freitag von 9 bis 15 Uhr

391.590 Mitglieder

Präsident
Dkfm. Helmut Habersohn, 1010 Wien, Bäckerstraße 16

Vizepräsident
Generalsekretär Reinhard Dayer, 1150 Wien, Viktoriagasse 6

Geschäftsführer
Rudolf Kaupe, 1010 Wien, Bäckerstraße 16

Mitglied der
**Union Internationale des Associations d'Alpinisme** (UIAA), gegründet 1932, 52 Mitgliedsländer
Anschrift
p. A. Generalsekretariat des SAC
Helvetiaplatz 4, CH-3005 Bern, Schweiz

VAVÖ

## AMERICAN FOOTBALL

**AMERICAN FOOTBALL BUND ÖSTERREICH** (AFBÖ),
gegründet 1982 am 16. Februar in Wien
17 Vereine, 1475 Mitglieder

Präsident: Gerhard Almer, Radeckerweg 16, 5101 Bergheim, Tel. 0662 / 54261, Tel. 06212 / 8206-0 Büro

Sekretariat: bei Schriftführer Dr. Stefan Herdey, Kaiserfeldgasse 1, 8010 Graz, Tel. 0316 / 70 56 92

**Mitglied der European Football League** (EFL), Konrad Brosswitzstraße 45, D-6000 Frankfurt

AFBÖ

### ÖSTERREICHISCHE MEISTER

| | | |
|---|---|---|
| erstmals | 1985 | **Salzburger Lions** |
| | 1986 | **Grazer Giants** |
| | 1987 | **Grazer Giants** |

### EUROPAMEISTERSCHAFTEN

| | | |
|---|---|---|
| erstmals | 1985 | Teilnahme der österr. Nationalmannschaft |
| | 1987 | keine Teilnahme aus finanziellen Gründen |

### EUROBOWL

| | | |
|---|---|---|
| erstmals | 1986 | Teilnehmer: Salzburger Lions |
| | 1988 | Teilnehmer: Grazer Giants |

# BADMINTON

**ÖSTERREICHISCHER BADMINTON VERBAND** (ÖBV), gegründet 1957
1040 Wien, Prinz-Eugen-Straße 12, Telex 136 770
Telegramme: Kullracket Wien

104 Vereine, 4448 Mitglieder

Präsident
Horst Kullnigg, 3021 Pressbaum, Karriegelstraße 13, Tel. 0 22 33/27 90

Sekretariat
Hannelore Benes, 3021 Pressbaum, Karriegelstraße 24, Tel. 0 22 33 /24 22
Postfach 21, 3021 Pressbaum

Mitglied der
**International Badminton Federation** (IBF), gegründet 1934
24 Winchcombe House, Winchcombe Street, Cheltenham, Gloucestershire, England
107 nationale Organisationen

und der
**Europäischen Badminton Union** (EBU), gegründet 1967
30 nationale Verbände
ÖBV-Präsident Horst Kullnigg ist Finanzreferent der EBU

Offizielle Verbandszeitung
„Österreichische Badminton-Nachrichten", siebenmal jährlich, 1000 Stück und dreimal jährlich 6000 Stück

Im Rahmen der 30. Staatsmeisterschaften in Traun wurde auch das Jubiläum „30 Jahre Österreichischer Badminton Verband" begangen. Der Ehrenpräsident des ÖBV, Ing. Hermann Nöhrer, erhielt für seine großen Verdienste um den internationalen Badminton-Sport den „MERIOTORIOUS SERVICE AWARD" von IBF-Präsident Ian Palmer aus Neuseeland überreicht. Ing. Nöhrer war 21 Jahre Präsident des Österreichischen Badminton Verbandes und 1967 auch im Gründungskomitee der Europäischen Badminton Union (EBU).

Die Internationalen Meisterschaften von Österreich wurden diesmal in Wien, im Ferry-Dusika-Hallenstadion, durchgeführt. Außerdem fand der Europacup der Mannschaftsmeister in Villach statt.

Ab der Saison 1987/88 gibt es neben dem Welt-Grand-Prix in Europa auch den 9 Turniere umfassenden Europäischen Circuit.

Auch die Internationalen Meisterschaften im April 1988 in Pressbaum gehören dazu.

**STAATSMEISTER 1987**

| | | | | |
|---|---|---|---|---|
| Allgemeine Klasse | Einzel | Herren | **Tariq Farooq** | BSC 70 Linz |
| | | Damen | **Sabine Ploner** | BSV Jäger & Co. Hohenems |
| | Doppel | Herren | **Klaus und Heinz Fischer** | ASKÖ Landskron |
| | | Damen | **Sabine Ploner/ Gabriele Kumpfmüller** | BSV Jäger & Co. Hohenems/ WAT Simmering |
| | Mixed | | **Heinz Fischer/ Elisabeth Wieltschnig** | ASKÖ Landskron |
| | Mannschaft | | **ASKÖ Landskron** | |

**ÖSTERREICHISCHE MEISTER 1987**

| | | | | |
|---|---|---|---|---|
| Junioren | Einzel | männlich | Heinz Fischer | ASKÖ Landskron |
| | | weiblich | Sabine Ploner | BSV Jäger & Co. Hohenems |
| | Doppel | männlich | Heinz Fischer/ Harald Tiefenbacher | ASKÖ Landskron/ |
| | Mixed | | Heimo Götschl/ Susanne Götschl | ATUS Judenburg |

| | | | | |
|---|---|---|---|---|
| Jugend A | Einzel | männlich | Harald Koch | ASKÖ Traun |
| | | weiblich | Susanne Götschl | ATUS Judenburg |
| | Doppel | männlich | Thomas Fink/<br>Hannes Fuchs | ASKÖ Traun |
| | | weiblich | Susanne Götschl<br>Eva Wratschgo | ATUS Judenburg/<br>RbEj Gleisdorf |
| | Mixed | | Harald Koch/<br>Bettina Weilguni | ASKÖ Traun |
| | Mannschaft | | BC Bregenz | |
| Schul-Neigungsgruppen: | | | HS Ohlsdorf | |
| Altersklasse I | Einzel | männlich | Herwig Baltz-Balzberg | ASKÖ Landskron |
| | | weiblich | Brigitta Wastl | WAT Simmering |
| | Doppel | männlich | Ernst Stingl/<br>Herwig Baltz-Balzberg | ASKÖ Klagenfurt/<br>ASKÖ Landskron |
| | | weiblich | Renate Dietrich/<br>Hilde Kreulitsch | ASKÖ Klagenfurt |
| | Mixed | | Herwig Baltz-Balzberg/<br>Gisela Baltz-Balzberg | ASKÖ Landskron |

**RANGLISTEN 1986/87**

| | | | |
|---|---|---|---|
| Einzel | Herren | 1. Heinz Fischer | ASKÖ Landskron |
| | | 2. Tariq Farooq | BSC 70 Linz |
| | | 3. Klaus Fischer | ASKÖ Landskron |
| | Damen | 1. Sabine Ploner | BSV Jäger & Co. Hohenems |
| | | 2. Brigitte Lackner | ASV Pressbaum |
| | | 3. Birgit Gruber | ASKÖ Mödling |

**STAATSLIGA 1986/87**

| | | | | | |
|---|---|---|---|---|---|
| Gruppe A | 1. ASKÖ Landskron | 18 Punkte | Gruppe B | 1. BSC 70 Linz | 14 Punkte |
| | 2. ATUS Weiz | 12 Punkte | | 2. WAT Simmering | 13 Punkte |
| | 3. BC Spk. St. Pölten | 11 Punkte | | 3. ASKÖ Traun | 11 Punkte |

**EUROPAMEISTERSCHAFTEN**

| | | | | |
|---|---|---|---|---|
| „Helvetia-Cup“<br>B-Gruppe<br>22.–24.1.87<br>Belfast/Nordirl. | Allgem. Klasse | Mannschaft | 4. Österreich | 14 Länder |
| 12.–19.4.87<br>Warschau/Polen | Unter 18 | Mannschaft | 10. Österreich | 21 Länder |
| 13.–15.2.87<br>Strasbourg/F | Unter 16 | Mannschaft | 3. Österreich | 12 Länder |

**EUROPACUP**

| | | |
|---|---|---|
| 24.–27.9.87<br>Villach | 17 Landesmeister | ASKÖ Landskron<br>(Vorrunde ausgeschieden) |

Erster der österreichischen Rangliste: Heinz Fischer *(Foto Ross)*

# BAHNENGOLF

**ÖSTERREICHISCHER BAHNENGOLFVERBAND** (ÖBGV), gegr. 1967
Geschäftsstelle: 1050 Wien, Kleine Neugasse 15–19/1/4/11,
Telefon 0 22 2/56 71 26
Dienstzeit:
Dienstag von 17 bis 21 Uhr, Mittwoch, Donnerstag, Freitag von 17 bis 18 Uhr

89 Vereine, 2769 Mitglieder

Präsident
Leo Moik, 1050 Wien, Kleine Neugasse 15–19/1/4/11
Geschäftsstelle: H. W. Schmidt; Bundessportreferent

Mitglied des **Internationalen Bahnengolfverbandes** (IBGV), gegründet 1980 (Fédération Internationale de Golf sur Pistes), 17 Mitgliedsnationen
Österreichische Vertreter:
Leo Moik, geschäftsführender Vizepräsident (Verbandsadresse)
Johann Wagner, Jugendausschuß (Verbandsadresse)

Herausragendes Ereignis waren 1987 die Bahnengolf-Europameisterschaften der allgemeinen Klasse vom 20.–22. August in Vösendorf/NÖ. Höchstes Lob wurde der Organisation und Ausrichtung gezollt.
Ein weiterer Höhepunkt war die Ausrichtung des Europacups in Steyr/OÖ.
Anmerkung: Erfreuliche und sportgemäße Berichterstattung durch das Österreichische Fernsehen.

## STAATSMEISTER 1987

| | | | |
|---|---|---|---|
| Einzel | Damen | **Gerlinde Langenecker** | U. Mistelbach |
| | Herren | **Walter Koller** | MGC Graz |
| Mannschaft | Damen | **1. SMC Liefering** | |
| | Herren | **BGC Vösendorf** | |

## ÖSTERREICHISCHE MEISTER 1987

| | | | |
|---|---|---|---|
| Schüler | weiblich | Lydia Dorgl | UMSC Bischofshofen |
| | männlich | Christian Gobetz | MGC Köflach |
| Junioren | weiblich | Monika Otto | BGC Vösendorf |
| | männlich | Thomas Windisch | 1. SMGC Werfen |
| Senioren | weiblich | Ingrid Plachota | UBSG 1979 |
| | männlich | Horst Hartl | BGSC Deutsch-Wagram |
| Jugendmannschaften | | 1. SMGC Werfen | |
| Seniorenmannschaften | | UBGC Rot-Gold | |

## ÖSTERREICHISCHE RANGLISTE 1987

| | | | | | |
|---|---|---|---|---|---|
| Damen | 1. Monika Otto | BGC Vösendorf | Herren | 1. Walter Koller | MGC Graz |
| | 2. Elfriede Auer | Ybbstal | | 2. Johann Gnadenbauer | BGC Vösendorf |
| | 3. Johanna Kotzian | BGSC Deutsch-Wagram | | 3. Johann Plachota | Hustinetten-Team |

## EUROPAMEISTERSCHAFTEN

| | | | | | |
|---|---|---|---|---|---|
| 20.–22.8.1987 | Allgemeine Klasse | System 2 | | | |
| Vösendorf | | Mannschaften Damen | 3. Österreich | 14 Länder | 7 Starter |
| | | Mannschaften Herren | 4. Österreich | | 12 Starter |
| | | Einzel Damen | 5. Elfriede Auer | | 38 Starter |
| | | | 8. Astrid Widmoser | | |
| | | Einzel Herren | 9. Günther Schaffelner | | 111 Starter |
| | | | 10. Wolfgang Schroll | | |
| 27.–29.8.1987 | Senioren | System 1 | | | |
| Ridderkerk/NL | | Mannschaften | 2. Österreich | 6 Länder | 36 Starter |
| | | Einzel Damen | 2. Rosina Breslmayer | | |
| | | | 3. Renate Szieber | | |
| | | Einzel Herren | 3. Walter Helm | | 82 Starter |

| | | | | | |
|---|---|---|---|---|---|
| 6.–8.8.1987 Eskilstuna/S. | Jugend | 2-Bahnensystem Kombination | | | |
| | | Mannschaften weiblich | 3. Österreich | 9 Länder | 5 Starter |
| | | Mannschaften männlich | 3. Österreich | | 8 Starter |
| | | Einzel weiblich | 5. Monika Otto | | 22 Starter |
| | | | 6. Dagmar Schedler | | |
| | | Einzel männlich | 6. Heinz Weber | | 59 Starter |
| | | | 10. Jochen Nagel | | |

**EUROPACUP der Vereinsmeisterschaften**

| | | | |
|---|---|---|---|
| 2./3.8.1987 | System 1 | | |
| Steyr | Mannschaften Herren | 2. BGC Vösendorf | 7 Starter |
| | Mannschaften Damen | 3. SMC Liefering | 7 Starter |

Die erfolgreichste Bahnengolferin 1987 – Monika Otto *(Foto Verband)*

# BASKETBALL

**ÖSTERREICHISCHER BASKETBALL-VERBAND** (ÖBV), gegründet 1948
1040 Wien, Prinz-Eugen-Straße 12, Telefon 0 22 2 / 65 96 49, Telex 133 132

143 Vereine, 8312 Mitglieder

Präsident
Landtagsabgeordneter Bertram Jäger, 6700 Bludenz, Alte Landstraße 44

Generalsekretär
Mag. Reinhard Bachmayer, 1100 Wien, Ettenreichgasse 41 – 43,
Telefon 604 41 87

Mitglied der
**Fédération Internationale de Basketball Amateur** (FIBA),
gegründet 1932, 168 Länder
Anschrift
Kistlerhofstraße 168, P.O.Box 700607,
D-8000 München 70, Telefon 089/783036-38

Dkfm. August Pitzl ist Mitglied des Zentralbüros und Schatzmeister.
Dkfm. Robert Gattinger ist Mitglied der FIBA-Kommission für weibliche Junioren.
Vizepräsident Werner Spreitzer ist Mitglied der FIBA-Europakommission für männliche Junioren und der FIBA-Weltkommission für Rollstuhlbasketball.
Dr. Heinz Günter ist Mitglied des Medical Councils der FIBA.

Die Teilnahme der Herren-Nationalmannschaft an zwei Turnieren in Korea und China sowie die Beschickung der Europameisterschafts-Qualifikation in Belgien waren die sportlichen Höhepunkte.

Die als Vorstufe zu einer Basketball-Schülerliga durchgeführte Bundesmeisterschaft der Unterstufe (Schulmilchcup) brachte neuerlich ein Rekordnennungsergebnis.

## STAATSMEISTER 1987

| | |
|---|---|
| Männer | **BK NÖN-Klosterneuburg** |
| Frauen | **DBB-Wien** |

## ÖSTERREICHISCHE MEISTER 1987

| | | |
|---|---|---|
| Junioren | männlich | WAT Wieden |
| | weiblich | U-media-rent-Wels |
| Jugend | männlich | U-Sefra-Tyrolia |
| | weiblich | IfL |
| Schüler | männlich | TV Aflenz |
| | weiblich | IfL |

**Bundesligatabelle 1986/87**

**Männer Gruppe 1**

| | |
|---|---|
| 1. BK NÖN-Klosterneuburg | Niederösterreich |
| 2. BBC Wels | Oberösterreich |
| 3. U-Sefra-Tyrolia | Wien |
| 4. U-Mattersburg | Burgenland |
| 5. Möllersdorf | Niederösterreich |
| 6. Regenerin-Klagenfurt | Kärnten |

**Frauen A-Liga**

| | |
|---|---|
| 1. DBB-Wien | Wien |
| 2. U-media-rent-Wels | Oberösterreich |
| 3. UBLV-Wien | Wien |
| 4. ASKÖ-Donaustadt | Wien |
| 5. Post SV | Wien |
| 6. IfL | Wien |
| 7. GAK | Steiermark |
| 8. Klagenfurt | Kärnten |

Der österreichische Meister Klosterneuburg unterlag im Europacup dem Schweizer Meister Pully und schied aus *(Foto Sündhofer)*

**EUROPAMEISTERSCHAFTEN**

| | | | | | |
|---|---|---|---|---|---|
| 8.–13.9.87 Charleroi | Qualifikation | Herren | Österreich – Wales | 76:37 | |
| | | | Österreich – Holland | 52:59 | |
| | | | Österreich – Belgien | 66:82 | |
| | | | Österreich – Ungarn | 79:97 | |
| | | | 4. Österreich | | 5 Länder |
| 13.–17.4.87 Messina | Qualifikation | männliche | Österreich – Holland | 52:82 | |
| | | | Österreich – Italien | 30:96 | |
| | | Kadetten | Österreich – Portugal | 58:67 | |
| | | | Österreich – Spanien | 53:94 | |
| | | | 5. Österreich | | 5 Länder |

**EUROPACUP 1987/88**

Herren Meister-Cup:
1. Runde: BK-NÖN – Pully 93:104 und 107:117

Frauen Ronchetti-Cup:
1. Runde: U-media-rent-Wels – SG München 64:76 und 68:66

Cup der Cupsieger:
1. Runde: UBBC-Wels (urch Freilos in die 2. Runde aufgestiegen)
2. Runde: UBBC-Wels – IMT-Belgrad 87:97 und 69:125

Korac-Cup:
1. Runde: Mattersburg – NHKG-Ostrava 88:100 und 75:125

**Donau-Pokal 1987**

Herren 2. BK-NÖN

Franz Stenzel und Billard sind ein Begriff. 4 × Europameister im Cadre 47/2 und Weltrekord-Inhaber sowie Europameister im Einband *(Foto Verband)*

# BILLARD

**ÖSTERREICHISCHER AMATEUR BILLARD VERBAND** (ÖABV), gegründet 1931
1150 Wien, Wiener Stadthalle, Vogelweidplatz 14,
Telefon 0 22 2 / 95 49 / 362, 95 75 74

76 Vereine, ca. 2550 Mitglieder

Präsident
Klaus Seifert, 2345 Brunn am Gebirge, Pechhüttenbrunnengasse 24,
Telefon 0 22 36 / 32 970

Generalsekretär
Peter Stöger, 1150 Wien, Wiener Stadthalle, Vogelweidplatz 14,
Telefon 0 22 2/95 49/362, 95 75 74

Mitglied der
**Confédération Européenne de Billard** (CEB),
gegründet 1923, 18 Länder

Anschrift
Alphonse Mack, P.B. 67, L-3401 Dudelange

ÖABV-Ehren-Präsident Werner Reisinger ist Vizepräsident der CEB, Kassier Robert Immervoll, Mitglied der Sportkommission.

Verbandszeitung: „Carambol“

Seit Mai 1987 bilden die Poolbillard-Sportler eine selbständige Sektion im Österreichischen Amateur Billard Verband – eine für Europa vorbildliche Regelung.

Erstmals in der Verbandsgeschichte verfügt der ÖAVB über ein eigenes Sekretariat, besetzt durch einen Verbandsangestellten – zweifellos ein Durchbruch in organisatorischer und administrativer Hinsicht.

Auch die Fachzeitschrift des ÖABV, „Carambol“, präsentiert sich in neuem Gewand und wird erstmals professionell erstellt.

Sportliche Höhepunkte waren die Erfolge von Franz Stenzel und Stephan Horvath; Stenzel wurde zum 4. Mal Europameister (erstmals im Einband), zusätzlich Silber bei der EM Cadre 71/2 und Bronze bei der WM Cadre 47/1.

Stephan Horvath gewann Bronze bei der Junioren-EM Cadre 47/2 und Silber in der Freien Partie; dabei stellte er auch einen neuen Junioren-Europarekord auf.

Österreich ist eine der führenden Billardnationen der Welt.

**STAATSMEISTER 1987**

| | | |
|---|---|---|
| Freie Partie | **Kurt Mastny** | Wiener Billard Assoziation |
| | **Ingrid Englbrecht** | BSK Margareten Wien |
| Cadre 47/2 | **Franz Stenzel** | BSK Augarten Wien |
| Cadre 71/2 | **Franz Stenzel** | BSK Augarten Wien |
| Cadre 47/1 | **Franz Stenzel** | BSK Augarten Wien |
| Einband | **Franz Stenzel** | BSK Augarten Wien |
| Dreiband | **Johann Scherz** | BSK Union Wien |
| Billard Artistik | **Andreas Horvath** | BSK Margareten Wien |
| Polyathlon Einzel | **Franz Stenzel** | BSK Augarten Wien |
| Dreiband Mannschaft | **Wiener Billard Assoziation** | |
| Pentathlon Mannschaft | **Wiener Billard Assoziation** | |

**Pool**

| | | | |
|---|---|---|---|
| Herren | 8-Ball | **A. Ouschan** | Eintracht Klagenfurt |
| | 9-Ball | **R. Pfisterer** | UBC Taxenbach |
| | 14.1-endlos | **A. Ouschan** | Eintracht Klagenfurt |
| Damen | 8-Ball | **G. Hofstätter** | PBC Althofen |
| | 9-Ball | **A. Sager** | BC Imst |
| | 14.1-endlos | **S. Hutter** | CAP Hörbranz |

## ÖSTERREICHISCHE MEISTER 1987

| | | | |
|---|---|---|---|
| Junioren | Freie Partie | Stephan Horvath | Fiser Billard Union |
| | Cadre 47/2 | Stephan Horvath | Fiser Billard Union |
| Senioren | Dreiband | Hans Hof | BSK Augarten Wien |

**Pool**

| | | | |
|---|---|---|---|
| Junioren | 8-Ball | U. Schnell | BV St. Johann |
| | 9-Ball | H. Prodinger | BV Standard Klagenfurt |
| | 14.1-endlos | H. Katschthaler | Union Embach |

**Kleinbillard**

| | | |
|---|---|---|
| Freie Partie | Peter Fröstl | BSK Wien |
| Cadre 35/2 | Peter Fröstl | BSK Wien |
| Cadre 52/2 | Otto Hitzinger | 1. Ottakringer Billard Klub |
| Einband | Gerhard Ralis | 1. Ottakringer Billard Klub |
| Dreiband | Karl Makik | 1. Mariahilfer Billard Klub |
| Mannschaft | 1. Ottakringer Billard Klub | |

## WELTMEISTERSCHAFTEN

| | | | | |
|---|---|---|---|---|
| 29.1.–1.2.87 Landau/BRD | Herren | Cadre 47/1 | 3. Franz Stenzel | 10 Länder |

## EUROPAMEISTERSCHAFTEN

| | | | | |
|---|---|---|---|---|
| 26.–29.3.1987 Mollerusa/E | Herren | Cadre 71/2 | 2. Franz Stenzel | 13 Länder |
| 28.–31.5.1987 Mondorf/L | Herren | Einband | **1. Franz Stenzel** | 11 Länder |
| 3.–8.4.1987 Gorsel/NL | Herren | Artistik | 10. Andreas Horvath | 7 Länder |
| 5.–8.3.1987 Waalwijk/NL | Herren | Dreiband | 8. Franz Stenzel | 15 Länder |
| 16.–18.1.1987 Dongen/NL | Damen | Freie Partie | 4. Ingrid Englbrecht | 6 Länder |
| 5.–7.12.1987 Wiltz/L | Junioren | Freie Partie | 2. Stephan Horvath | 8 Länder |
| 30.4.–3.5.1987 Boussu/B | Junioren | Cadre 47/2 | 3. Stephan Horvath | 8 Länder |
| Stolberg/BRD | Mannschaft | Pool-Billard | 3. Österreich | |

## EUROPACUP

| | | |
|---|---|---|
| 16./17.5.1987 Wien | Vereine-Dreiband | 2. Runde: Wiener Billard Association – BSV München 4:12 |

# BOB / SKELETON

**ÖSTERREICHISCHER BOB- UND SKELETONVERBAND** (ÖBSV),
gegründet 1922
6020 Innsbruck, Landessportheim, Olympiastraße 10 a, Tel. 0 52 22 / 41 3 29, 35 7 73

24 Vereine, 620 Mitglieder

Präsident
Friedrich Dinkhauser, 6020 Innsbruck, Richardsweg 15,
Telefon 0 52 22 / 33 5 72 oder 29 0 19

Geschäftsführender Vizepräsident
Günther Fritz, 6020 Innsbruck, Olympiastraße 10 a, Tel. 0 52 22 / 35 7 73

Mitglied der
**Fédération Internationale de Bobsleigh et de Toboganing**
(FIBT), gegründet 1923
25 Mitgliedsländer
Anschrift
I-20137 Mailand, Via Piranesi 44/B, Telefon 71 97 51,
Telex 31 01 61
Dr. Heinz Pezzei ist Vizepräsident der FIBT.

**STAATSMEISTER 1987**

| | | |
|---|---|---|
| Zweierbob | **Peter Kienast/Christian Mark** | BSC Stubai |
| Viererbob | **Peter Kienast/Siegfried Zwerschina/Christian Mark/Kurt Teigl** | BSC Stubai |
| Skeleton | **Andreas Schmid** | BSC Stubai |

**ÖSTERREICHISCHER MEISTER 1987**

| | | | |
|---|---|---|---|
| Junioren | Zweierbob | Michael Graupp/Andreas Arnold | WSG Swarovski Wattens |

**WELTMEISTERSCHAFTEN**

| | | | | | | |
|---|---|---|---|---|---|---|
| Bob | 10.–18.1.87 St. Moritz | Zweierbob | Herren | 7. Ingo Appelt/Josef Muigg | 18 Länder | 36 Teiln. |
| | | Viererbob | Herren | 9. Kienast/Zwerschina/ Mark/Teigl | 15 Länder | 23 Teiln. |
| | 4.–8.2.87 Sarajevo | Viererbob | Junioren | 4. Moser/Grünberger/ Haidacher/Conti | 5 Länder | 6 Teiln. |
| | | Zweierbob | | 5. Moser/Haidacher | 9 Länder | 19 Teiln. |

**EUROPAMEISTERSCHAFTEN**

| | | | | | | |
|---|---|---|---|---|---|---|
| Straßenbob | 29.1.–1.2.87 Laggio di Cadore | Viererbob | Allg. Kl. | 5. Franz Kröll/Karl Laichner/ Josef Schreiner/ Herbert Kröll | 3 Länder | 18 Teiln. |
| | | Zweierbob | Allg. Kl. | 3. Josef Schreiner/ Karl Laichner | 3 Länder | 22 Teiln. |
| Skeleton | 14./15.2.87 Sarajevo | Herren | | **1. Andreas Schmied**<br>2. Christian Auer<br>4. Michael Grünberger<br>5. Martin Thaler<br>6. Franz Plangger | 9 Länder | 42 Teiln. |
| **Gesamtweltcup** | | | | | | |
| Bob | | Viererbob | | 3. Peter Kienast/Zwerschina/ Mark/Teigl | | |
| Skeleton | | | | **1. Andreas Schmid** | | 40 Teiln. |
| **Nationencup** | | | | | | |
| Bob | | Viererbob | | **1. Österreich Kienast/Zwerschina/ Mark/Teigl** | 6 Länder | 15 Teiln. |
| **Weltcup Igls** | | | | | | |
| Skeleton | | | | **1. Andreas Schmid**<br>3. Franz Plangger | 7 Länder | |

# BOCCIA

**ÖSTERREICHISCHER BOCCIA VERBAND** (ÖBV),
gegründet 1982
6971 Hard, Hofsteigstraße 53 A

6 Vereine, 122 Mitglieder

Präsident
Erich Jll, 6971 Hard, Hofsteigstraße 53 A, Telefon privat 0 55 74 / 37 955

Mitglied der
**Confederazione Boccistica Internationale** (CBI)
Box 4-Corso San Gottardo 82
CH-Chiasso, Telefon 091/43 64 82

Der Österreichische Boccia Verband legt großen Wert darauf, diese Sportart von den westlichen Bundesländern Tirol und Vorarlberg auch nach Innerösterreich zu verlagern. So ist es gelungen, in Eisenstadt einen Club zu gründen.

Das Hauptaugenmerk gilt der Errichtung von Bocciahallen, damit diese Sportart ganzjährig ausgeübt werden kann (bisher nur in Innsbruck und Hohenems, die aber im Winter wegen fehlender Heizmöglichkeiten nicht benutzt werden können).

Jugendförderung wird über die Schulen versucht.

**ÖSTERREICHISCHE MEISTER 1987**

| | | | |
|---|---|---|---|
| Einzel | Erich Jll | BC Hard | Vorarlberg |
| Zweier | Günther Jll/Dieter Jll | BC Hard | Vorarlberg |
| Dreier | Conrad Brändle/Heinz Peter/ Kurt Luif | BC Hohenems | Vorarlberg |

**WELTMEISTERSCHAFTEN**

| | | | |
|---|---|---|---|
| 20.–29.11.87 Buenos Aires | Mannschaft | 9. Günther Ill/Dieter Ill/ Niki Netale/Romano Ferro | 20 Länder |

# BODYBUILDING

**DACHVERBAND DER ÖSTERREICHISCHEN AMATEUR BODYBUILDING VERBÄNDE** (DV-ÖABBV)
1140 Wien, Einwanggasse 19/15, Telefon 0 22 2 / 31 16 31 / Kl. 373 DW (Hr. Volpe)

82 Vereine, 1303 Mitglieder

Präsident
Ing. Walter Wusche, 8010 Graz, Radetzkystraße 31

Mitglied der
**International Federation of Bodybuilders** (IFBB)
gegründet 1946, 132 Mitgliedsländer
2875 Bates Road, Montreal, Que., Canada H3S 187
**World Bodybuilding Federation** (WBBF)
62 Mitgliedsländer
D-2300 Kiel 1, Mittelstraße 1

Offizielle Verbandszeitungen:
Rundschreiben des Österreichischen Amateur Bodybuilding Verbandes-IFFB/Austria
Sport und Fitness-Austria

Bodybuilding ist 1987 wieder ein gutes Stück vorwärts gekommen. Die überall entstehenden Fitneßcenter für Bodybuildingtraining sind sichtbarer Ausdruck eines rasanten Aufschwunges.

Bodybuilding als Wettkampfsport hat in Österreich große Tradition. Niemand kommt seit Jahrzehnten am Namen Arnold Schwarzenegger vorbei.

Die Erfolge des Jahres 1987 sind sehr respektabel und der Tradition würdig. Viel beachtet wird im Ausland die in Österreich stattgefundene Reorganisation des Verbandswesens und die hervorragende Nachwuchsarbeit.

Neben der Beschickung sämtlicher Welt- und Europameisterschaften ist die Weiterführung der Verbandsreorganisation in die Landesverbände die vordringlichste Aufgabe.

**ÖSTERREICHISCHE MEISTER 1987**

**Gewichtskategorien**

| | | | | | |
|---|---|---|---|---|---|
| | Herren | bis | 70 kg | Franz Haas | KSV Amstetten |
| | | bis | 80 kg | Walter Stückler | Fitneßclub Voitsberg |
| | | bis | 90 kg | Karl Frenninger | Happy Fitneß Wörgl |
| | | über | 90 kg | Johann Pahr | Fitneßcenter Wr. Neustadt |
| | Damen | bis | 52 kg | Rosemarie Stix | Top-Gym Wien |
| | | bis | 57 kg | Brigitte Peböck | Fitneßcenter Waldhausen |
| | | über | 57 kg | Monika Steinwender | KSV Amstetten |
| Männliche | Jugend | bis | 65 kg | Sascha Jevtovic | Top-Gym Wien |
| | | bis | 75 kg | Thomas Zechmeister | Top-Gym Wien |
| | | über | 75 kg | Hans-Peter Domitner | Fitneßcenter Helga Bad Radkersburg |
| Weibliche | Jugend | über | 48 kg | Helga Kuntner | FC Kremstal/Michelsdorf |
| Männliche | Junioren | bis | 70 kg | Walter Reisinger | KSV Amstetten |
| | | bis | 80 kg | Mario Krapfenbauer | Olympia Sportstudio Horn |
| | | über | 80 kg | Andreas Herz | Fitneßclub Voitsberg |
| Paare | | | | Susanne Korger/ Peter Gorgosilits | Bodybuilding Extrem Wien |
| Senioren | | über | 80 kg | Robert Buczolits | Fitneßcenter Eßling Wien |
| Neulinge | | | | | |
| Männliche | Junioren | bis | 70 kg | Eduard Waldner | Fitneßcenter Villach |
| | | bis | 80 kg | Thomas Brezik | Olympia Schwechat |
| | | über | 80 kg | Franz Klingenschmid | Olympiastadion Ibk |
| weibliche | Junioren | bis | 52 kg | Manuela Höck | Tirol |
| | | über | 52 kg | Renate Dannesberger | FC Kremstal/Michelsdorf |
| | Herren | bis | 70 kg | Herbert Wagner | Fitneßparadies Salzburg |
| | | bis | 80 kg | Michael Alt | Athletik City Center Wien |
| | | bis | 90 kg | Andreas Lechner | International Sportcenter Wien |
| | | über | 90 kg | Helmut Reden | Sportstudio Telfs |
| | Damen | bis | 52 kg | Christa Schwaiger | California Klagenfurt |
| | | über | 52 kg | Anette Ranner | California Klagenfurt |
| Teamposing | | | | Top-Gym Wien | |

**Größenkategorien**

| | | | | | |
|---|---|---|---|---|---|
| | Herren | bis | 172 cm | Josef Adler | Olympia Schwechat |
| | | bis | 177 cm | Harald Rumpler | Athletenschmiede Neunkirchen |
| | | über | 177 cm | Walter Stollwitzer | Athletenschmiede Neunkirchen |
| | Damen | bis | 165 cm | Sabine Baumgartner | KSV Amstetten |
| | | über | 165 cm | Eva Gemeinhart | Athletik Sportstudio Linz |
| Männliche | Junioren | bis | 175 cm | Andreas Weidenthaler | Athletik Sportstudio Linz |
| | | über | 175 cm | Thomas Styblo | Wien |
| Neulinge | | | | | |
| Männliche | Junioren | | | Franz Auinger | Fitneßcenter Gmunden |
| | Herren | bis | 177 cm | Gerhard Rosenbichler | Athletenschmiede Neunkirchen |
| | Herren | über | 177 cm | Wolfgang Albrecht | Oberösterreich |
| | Damen | bis | 165 cm | Amanda Bacaloni | Athletik Union Graz |
| | | bis | 165 cm | Manuela Österreicher | Sportstudio Perg |
| Paare | | | | Sabine Baumgartner/ Günther Reischl | KSV Amstetten/ Sportstudio Steyr |

## WELTMEISTERSCHAFTEN

**Gewichtskategorien**

| | | | | |
|---|---|---|---|---|
| | Herren | bis 90 kg | 3. Andreas Münzer | Florida Köflach |
| | | über 90 kg | 6. Manfred Grössler | Fitneßcenter Gratkorn |
| | Damen | über 57 kg | 5. Elisabeth Fingerl | California Klagenfurt |
| Männliche | Junioren | | 5. Michael Jurkovic | FC Donaupark Wien |

**Größenkategorien**

| | | | | |
|---|---|---|---|---|
| | Herren | bis 172 cm | 5. Max Pangerl | Sportst. Mühlviertel |
| | Damen | bis 165 cm | 3. Gabriele Klug | Lady-Gym Linz |
| | | Figurklasse | 3. Elisabeth Resch | Studio 25 Wallsee |
| Männliche | Junioren | über 175 cm | 4. Günther Hofstädter | Fit & Fun-Wien |
| Paare | | | 2. Elisabeth Resch/ Max Pangerl | Studio 25 Wallsee/ Sportstudio Mühlviertel |

## EUROPAMEISTERSCHAFTEN

**Gewichtskategorien**

| | | | | |
|---|---|---|---|---|
| | Herren | bis 70 kg | 4. Franz Haas | KSV Amstetten |
| | | über 90 kg | 2. Alfred Neugebauer | Top-Gym Wien |
| Männliche | Junioren | bis 70 kg | 4. Michael Jurkovic | FC Donaupark Wien |

**Größenkategorien**

| | | | | |
|---|---|---|---|---|
| | Damen | bis 165 cm | 4. Sabine Baumgartner | KSV Amstetten |
| | | Figurenklasse | 3. Elisabeth Resch | Studio 25 Wallsee |
| | Herren | bis 177 cm | 5. Günther Reischl | Sportstudio Steyr |
| | | über 177 cm | 4. Walter Stollwitzer | Athletenschmiede Neunkirchen |
| Männliche | Junioren | | 5. Thomas Styblo | Wien |
| Paare | | | **1. Sabine Baumgartner/ Günther Reischl** | KSV Amstetten/ Sportstudio Steyr |
| | | | 2. Elisabeth Resch/ Walter Stollwitzer | Studio 25 Wallsee/ Athletenschmiede Neunkirchen |

Beachtliche Leistungen des Jugendlichen Mark Kainberger lassen für die Zukunft viel erwarten *(Foto Verband)*

# BOGEN-SCHÜTZEN

**ÖSTERREICHISCHER BOGENSCHÜTZENVERBAND** (ÖBSV),
gegründet 1963
8073 Neupirka, Fasanweg 3, Telefon 0 31 6 / 295 36 33

46 Vereine, 972 Mitglieder

Präsident
Ernst Fili, Leithen 44, 6103 Reith bei Seefeld
Sekretariat
Johann Reiter, Fasanweg 3, 8073 Neupirka

Mitglied der
**Fédération Internationale de Tir à l'Arc** (FITA),
gegründet 1941, 64 Länder
Anschrift
F.I.T.A. Executive Bureau, Via Cerva 30, I-20 122 Milano, Italien, Telefon 02 / 79 60 38

Das erste Arbeitsjahr des neuen Vorstandes war gekennzeichnet vom Bestreben

- nach dem Erfolg unserer Feldschützen bei der WM 1986, auch unsere Scheibenschützen näher an das internationale Niveau heranzuführen,
- die Jugendarbeit zu forcieren,
- das Niveau in den Clubs durch Beistellung von geprüften Trainern anzuheben,
- die internationalen Kontakte auszuweiten.

**STAATSMEISTER 1987**

| | | | | |
|---|---|---|---|---|
| Scheibenschießen | Damen | Freestyle | **Karin Hauser** | BC Schwaz |
| | Herren | Freestyle | **Herbert Irrasch** | BSC Villach |
| Feldbogenschießen | Damen | Freestyle | **Edith Frank** | Union Wien |
| | Herren | Freestyle | **Peter Mitterer** | Steyrermühl |
| | Herren | Barebow | **Wolfgang Sedmak** | Union Radstadt |
| Halle | Damen | Freestyle | **Karin Hauser** | BC Schwaz |
| | Herren | Freestyle | **Peter Mitterer** | Steyrermühl |

**ÖSTERREICHISCHE MEISTER 1987**

| | | | |
|---|---|---|---|
| Scheibenschießen | Schüler | Wolfgang Jandl | Arcus Wien |
| | Jugend | Mark Kainberger | Union Radstadt |
| | Altersklasse | Franz Schwarzer | Arcus Wien |
| | Compound/lim | Willi Erlbacher | Union Radtsadt |
| | Mannschaft | Wien | |
| Feldbogenschießen | Alterklasse | Wilhelm Scherübl | Union Radstadt |
| | Compound/lim | Johannes Horngacher | Salzburg |
| Halle | Schüler | Roman Maier | Union Radstadt |
| | Jugend | Robert Placereano | Union Wien |
| | Altersklasse | Kurt Ruprecht | BSC Hard |
| | Compound/lim | Michael Sanio | BC Ligist |
| | Barebow | Wolfgang Sedmak | Union Radstadt |
| | Rollstuhl | Hias Rehrl | Union Wien |

**NATIONENTURNIERE**

| | | | | |
|---|---|---|---|---|
| 27./28.6.87 Budapest | FITA-Scheibe | Mannschaft | 2. Österreich | 6 Länder |
| 17.–21.7.87 Fleurus/B | FITA | Mannschaft | 5. Österreich | 12 Länder |
| 29.–30.8.87 Radstadt | FITA-Feld | Mannschaft | **1. Österreich** | 7 Länder |
| | | Einzel | **1. Österreich** | |

# BOXEN

**ÖSTERREICHISCHER AMATEURBOXVERBAND** (ÖABV), gegründet 1921
1011 Wien, Postfach 387, Telefon 0 22 2 / 75 00 / 62 49 DW
Dienstzeit: Montag bis Freitag von 9 bis 16 Uhr

51 Vereine, 2766 Mitglieder

Präsident
Ministerialrat Dr. Lothar Scheer, 1011 Wien, Postfach 387, Telefon 0 22 2 / 75 00 / 62 49 DW
Sekretär
Walter Drechsler, Postfach 75, 1052 Wien, Telefon 26 35 / 62 20 DW

Mitglied der
**Association Internationale de Boxe Amateur** (AIBA)
gegründet 1946, 144 Länder
Anschrift
Postamt Volkradstraße, postlagernd, 1137 Berlin, DDR, Telefon 43 84 437, Telex 114919
und der
**European Amateur Boxing Association** (EABA), gegründet 1970, 29 Länder
Anschrift
Francis House, Francis Street, London SW 1P 1DE, Großbritannien, Telefon 01 828 8571, Telex 8956058

Dr. Lothar Scheer, Präsident des ÖABV, ist Exekutivmitglied und Vorsitzender der Technischen und Regelkommission der EABA.

Vizepräsident Dir. Hannes Payrich ist Sekretär der EABA- Finanzkommission.

---

Die Neuanschaffung der zum 1.1.88 obligatorisch gewordenen Kopfschützer sowie der Neudruck der überarbeiteten Wettkampfbestimmungen nahmen die Kräfte des Verbandes sehr stark in Anspruch.

**STAATSMEISTER 1987**

| | | | |
|---|---|---|---|
| Boxen | Fliegengewicht | **Horst Kobler** | BC Union Vorchdorf Pamet |
| | Bantamgewicht | **Voja Pakic** | BC Wien |
| | Federgewicht | **Thomas Traby** | BC Union Heros Graz |
| | Leichtgewicht | **Michael Bauer** | BC Union Salzburg |
| | Halbweltergewicht | **Bernhard König** | BC Dornbirn |
| | Weltergewicht | **Jürgen König** | BC Dornbirn |
| | Halbmittelgewicht | **Leopold Weiermeyer** | Union BC Salzkammergut |
| | Mittelgewicht | **Helmut Jud** | SV Braunau |
| | Halbschwergewicht | **Erich Knechtl** | SAKOG Timmelkam |
| | Schwergewicht | **Derrik Mair** | SK Amateure Steyr |
| | Superschwergewicht | **Ikomonya Botowamungu** | ASKÖ BC Schwarz-Weiß Wien |

**ÖSTERREICHISCHE MEISTER 1987**

Boxen

| | | | |
|---|---|---|---|
| Junioren | Fliegengewicht | Anton Friedl | BC Steinadler Tirol |
| | Bantamgewicht | Renato Wilhelm | BC Bregenz |
| | Federgewicht | Dragan Panovic | BC Steinadler Tirol |
| | Leichtgewicht | Necati Cakmak | ASKÖ BC Schwarz-Weiß Wien |
| | Halbweltergewicht | Thomas Walser | BC Lustenau |
| | Weltergewicht | Bernhard König | BC Dornbirn |
| | Halbmittelgewicht | Heinz Karpf | ASKÖ BC Schwarz-Weiß Wien |
| | Mittelgewicht | Stefan Pfleger | BC Dornbirn |
| | Halbschwergewicht | Oliver Letizky | ASKÖ BC Schwarz-Weiß Wien |
| | Superschwergewicht | Anton Polin | BC Steinadler Tirol |

| | | | |
|---|---|---|---|
| Jugend | Halbfliegengewicht | Dragan Romani | BC Steinadler Tirol |
| | Fliegengewicht | Karl Bichlwagner | SK Amateure Steyr |
| | Bantamgewicht | Bernhard Posner | BC Bregenz |
| | Federgewicht | Johann Eitzenberger | BC Wr. Neustadt |
| | Leichtgewicht | Zoran Marinkovic | BC Schwaz |
| | Halbweltergewicht | Yüksel Harmanci | BC Steinadler Tirol |
| | Weltergewicht | Peter Schoßböck | Box Union Salzburg |
| | Halbmittelgewicht | Zdravomir Dimitrijevic | BC Steinadler Tirol |
| | Mittelgewicht | Andreas Labek | BC Steinadler Tirol |
| | Halbschwergewicht | Reinhard Karner | BC Steinadler Tirol |

**Nationencup**

**Boxen**

| | | |
|---|---|---|
| 15.–17.10.87<br>Wr. Neustadt | **1. Österreich** | 8 Länder |

# CASTING

**ÖSTERREICHISCHER TURNIERSPORT (CASTING)-VERBAND**
(ÖCV), gegründet 1966
2000 Stockerau, Roter Hof 3/2/1/22, Telefon 0 22 66 / 33 0 65

16 Vereine, 1071 Mitglieder

Präsident
Franz Mordax, 2000 Stockerau, Ernst-Körner-Platz 10, Telefon 0 22 66 / 38 9 83

Sekretär
Heinrich Kaller, 2000 Stockerau, Roter Hof 3/2/1/22, Telefon 0 22 66 / 33 0 65

Mitglied der
**World Casting Association** (WCA), gegründet 1983, 34 Länder

und der
**Föderation Castingsport in der CIPS** (FCS), 19 Länder

Franz Mordax ist Vorsitzender der World Casting Association und Präsident der FCS.
Heinrich Kaller ist Generalsekretär der FCS.

Auf Grund der in den letzten Jahren durchgeführten Schnupperturniere konnte der Mitgliederstand beträchtlich erhöht werden.

1987 wurden die Staatsmeisterschaften und drei Landesmeisterschaften durchgeführt. Weiters kam der traditionelle „Große Preis von Österreich" zur Austragung.

Beim Kongreß des Internationalen Verbandes wurden Franz Mordax und Heinrich Kaller als Präsident und Generalsekretär bestätigt.

**STAATSMEISTER 1987**

| | |
|---|---|
| Fliege-Skish | **Erwin Meindl** |
| Fliege-Kombination | **Harald Meindl** |
| Gewicht-Skish | **Gerhard Lay** |
| Gewicht-Ziel | **Gerhard Lay** |
| Gewicht-Weit 7,5 g | **Gerhard Pirklbauer** |
| Gewicht-Weit 18 g | **Ernst Rohatsch** |
| Lachs-Fliege | **Kurt Wallnstorfer** |
| Fliege-Weit | **Harald Meindl** |

**ÖSTERREICHISCHE MEISTER 1987**

| | | | |
|---|---|---|---|
| Allgemeine Klasse | Herren | 5-Kampf | Gerhard Pirklbauer |
| | | TG-3-Kampf | Ernst Rohatsch |
| | | 8-Kampf | Kurt Wallnstorfer |

**EUROPAMEISTERSCHAFTEN**

| | | | | | |
|---|---|---|---|---|---|
| 10.–14.9.1987 Berlin West | Allgemeine Klasse | Fliege-Skish | 4. Helmut Hochwartner | 14 Länder | 53 Starter |
| | | | 6. Harald Meindl | | |
| | | Gewicht-Ziel | 5. Ernst Rohatsch | | 53 Starter |
| | | Gewicht-Skish | 3. Helmut Hochwartner | | 53 Starter |
| | | Gewicht Weit 7,5 g | 2. Gerhard Pirklbauer | | 54 Starter |
| | | Lachs-Fliege | 6. Harald Meindl | | 41 Starter |

# EISHOCKEY

**ÖSTERREICHISCHER EISHOCKEY-VERBAND** (ÖEHV), gegründet 1912
1040 Wien, Prinz-Eugen-Straße 12, Telefon 0 22 2 / 65 73 47, Telex 133 132
Dienstzeit:
Montag 8.00 – 17.00 Uhr,
Dienstag bis Donnerstag 7.30 – 17.00 Uhr, Freitag 7.30 – 16.30 Uhr

78 Vereine, 3915 Mitglieder

Präsident
Dr. Hans Dobida, 8010 Graz, Johann-Strauß-Gasse 2, Telefon 0 31 6 / 70 35 / 111

Geschäftsführer und Sekretär
Rita Hrbacek, 1100 Wien, Mundygasse 12, Telefon 0 22 2 / 65 73 47

Mitglied der
**International Ice Hockey Federation** (IIHF),
gegründet 1908, 37 Länder

Anschrift
Dr. Günther Sabetzki, D-4000 Düsseldorf, Herderstraße 18,
Telefon 06 / 02 11 / 66 00 84

Sekretariat der IIHF: 1190 Wien, Bellevuestr. 8, Telefon 0 22 2 / 32 52 52
Generalsekretär: Jan-Ake Edvinsson

Bei der B-Gruppen-WM belegte die Nationalmannschaft den 3. Platz und erreichte somit die Qualifikation für Calgary.

Die dem Verband unter anderem auch wegen seines 75jährigen Bestandsjubiläums zugesprochene Welt- und Europameisterschaft der Gruppe A, die vom 17.4.–3.5.1987 in Wien stattgefunden hat, war ein Erfolg und hat dem österreichischen Eishockeysport neues Publikum und viele Eishockeyfreunde gebracht, obwohl die österreichische Nationalmannschaft nicht teilnahm.

## STAATSMEISTER 1987

**KAC/Die Kärntner**

## ÖSTERREICHISCHE MEISTER 1987

| | |
|---|---|
| Jugend | KAC/Die Kärntner |
| Schüler | KAC/Die Kärntner |
| Knaben | Kapfenberger SV |

## EUROPAMEISTERSCHAFTEN

**Junioren Gruppe B**

| | | | |
|---|---|---|---|
| 3.–9.4.87<br>Bukarest | Junioren B<br>bis 18 Jahre | 6. Österreich | 8 Länder |

## WELTMEISTERSCHAFTEN

**Gruppe B**

| | | | |
|---|---|---|---|
| 27.3.87<br>Canazei | Herren | 3. Österreich | 8 Länder |
| 15.3.–21.3.87<br>Rouen | Junioren A<br>bis 20 Jahre | 4. Österreich | 8 Länder |

# EISLAUF

**ÖSTERREICHISCHER EISLAUFVERBAND** (ÖEV), gegründet 1889
Haus des Sports, 1040 Wien, Prinz-Eugen-Straße 12, Telefon 0 22 2 / 65 75 35
Sekretariatsstunden: Montag bis Freitag von 9.00–13.00 Uhr

72 Vereine, 8759 Mitglieder

Präsident
Dkfm. Manfred Zojer, 9010 Klagenfurt, Linsengasse 27, Tel. 042 22 / 54 4 600

Sekretärin
Ingrid Uthe, 1130 Wien, Thomas-Morus-Gasse 22/6, Telefon 0 22 2 / 84 50 794

Mitglied der **International Skating Union,**
gegründet 1892, 34 Länder
CH-7270 Davos/Platz, Schweiz, Haus Schöneck,
Promenade 73, Postfach

Das Eiskunstlaufjahr war geprägt von Umstellungen und Aufbauarbeit. Einen wesentlichen Beitrag dazu leistete der deutsche Sportwissenschaftler Dr. S. Schönmetzler, der eine Bestandsaufnahme erarbeitete, und danach wieder in die BRD zurückkehrte.

Im Eisschnellauf war es das erfolgreichste Verbandsjahr seit den dreißiger Jahren.

Michael Hadschieff 2. bei der EM, 3. bei der WM, 2. im Weltcup über 1500 und 5000 m.

**STAATSMEISTER 1987**

| | | | |
|---|---|---|---|
| Eiskunstlauf | | Damen | **Sabine Paal,** Graz |
| | | Herren | **Ralph Burghart,** Wien |
| Eistanzen | | | **Kathrin Beck/Christoff Beck,** Wien |
| Eisschnellauf | Allround | Damen | **Emese Nemeth-Hunyady,** Wien |
| | | Herren | **Michael Hadschieff,** Innsbruck |
| | Sprint | Damen | **Emese Nemeth-Hunyady,** Wien |
| | | Herren | **Michael Hadschieff,** Innsbruck |
| | Short-Track | Damen | **Christine Tremmel,** Wr. Neustadt |
| | | Herren | **Johannes Kainzinger,** Wr. Neustadt |
| | Staffel | Damen | **Wr. Neustädter EV** |
| | | Herren | **Wr. Neustädter EV** |

**ÖSTERREICHISCHE MEISTER 1987**

| | | | |
|---|---|---|---|
| Eiskunstlauf | Junioren | weiblich | Susanne Reindl, Linz |
| | | männlich | Markus Lehner, Linz |
| Eistanzen | | | Birgit Pleninger/Michael Steiner, Mödling |
| Eisschnellauf | Junioren | Damen | Monika Freunthaler, Wien |
| | | Herren | Herbert Haan, Klagenfurt |
| | Jugend | weiblich | Barbara Lintner, Innsbruck |
| | | männlich | Roland Niedermayr, Innsbruck |
| | Schüler | weiblich | Marion Zelger, Innsbruck |
| | | männlich | Thomas Purner, Innsbruck |
| | Mädchen | | Gudrun Alk, Wien |
| | Knaben | | Peter Polacsek, Wien |
| | Mannschaft | Damen | Union Eisschnellauf Club Innsbruck |
| | | Herren | Union Eisschnellauf Club Innsbruck |

**WELTMEISTERSCHAFTEN**

| | | | | | |
|---|---|---|---|---|---|
| 14./15.2.87, Heerenveen/NL | | | | | |
| Schnellauf | Großer Vierkampf | Herren | 3. Michael Hadschieff | 17 Länder | 35 Starter |
| 10.–15.3.87, Cincinnati/USA | | | | | |
| Eiskunstlauf | Eistanzen | Allg. Klasse | 6. Kathrin Beck/Christoff Beck | 16 Länder | 22 Paare |

Silber und Bronze für den „Eisflitzer" Michael Hadschieff *(Foto Votava)*

**EUROPAMEISTERSCHAFTEN**

| | | | | | |
|---|---|---|---|---|---|
| 24./25.1.87, Trondheim/N. | | | | | |
| Schnellauf | Großer Vierkampf | Herren | 2. Michael Hadschieff | 13 Länder | 31 Starter |
| 3.–8.2.87, Sarajewo/Jug. | | | | | |
| Eiskunstlauf | Eistanzen | Allg. Klasse | 4. Kathrin Beck/Christoff Beck | 12 Länder | 21 Paare |

**WELTCUP**

| | | | | |
|---|---|---|---|---|
| Schnellauf | Gesamtwertung | Allg. Klasse | 1.500 m | 2. Michael Hadschieff |
| | | | 5.000 m | 2. Michael Hadschieff |

**ÖSTERREICHISCHE REKORDE EISSCHNELLAUF**

| | | | | | |
|---|---|---|---|---|---|
| Damen | | | | | |
| 500 m | **Emese Nemeth-Hunyady** | ASKÖ-ERC Wien | 41,78 | 12. 3.1987 | Inzell/BRD |
| 1.000 m | **Emese Nemeth-Hunyady** | ASKÖ-ERC Wien | 1.24,30 | 20. 3.1987 | Heerenveen/NL |
| 1.500 m | **Emese Nemeth-Hunyady** | ASKÖ-ERC Wien | 2.09,83 | 13.12.1986 | Inzell/BRD |
| 3.000 m | **Emese Nemeth-Hunyady** | ASKÖ-ERC Wien | 4.39,28 | 14.12.1986 | Inzell/BRD |
| 5.000 m | **Emese Nemeth-Hunyady** | ASKÖ-ERC Wien | 8.24,47 | 21.12.1986 | Innsbruck |
| Großer Vierkampf | **Emese Nemeth-Hunyady** | ASKÖ-ERC Wien | 186,749 Pkt. | 20./21.12.1986 | Innbruck |
| Kleiner Vierkampf | **Emese Nemeth-Hunyady** | ASKÖ-ERC Wien | 175,857 Pkt. | 13./14.12.1986 | Inzell/BRD |
| Sprint-Vierkampf | **Emese Nemeth-Hunyady** | ASKÖ-ERC Wien | 169,900 Pkt. | 21./22. 2.1987 | Innsbruck |
| Herren | | | | | |
| 500 m | **Michael Hadschieff** | UEC Innsbruck | 38,34 | 14. 2.1987 | Heerenveen/NL |
| 1.000 m | **Michael Hadschieff** | UEC Innsbruck | 1.15,19 | 20. 3.1987 | Heerenveen/NL |
| 1.500 m | **Michael Hadschieff** | UEC Innsbruck | 1.54,65 | 15. 2.1987 | Heerenveen/NL |
| 3.000 m | **Michael Hadschieff** | UEC Innsbruck | 3.59,42 | 19. 3.1987 | Heerenveen/NL |
| 5.000 m | **Michael Hadschieff** | UEC Innsbruck | 6.53,78 | 15. 2.1987 | Heerenveen/NL |
| 10.000 m | **Michael Hadschieff** | UEC Innsbruck | 14.12,66 | 15. 2.1987 | Heerenveen/NL |
| Großer Vierkampf | **Michael Hadschieff** | UEC Innsbruck | 160,567 Pkt. | 14./15. 2.1987 | Heerenveen/NL |
| Kleiner Vierkampf | **Michael Hadschieff** | UEC Innsbruck | 162,242 Pkt. | 12./13. 1.1985 | Davos/CH |
| Sprint-Vierkampf | **Michael Hadschieff** | UEC Innsbruck | 155,065 Pkt. | 22./23. 2.1986 | Karuizawa/J |

## EISSCHIESSEN

**BUND ÖSTERREICHISCHER EISSCHÜTZEN** (BÖE), gegründet 1935
Geschäftsstelle: 9062 Moosburg, Unterlinden 10,
besetzt Montag und Donnerstag von 16 bis 18 Uhr, Telefon 0 42 72 / 83 041

1693 Vereine, 95.603 Mitglieder

Präsident
Dr. Eduard Mader, 8614 Breitenau, Erhardstraße 331,
Telefon Betrieb 0 38 66 / 2201, privat 0 38 66 / 2237
Geschäftsführender Obmann
Komm.-Rat Josef Dobernig, 9062 Moosburg, Unterlinden 10
Telefon Geschäftsstelle 0 42 72 / 83 041, privat 0 42 72 / 83 031

Mitglied der
**Internationalen Föderation für Eisstockschießen** (IFE), gegründet 1950,
16 Länder
Anschrift
Geschäftsstelle der IFE, D-6000 Frankfurt/M., Gartenstraße 137,
Telefon 06 069 / 63 63 63
Dr. Eduard Mader ist Schatzmeister im Vorstand der IFE.

Anläßlich der Bundesversammlung am 27. April 1987 in Oberwart wurden Satzungsänderungen beschlossen. So wurde der Vorstand auf fünf Funktionäre reduziert, die Bundesleitung auf 16 vergrößert.

Der IFE-Kongreß hat die EM der Herren, Damen und Jugend 1988 nach Klagenfurt vergeben.

**STAATSMEISTER 1987**

| | | | | |
|---|---|---|---|---|
| Eisschießen | Herren | Mannschaft | **ESV-Ladler Eisstöcke** | Steiermark |
| | | Ziel | **Felix Liebminger** | ESV-Unterpremst./Steiermark |
| | | Weit | **Gerald Peissl** | ESV-Bärnbach/Steiermark |
| | Damen | Mannschaft | **SV-Langkampfen** | Tirol |
| | | Ziel | **Margarethe Auer** | BSG-Gabot/Kärnten |
| Stockschießen | Herren | Mannschaft | **ASKÖ Villach/Steirerh.** | Kärnten |
| | | Weit | **Wilhelm Huszarek** | Union Grafendorf/Steiermark |
| | | Ziel | **Alexander Greinöcker** | ESV-Hilkering/Oberösterreich |
| | Damen | Mannschaft | **SV-Langkampfen** | Tirol |
| | | Ziel | **Gertrude Scheuchl** | ASKÖ-Ebensee/Oberösterreich |

**ÖSTERREICHISCHE MEISTER 1987**

| | | | | |
|---|---|---|---|---|
| Eisschießen | Jugend | Mannschaft | EV-Gramastetten | Oberösterreich |
| | | Ziel | Horst Stranig | EV-Rottendorf/Kärnten |
| | | Weit | Bruno Stampfer | EV-Rottendorf/Kärnten |
| | Junioren | Mannschaft | EV-Rottendorf | Kärnten |
| | | Ziel | Andreas Guttenberger | ESV-Gramastetten/Oberösterreich |
| | | Weit | Johann Gruber | ESV-Mönichwald/Steiermark |
| | Senioren | Mannschaft | TCW-Villach | Kärnten |
| | | Ziel | Fritz Strasser | ESV-Enns/Oberösterreich |
| | Mixed | Mannschaft | ESV-Knittelfeld | Steiermark |
| Bundesliga | Herren | Mannschaft | ESV-Union Raika Paldau | Steiermark |
| | | Ziel | Martin Buchschartner | EV-Strasswalchen/Salzburg |
| Stockschießen | Jugend | Mannschaft | ESV-St. Johann i. P. | Salzburg |
| | | Ziel | Michael Laimer | ESV-Ebensee/Oberösterreich |
| | | Weit | Robert Lottermoser | ESV-Pfarrwerfen/Salzburg |
| | Junioren | Mannschaft | ESV-Rottendorf | Kärnten |
| | | Ziel | Franz Stranig | SV-Rottendorf/Kärnten |
| | | Weit | Johann Gruber | ESV-Mönichwald/Steiermark |
| | Senioren | Mannschaft | ESV-Borkenkäfer | Deutschlandsberg/Steiermark |
| | | Ziel | Hermann Weber | ESV-Schönering/Oberösterreich |

| | | | | |
|---|---|---|---|---|
| Stockschießen | Mixed | Mannschaft | ATSV-Sakog-Trimmelkam | Salzburg |
| Bundesliga | Herren | Mannschaft<br>Ziel | BSG-Kaltenhausen<br>Josef Huber | Salzburg<br>ESV-Peuerbach/Oberösterreich |

**EUROPAMEISTERSCHAFTEN**

| | | | | | |
|---|---|---|---|---|---|
| 19.3.1987<br>Berlin | Herren | Mannschaft | 3. Österreich I<br>5. Österreich II | 16 Länder | 18 Mannschaften |
| | | Ziel | 5. K. Treitinger<br>6. W. Knauder | | 23 Teilnehmer |
| | | Weit | 2. Wilhelm Huszarek<br>3. Josef Leitner<br>4. Karl Hötzer | | 23 Teilnehmer |
| | Damen | Mannschaft | 2. Österreich I<br>4. Österreich II | | 11 Mannschaften |
| | | Ziel | **1. Melitta Oberhofer**<br>5. Margarethe Auer | | 26 Teilnehmer |
| | Jugend | Mannschaft | 3. Österreich II<br>6. Österreich III | | 13 Mannschaften |
| | | Ziel | **1. Michael Laimer**<br>3. Christian Gotthardt | | 30 Teilnehmer |
| | | Weit | 5. Bruno Stampfer | | 15 Teilnehmer |
| | Junioren | Weit | 2. Johann Gruber<br>6. Klaus Breitfuß | | 15 Teilnehmer |

Robert Königshofer holte mit seiner Mannschaft Gold bei der Weltmeisterschaft *(Foto Maislinger)*

# FECHTEN

**ÖSTERREICHISCHER FECHTVERBAND** (ÖFV), gegründet 1929
1040 Wien, Prinz-Eugen-Straße 12, Telefon 0 22 2 / 65 40 552, Telex 133 132
Dienstzeit: Montag bis Freitag von 9 bis 13 Uhr

51 Vereine, 1850 Mitglieder

Präsident
Peter Berger, 2352 Gumpoldskirchen, Oswaldstraße 5, Telefon 0 22 52 / 62 9 59

Sekretärin
Renate Ruth, 1120 Wien, Laskegasse 45/7, Telefon 84 32 992

Mitglied der
**Fédération Internationale d'Escrime** (FIE), gegründet 1913, 78 Länder, 1,6 Millionen Mitglieder

Anschrift
32, Rue de la Boétie, F-75008 Paris

Peter Ulrich-Pur ist Ehrenpräsident des ÖFV und Ehrenmitglied der FIE.
Dkfm. Rainer Mauritz ist Mitglied der Regelkommission.

Die intensive Arbeit im Spitzensport ist auf die Olympischen Spiele 1988 und in der Jugend bereits auf die Spiele 1992 ausgerichtet. Die Fechter und hier wieder im speziellen die Jugendlichen haben viele schöne Erfolge erzielen können.

Die Fédération Internationale d'Escrime veranstaltet erstmals eine „Kadetten-Weltmeisterschaft" (Jugendliche bis zum 17. Lebensjahr) und eine Weltmeisterschaft im Damen-Degen. Durch die strengen (und teuren) Sicherheitsbestimmungen hat es im vergangenen Jahr keinen Fechtunfall gegeben.

## STAATSMEISTER 1987

| | | | | |
|---|---|---|---|---|
| Einzel | | Degen | **Wolfgang Tschinkel** | AFCS |
| | | Säbel | **Johannes Hradez** | WSC |
| | Herren | Florett | **Joachim Wendt** | FK WR.ND. |
| | Damen | Florett | **Gundula Gabriel** | FKS |
| Mannschaft | | Degen | **Turnerschaft Innsbruck 1** | |
| | | Säbel | **Wiener Sportklub** | |
| | Herren | Florett | **AFC-Salzburg** | |
| | Damen | Florett | **Fecht-Union Mödling** | |

## ÖSTERREICHISCHE MEISTER 1987

| | | | | | | |
|---|---|---|---|---|---|---|
| Jugend | A | männlich | 1971/72 | Florett | Markus Robatsch | KAC |
| | B | | 1973/74 | Florett | Helmut Wasserbacher | AFCS |
| | A | weiblich | 1971/72 | Florett | Elisabeth Knechtl | FU-MÖ |
| | B | | 1973/74 | Florett | Claudia Rabitsch | KAC |
| | A | männlich | 1971/72 | Degen | Markus Robatsch | KAC |
| | | | 1971/72 | Säbel | Michael Weber | FU-MÖ |
| | B | | 1973/74 | Säbel | Marko Falchetto | FU-MÖ |
| Junioren | | männlich | | Florett | Toni Kampelmühler | WAT 4 |
| | | weiblich | | Florett | Barbara Puskas | FU-MÖ |
| | | | | Degen | Jörg Würstl | TI |
| | | | | Säbel | Johannes Hradez | WSC |

## JUNIOREN-MANNSCHAFTEN

| | |
|---|---|
| Herrenflorett | WAT-Wieden 1 |
| Damenflorett | Fecht-Union Mödling |
| Degen | Turnerschaft Innsbruck |
| Säbel | Wiener Sportclub |

## JUGEND-MANNSCHAFTEN

| | |
|---|---|
| Herrenflorett | 1. KAC |
| Damenflorett | 1. FU-Mödling |
| Degen | 1. KAC |
| Säbel | 1. FU-Mödling 1 |

**WELTMEISTERSCHAFTEN**

| | | | | | | |
|---|---|---|---|---|---|---|
| 16.–26.7.87 Lausanne/CH | Allg. Klasse | Herren | Florett | 10. Österreich | 28 Länder | 20 Teams |

**EUROPACUP**

| | | | | | | |
|---|---|---|---|---|---|---|
| 13.3.87 Paris/F | Team | Herren | Florett | 8. ASVÖ-FC-Salzburg | | |
| 21./22.3.87 Agram/Jug. | Einzel | Damen | Florett | **1. Barbara Koppenwallner** | 4 Länder | 47 Starter |

# FLUGSPORT

**ÖSTERREICHISCHER AERO-CLUB** (ÖAEC), Wiedergründung 1950
1040 Wien, Prinz-Eugen-Straße 12, Telefon 0 22 2 / 65 11 28 und 65 11 29,
Telex 133 132
Dienstzeit:
Montag bis Donnerstag von 8 bis 17 Uhr, Freitag von 7.30 bis 14 Uhr

364 Vereine, 14.356 Mitglieder

Präsident
Dr. Josef Lenz, 1060 Wien, Gumpendorfer Straße 11, Telefon 0 22 2 / 587 66 50 und 587 71 02

Generalsekretär
S. H. Schlager, 1040 Wien, Ziegelofengasse 4/1/1

Mitglied der
**Fédération Aéronautique Internationale** (FAI), gegründet 1905, 69 Mitglieder
Anschrift
F-75782 Paris, Cedex 16, 6 rue Galilée, Telefon 00331-720-91-85
Telex AEROFRA 611 580 F
FAI-Vizepräsident w. HR Dr. J. Gaisbacher

Luftfahrtpublikationen:
„Österreichische Flugsportzeitung", 3100 St. Pölten, Postfach 398
„Österreichischer Luftfahrtpressedienst", 1070 Wien, Seidengasse 11
„Austroflug", Compreß-Verlag, 1140 Wien, Jenullgasse 4
Modellflugmagazin „prop", 1040 Wien, Prinz-Eugen-Straße 12
„Aeroclub-Info"

Erstmals in der Geschichte der österreichischen Ballonfahrt konnte bei einer Weltmeisterschaft die Silber- und Bronzemedaille errungen werden. Ebenfalls herausragend ist der dreimalige Gewinn in ununterbrochener Reihenfolge beim ältesten Gasballon-Rennen der Welt, dem Gordon-Bennet-Race, durch die Österreicher Josef Starkbaum/Gert Scholz.

Im Modellflug konnte, abgesehen von mehrfachen hervorragenden Placierungen, Hanno Prettner seine absolute Spitzenstellung mit dem Erringen des 5. Weltmeistertitels beweisen.

Sehr erfreulich ist auch die Entwicklung im Fallschirmspringen. Es gelang, in das absolute Spitzenfeld aufzurücken, wofür die Erringung einer Bronzemedaille die Bestätigung ist.

Von österreichischen Piloten wurden im Motorflug 3 Weltrekorde erflogen.

Organisatorische Höhepunkte waren die Durchführung der Weltmeisterschaft im Heißluftballonfahren in Schielleiten, des Gordon-Bennet-Races in Seefeld/Tirol und der Europameisterschaft und des Europacups im Modellflug an der BSS Spitzerberg.

**STAATSMEISTER 1987**

| | | | | |
|---|---|---|---|---|
| Segelflug | Streckenflug | Standardklasse | **Siegfried Tesch** | WV Pengg |
| | | 15-m-Klasse | **Rudolf Göbel** | USFC St. Pölten |
| | | Offene Klasse | **Othmar Fahrafellner** | USFC Mariazell |
| | Segelkunstflug | Club-Klasse | **Helmut Meixner** | SMBC Kirchdorf |
| | | Vollakrobatik | **Johann Mayrhofer** | SFC Ried |
| | | Halbakrobatik | **Karl Koidl** | Innsbrucker Segelfliegerv. |
| Hängegleiten | Streckenflug | | **Martin Jursa** | Soaring-Club Hohe Wand, NÖ. |
| Motorflug | Klasse II | Meisterklasse | **Otto Bauer/ Johann Zötsch** | Fliegergruppe Graz |
| | Mannschaft | | **OÖ.Luftfahrerverband** | |
| Modellflug | Freiflug | F1E | **Klaus Salzer** | MFC-Wr. Neustadt |
| | Fesselflug | F2D | **Rudolf Königshofer** | ASKÖ ÖMV Wien |
| | Radio Control | F4C | **Hermann Michelic** | UMFC Spk. Gnas |
| | | RCIV | **Alfred Hubmann** | ASKÖ Köflach |
| | | RC/SL | **Helmut Rudolf** | ASKÖ MFC Linz |
| | | | **Karl-Heinz Pointner** | ASKÖ MFC Linz |
| | | F3B | **Karl Wasner jun.** | MSFC Rheintal |
| | | F3C | **Josef Brennsteiner** | MFC Falken |
| Ballonfahrt | Heißluft | | **Josef Starkbaum** | Team Polar NÖ. |
| Fallschirmsprung | Herren | Einzelziel | **Gernot Rittenschober** | HFSC-Freistadt |
| | | Figuren | **Gernot Alic** | ÖBH/HFSC-Freistadt |
| | | Einzelkombin. (Ziel/Figuren) | **Gernot Alic** | ÖBH/HFSC-Freistadt |
| | | Gruppenziel | **1. Salzburger Fallschirmspringer-Club** | |
| | Damen | Einzelziel | **Angela Schabus** | Silvretta |
| | Herren | Formationssprung (4er und 8er) | **ÖBH/Amadeus-Team u. Intersportteam** | |

**ÖSTERREICHISCHE MEISTER 1987**

| | | | |
|---|---|---|---|
| Segelflug | Damen | Irmgard Pitscheneder | ASKÖ Linz |
| | Junioren | Josef Kammerhofer | MV Pengg |
| | Mannschaft | LSV Zell/See | |
| Motorsegler | | Dipl.-Ing. Josef Treml | LSV Salzburg |
| Hängegleiten | Streckenflug | Hermann Eingang | DFC Garstnertal |
| | | DFC Garstnertal | |
| Paragleiten | Herren | Josef Blasisker | Sillianer Drachenfliegerclub |
| | Damen | Maria Häusle | Vorarlberger Hängegleiterverband |
| Motorflug | Standardklasse | Lothar Höllmüller/ | ESV St. Pölten |
| | | Mag. Dr. Evelyn Trondl | USFC Krems |
| Fallschirm | Junioren Formation | 1. ÖBH | |
| | Einzelziel | Gernot Alic | ÖBH/HFSC-Freistadt |
| Fallschirm-Ski | Einzelkombination | Reinhard Flatz | UPC Vorarlberg |
| | Mannschaftskomb. | UPC/Vorarlberg | |
| | Junioren | Gernot Alic | ÖBH/HFSC-Freistadt |

**ÖSTERREICHISCHE REKORDE 1987**

**Segelflug** Geschwindigkeit über 500 km Dreieck

| | | | | |
|---|---|---|---|---|
| Damen | **Irmgard Pitscheneder** | ASKÖ Linz | 516 km/66,48 km/h | 28.6.1987 |

**Motorflug**

| | | | | |
|---|---|---|---|---|
| Kl. C1-a/o (bis 300 kg) | **Wilhelm Lischak** | Union Flugsportverein | Geschwindigkeit auf geschlossenem Rundkurs über 1000 km: 187,15 km/h | 24.5.1987 zugleich Weltrekord |
| Kl. C1-a/o (bis 300 kg) | **Wilhelm Lischak** | Union Flugsportverein Vöslau | Entfernung auf geschlossenem Rundkurs: 1661,13 km | 24.5.1987 zugleich Weltrekord |
| Kl. C1-c (bis 1750 kg) | **Erwin Pettirsch** | Wr. Luftfahrerverband | Geschwindigkeit auf bekannter Strecke: Paris – Wien 272,85 km/h | 21.6.1987 zugleich Weltrekord |

Österreichs Fallschirmspringer gehören nach wie vor zur Weltelite *(Foto Pflegerl)*

**Fallschirmspringen**

| | | | |
|---|---|---|---|
| Formationsspringen Achter | **Österr. Nationalmannschaft** | 11 Punkte | 12.6.87, Trausdorf |
| Formationsspringen Vierer | **Österr. Nationalmannschaft** | 15 Punkte | 7.10.87, Brasilien, WM |
| Größte Formation/Damen | **Österr. Nationalmannschaft** | 11 Personen | 5.2.87, Wels |

**WELTMEISTERSCHAFTEN**

**Segelkunstflug**

| | | | | | |
|---|---|---|---|---|---|
| 1.–15.8.87<br>Bielsko-Biala/Pl. | | Mannschaft | 3. Österreich<br>Peter Hartmann<br>Stefan Bierbaum<br>Christian Kopff | 7 Länder | 32 Starter |

**Heißluftballonfahren**

| | | | | | |
|---|---|---|---|---|---|
| 5.–12.9.87<br>Schielleiten | | | 2. Josef Starkbaum<br>3. Leopold Hauer | 24 Länder | 71 Starter |

**Modellflug**

| | | | | | |
|---|---|---|---|---|---|
| 29.6.–4.7.87<br>Bern/CH | F3C-Hubschrauber | Einzel | 3. Josef Brennsteiner | 16 Länder | 37 Starter |
| 5.–9.8.87<br>Avignon/F | F3A-Motorflug | Einzel<br>Mannschaft | **1. Hanno Prettner**<br>3. Österreich | 27 Länder | 76 Starter |
| 24.7.–2.8.87<br>Osnabrück/BRD | F3B-Segelflug | Einzel<br>Mannschaft | 2. Peter Hoffmann<br>**1. Österreich** | 24 Länder | 69 Starter |

**Fallschirmspringen**

| | | | | | |
|---|---|---|---|---|---|
| 7.–14.3.87<br>Sarajewo | Para-Ski | Herren-Einzel<br>Herren-Mannschaft<br>Damen-Mannschaft | 6. Karl Kreuzer<br>4. Österreich<br>3. Österreich | 12 Länder | |
| 1.–13.10.87<br>Brasilien | Relativ | Vierer-Mannschaft<br>Achter-Mannschaft | 3. Österreich<br>5. Österreich | 25 Länder | 25 Starter<br>13 Starter |

**EUROPAMEISTERSCHAFTEN**

**Modellflug**

| | | | | | |
|---|---|---|---|---|---|
| 27.–31.5.87<br>Pfäffikon/CH | F3E-Elektrosegler | Einzel<br><br>Mannschaft | **1. Rudolf Freudenthaler**<br>5. Helmut Kirsch<br>2. Österreich | 7 Länder | 20 Starter |

**Weitere Erfolge**

| | | | | | |
|---|---|---|---|---|---|
| 3.–5.10.87<br>Seefeld | Gordon-Bennett-Gasballon-Rennen (inoffizielle Langstrecken-WM) | | **1. Josef Starkbaum/ Gert Scholz**<br>(850 km) | 5 Länder | 9 Starter |
| Tyrolean World Masters<br>24.5.–7.6.87 | Hängegleiten | Streckenflug | **1. Martin Jursa** | 14 Länder | 80 Starter |
| Swiss Open<br>21.–27.6.87 | Hängegleiten | Streckenflug | **1. Martin Jursa** | 19 Länder | 91 Starter |

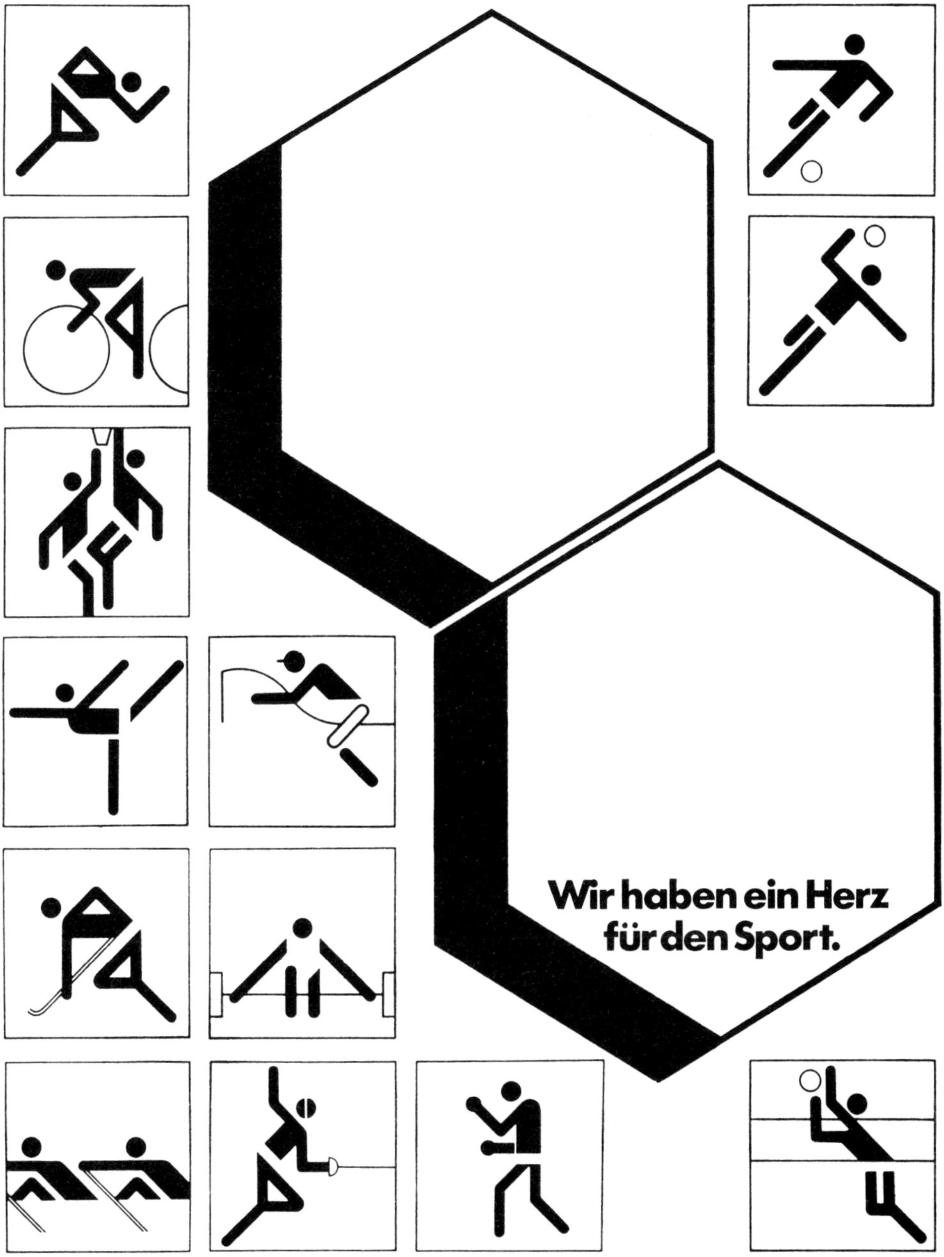
Wir haben ein Herz
für den Sport.

# FUSSBALL

**ÖSTERREICHISCHER FUSSBALL-BUND** (ÖFB),gegründet 1904
1061 Wien, Postfach 161, Mariahilfer Straße 99, Telefon 0 22 2 / 59 71 536 Serie, Telex 01/11919
Dienstzeit:
Montag bis Freitag von 8 bis 17 Uhr
Samstag, Sonn- und Feiertag von 10.30 bis 13.30 Uhr Journaldienst (bei Meisterschaftsspielen)

2.036 Vereine, 255.000 Spieler

Präsident
Beppo Mauhart, Austria-Tabak, 1090 Wien, Porzellangasse 51,
Telefon 0 22 2 / 34 26 00
Generalsekretär
Alfred Ludwig, p.A. ÖFB, 1061 Wien, Postfach 161,
Telefon 0 22 2 / 59 71 536 Serie

FIFA

Mitglied der
**Fédération Internationale de Football Association**
(FIFA), gegründet 1904,
158 Länder
Anschrift
CH-8030 Zürich, Hitzigweg 11, Telefon 05 / 01 / 55 54 00,
Telex 55 6 78 fifa

und der
**Union des Associations Européennes de Football**
(UEFA), gegründet 1954,
34 Länder
Anschrift
CH-3000 Bern 15, Jupiterstraße 33, Postfach 16, Telefon 05 / 031 / 32 17 35,
Telex 912037 uef

ÖFB

Österreich ist in der FIFA durch Dr. Heinz Gerö (Mitglied der Olympiakommission), in der UEFA durch Dr. Heinz Gerö (Vizepräsident, Mitglied des Exekutivkomitees und Vorsitzender der Schiedsrichterkommission), Hans Reitinger (Mitglied der Kommission für Nichtamateur- und Berufsfußball) sowie Otto Demuth (Mitglied der Kontroll- und Disziplinarkommission) vertreten.

Prim. Dr. Robert Jelinek ist sportärztlicher Referent der FIFA.

1987 konnte der ÖFB seine sportlichen Ziele leider nicht erreichen. Die Nationalmannschaft bot zwar gegen Spanien im Wiener Stadion eine ausgezeichnete Leistung, verlor aber das vorentscheidende Europameisterschaftsspiel in letzter Minute. Danach haben weder Leistung noch Ergebnis den Erwartungen entsprochen, sodaß sich Teamchef Prof. Elsner veranlaßt sah, seinen Rücktritt zu erklären. Auch die Olympiaauswahl verfehlte nach einem guten Auftakt gegen die ČSSR ihr Ziel, die Qualifikation für Seoul.

Lichtblick war die „Unter-21"-Mannschaft, die nur gegen Gruppensieger Spanien verlor und einige gute Länderspiele bieten konnte. Betreuer Josef Hickersberger wurde zum Nachfolger Branko Elsners bestimmt.

Die Ergebnisse in den europäischen Vereinsbewerben entsprachen ebenfalls nicht den Vorjahrsresultaten. Das gute Abschneiden der letzten Jahre bewirkte immerhin, daß auch 1988 drei österreichische Vereine am UEFA-Cup teilnehmen dürfen.
ÖFB-Präsident Beppo Mauhart wurde 1987 für weitere drei Jahre gewählt. Hauptpunkte seiner Arbeit sind die Voraussetzungen für die WM-Qualifikation 1990 zu schaffen; eine Neuorganisation im Nachwuchsbereich einzuführen; die Frage der Übersiedlung der ÖFB-Verwaltung in den Prater endgültig zu entscheiden und die Administrationsmöglichkeiten des ÖFB zu verbessern (Umstellung des Meldewesens auf EDV).

**STAATSMEISTER 1987**

| | | |
|---|---|---|
| Bundesliga | Herren | **SK Rapid Wien** |
| | Damen | **1. DFC Leoben** |

**ÖSTERREICHISCHE MEISTER 1987**

| | | |
|---|---|---|
| Vereins-Nachwuchsturnier | Junioren | Raika-Sturm-Graz |
| | Jugend | Admira-Wacker |
| Schülerliga | | 2. BG Wien 2, Wohlmutstraße |
| Bundes-Jugendleistungszentren | Unter 15 | BJLZ Südstadt |
| | Unter 17 | LZE-Burgenland |
| Bundesländer-Nachwuchsmeisterschaft | Bewerb 1985/87 | Wien |

**ÖSTERREICHISCHER FUSSBALL-CUP 1986/87** **SK Rapid Wien**

**LÄNDERSPIELE**

**Nationalmannschaft**

| | | |
|---|---|---|
| 25. 3.1987, Banja Luka | Jugoslawien – Österreich | 4:0 |
| 1. 4.1987, Wien | Österreich – Spanien (EM) | 2:3 |
| 29. 4.1987, Tirana | Albanien – Österreich (EM) | 0:1 |
| 18. 8.1987, St. Gallen | Schweiz – Österreich | 2:2 |
| 14.10.1987, Sevilla | Spanien – Österreich (EM) | 2:0 |
| 18.11.1987, Wien | Österreich – Rumänien (EM) | 0:0 |

**Olympia-Team (Olympia-Qualifikation)**

| | | |
|---|---|---|
| 14. 4.1987, Salzburg | Österreich – ČSSR | 2:0 |
| 12. 5.1987, Pori | Finnland – Österreich | 2:1 |
| 3. 6.1987, Graz | Österreich – Jugoslawien | 0:1 |
| 26. 8.1987, Maribor | Jugoslawien – Österreich | 2:1 |
| 11.11.1987, Linz | Österreich – Belgien | 0:1 |

Die Qualifikation ist dahin! zeigt der damalige Assistent und jetzige Teamchef Hickersberger. Rechts: Prof. Elsner *(Foto Sündhofer)*

**Unter-21-Nationalmannschaft**

| | | |
|---|---|---|
| 25. 3.1987, Bosanska Gradiska | Jugoslawien – Österreich | 0:1 |
| 31. 3.1987, Wien-Südstadt | Österreich – Spanien (EM) | 1:1 |
| 28. 4.1987, Shkodra | Albanien – Österreich (EM) | 1:1 |
| 18. 8.1987, St. Gallen | Schweiz – Österreich | 0:1 |
| 13.10.1987, Cadiz | Spanien – Österreich (EM) | 3:0 |
| 17.11.1987, Stockerau | Österreich – Rumänien (EM) | 2:1 |

**Unter-18-Nationalmannschaft**

| | | |
|---|---|---|
| 1. 9.1987, Rovinj | Österreich – Deutschland | 1:1 |
| 3. 9.1987, Umag | Österreich – Jugoslawien | 0:3 |
| 5. 9.1987, Pula | Österreich – Ungarn | 3:2 |
| 30. 9.1987, Moskau | UdSSR – Österreich (EM) | 3:0 |
| 28.10.1987, Kapfenberg | Österreich – Türkei (EM) | 2:3 |
| 11.11.1987, Brasov | Rumänien – Österreich (EM) | 2:1 |
| 6.12.1987, Bursa | Türkei – Österreich (EM) | 1:1 |

**Unter-17-Nationalmannschaft**

| | | |
|---|---|---|
| 16. 6.1987, Zwettl | Österreich – Bulgarien | 3:0 |

**Unter-16-Nationalmannschaft (Jahrgang 1.8.1970)**

| | | |
|---|---|---|
| 24. 2.1987, Adapazari | Türkei – Österreich | 0:0 |
| 17. 3.1987, Györ | Ungarn – Österreich | 0:1 |
| 29. 3.1987, Plovdiv | Bulgarien – Österreich (EM) | 1:2 |
| 15. 4.1987, Knittelfeld | Österreich – Norwegen | 1:1 |
| 17. 4.1987, Deutschlandsberg | Österreich – Türkei | 1:0 |
| 5. 5.1987, Neusiedl/See | Österreich – Ungarn | 3:1 |
| 25. 5.1987, Poitiers | Österreich – Norwegen (EM) | 0:0 |
| 27. 5.1987, Blois | Österreich – UdSSR (EM) | 0:1 |
| 29. 5.1987, Angers | Österreich – Jugoslawien (EM) | 1:1 |

**Unter-16-Nationalmannschaft (Jahrgang 1.8.1971)**

| | | |
|---|---|---|
| 15. 9.1987, Gossau | Schweiz – Österreich | 3:1 |
| 6.10.1987, Schrems | Österreich – DDR | 1:0 |
| 2.12.1987, Veria | Griechenland – Österreich (EM) | 2:1 |

## EUROPACUP

**Landesmeister**

| | | |
|---|---|---|
| 16. 9.1987, Wien | Rapid – Hamrun-Spartans | 6:0 |
| 30. 9.1987, La Valletta | Hamrun-Spartans – Rapid | 0:1 |
| 21.10.1987, Wien | Rapid – PSV Eindhoven | 1:2 |
| 4.11.1987, Eindhoven | PSV Eindhoven – Rapid | 2:0 |

**Pokalsieger**

| | | |
|---|---|---|
| 15. 9.1987, Lissabon | Sporting-L. – FC Swarovski T. | 4:0 |
| 30. 9.1987, Innsbruck | FC Swarovski T. – Sporting-L. | 4:2 |

**UEFA-Cup**

| | | |
|---|---|---|
| 4. 3.1987, Turin | AC Torino – FC Swarovski T. | 0:0 |
| 18. 3.1987, Innsbruck | FC Swarovski T. – AC Torino | 2:1 |
| 8. 4.1987, Göteborg | IFK Göteborg – FC Swarovski T. | 4:1 |
| 22. 4.1987, Innsbruck | FC Swarovski T. – IFK Göteborg | 0:1 |
| 15. 9.1987, Wien | Austria-M. – Bayer-Leverkusen | 0:0 |
| 29. 9.1987, Leverkusen | Bayer-Leverkusen – Austria-M. | 5:1 |
| 16. 9.1987, Linz | LASK – FC Utrecht | 0:0 |
| 30. 9,1987, Utrecht | FC Utrecht – LASK | 2:0 |
| 16. 9.1987, Turku | PS Turku – Admira-Wacker | 0:1 |
| 30. 9.1987, Südstadt | Admira-Wacker – PS Turku | 0:2 |

# GEWICHTHEBEN

**ÖSTERREICHISCHER GEWICHTHEBERVERBAND** (ÖGV), gegr. 1890
1172 Wien, Palffygasse 11, Postfach 87, Telefon 0 22 2 / 42 93 33
Dienstzeit:
Montag 7 bis 12 Uhr, Dienstag 7 bis 12 und 12.30 bis 17 Uhr, Mittwoch 7 bis 12 Uhr, Donnerstag 7 bis 12 und 12.30 bis 20 Uhr,
Freitag 7 bis 12 und 12.30 bis 15.30 Uhr

73 Vereine, 5967 Mitglieder

Präsident
Gottfried Schödl, 1110 Wien, Csokorgasse 64/2/6/53, Telefon 0 22 2 / 76 78 75

Mitglied der
**International Weightlifting Federation** (IWF),
gegründet 1905, 128 Mitgliedsländer

Anschrift
1110 Wien, Csokorgasse 64/2/6/53 oder
Rosenberg HP. U. 1, 1054 Budapest, Ungarn,
Telefon 311–162

ÖGV-Präsident Gottfried Schödl ist auch Präsident des Gewichtheber-Weltverbandes.

Offizielle Verbandszeitung
„Der Gewichtheber", monatlich
Chefredakteur: Gottfried Schödl

Aktivitäten zur Förderung des Nachwuchses blieben auch 1987 für den Österreichischen Gewichtheberverband oberstes Gebot. Die in den Vorjahren nur für Schüler praktizierten Mehrkampfmeisterschaften wurden nun auch auf den Bereich der Jugendlichen erweitert. Österreichische Meisterschaften für diese Altersgruppen werden nicht nur in den speziellen Disziplinen Reißen und Stoßen ausgetragen, sondern mit einem 60-m-Lauf, 5-Standsprung und Kugelschockwurf ergänzt.

**STAATSMEISTER 1987**

| | | |
|---|---|---|
| Einzel bis 52 kg | | |
| Reißen | **Kurt Schinko** | Vorw. Graz |
| Stoßen | **Kurt Schinko** | Vorw. Graz |
| Zweikampf | **Kurt Schinko** | Vorw. Graz |
| bis 56,0 kg | | |
| Reißen | **Franz Galuska** | Loosdorf |
| Stoßen | **Franz Galuska** | Loosdorf |
| Zweikampf | **Franz Galuska** | Loosdorf |
| bis 60,0 kg | | |
| Reißen | **Hubert Koller** | Bruck/Mur |
| Stoßen | **Hubert Koller** | Bruck/Mur |
| Zweikampf | **Hubert Koller** | Bruck/Mur |
| bis 67,5 kg | | |
| Reißen | **Walter Legel** | Post-SV-PSK |
| | **Rainer Sadil** | Post-SV-PSK |
| Stoßen | **Walter Legel** | Post-SV-PSK |
| | **Rainer Sadil** | Post-SV-PSK |
| Zweikampf | **Walter Legel** | Post-SV-PSK |
| | **Rainer Sadil** | Post-SV-PSK |
| bis 75,0 kg | | |
| Reißen | **Manfred Modrey** | VÖEST |
| Stoßen | **Gregor Bialowas** | Post-SV-PSK |
| Zweikampf | **Gregor Bialowas** | Post-SV-PSK |
| bis 82,5 kg | | |
| Reißen | **Josef Stangl** | Lochen |
| Stoßen | **Norbert Durstberger** | Post-SV-PSK |
| Zweikampf | **Josef Stangl** | Lochen |
| bis 90,0 kg | | |
| Reißen | **Johann Klampfer** | Lochen |
| Stoßen | **Heinz Tauschl** | Tyrolia |
| Zweikampf | **Heinz Tauschl** | Tyrolia |
| bis 100,0 kg | | |
| Reißen | **Franz Langthaler** | Tyrolia |
| Stoßen | **Franz Langthaler** | Tyrolia |
| Zweikampf | **Franz Langthaler** | Tyrolia |
| bis 110,0 kg | | |
| Reißen | **Markus Rotter** | IVB |
| Stoßen | **Markus Rotter** | IVB |
| | **Karl Weinhandl** | Post-SV-PSK |
| Zweikampf | **Markus Rotter** | IVB |
| über 110,0 kg | | |
| Reißen | **Andreas Hörtnagl** | IVB |
| Stoßen | **Andreas Hörtnagl** | IVB |
| Zweikampf | **Andreas Hörtnagl** | IVB |

Mannschaft Staatsliga **Post-SV-PSK**

**ÖSTERREICHISCHE REKORDE: Allgemeine Klasse**
Stand 1. Jänner 1988

| | | | |
|---|---|---|---|
| 52 kg | | | |
| Reißen | **Kurt Pittner** | 90,0 | 14.12.1974 |
| Stoßen | **Kurt Pittner** | 115,5 | 11.12.1976 |
| Zweikampf | **Kurt Pittner** | 197,5 | 11.12.1976 |
| 56 kg | | | |
| Reißen | **Kurt Pittner** | 107,5 | 29.11.1975 |
| Stoßen | **Kurt Pittner** | 130,0 | 5. 3.1976 |
| Zweikampf | **Kurt Pittner** | 235,0 | 29.11.1975 |
| 60 kg | | | |
| Reißen | **Kurt Pittner** | 115,0 | 7. 4.1972 |
| Stoßen | **Kurt Pittner** | 147,5 | 13. 4.1973 |
| Zweikampf | **Kurt Pittner** | 260,0 | 12. 6.1973 |
| 67,5 kg | | | |
| Reißen | **Gregor Bialowas** | 135,0 | 21. 9.1982 |
| Stoßen | **Gregor Bialowas** | 165,0 | 1. 6.1984 |
| Zweikampf | **Gregor Bialowas** | 295,0 | 1. 6.1984 |
| 75 kg | | | |
| Reißen | **Manfred Modrey** | 145,5 | 8. 6.1985 |
| Stoßen | **Roman Kainz** | 180,0 | 29. 4.1984 |
| Zweikampf | **Gregor Bialowas** | 315,0 | 6.11.1982 |
| 82,5 kg | | | |
| Reißen | **Josef Tauchner** | 148,0 | 27. 4.1985 |
| Stoßen | **Josef Tauchner** | 190,5 | 27. 4.1985 |
| Zweikampf | **Josef Tauchner** | 337,5 | 27. 4.1985 |
| 90 kg | | | |
| Reißen | **Franz Langthaler** | 160,5 | 1. 6.1984 |
| Stoßen | **Josef Span** | 200,0 | 24. 9.1983 |
| Zweikampf | **Josef Span** | 350,0 | 24. 9.1983 |
| 100 kg | | | |
| Reißen | **Franz Langthaler** | 177,5 | 12. 9.1987 |
| Stoßen | **Franz Langthaler** | 210,0 | 29. 6.1985 |
| Zweikampf | **Franz Langthaler** | 387,5 | 12. 9.1987 |
| 110 kg | | | |
| Reißen | **Franz Langthaler** | 182,5 | 4. 4.1987 |
| Stoßen | **Franz Langthaler** | 214,0 | 7. 6.1987 |
| Zweikampf | **Franz Langthaler** | 392,5 | 4. 4.1987 |
| Über 110 kg | | | |
| Reißen | **Stefan Laggner** | 188,0 | 16. 5.1987 |
| Stoßen | **Stefan Laggner** | 235,0 | 21. 9.1985 |
| Zweikampf | **Stefan Laggner** | 420,0 | 16. 5.1987 |

**ÖSTERREICHISCHE MEISTER 1987**

Mannschaften

| | |
|---|---|
| Allgemeine Klasse | Post-SV-PSK |
| Jugend B | KSV Rum |
| Jugend A | ATSV Ranshofen |
| Junioren | KSV Rum |
| Unter 23 | AK Tyrolia Wien |

Einzel
Altersklasse I

| | | | |
|---|---|---|---|
| Kat. | 56,00 kg | Friedrich Niedermayr | ESV Salzburg |
| | 60,00 kg | Franz Grieshofer | Aigen |
| | 67,50 kg | Josef Lavicka | Seyring |
| | 75,00 kg | Walter Legel | Post-SV-PSK |
| | 82,50 kg | Friedrich Steiner | Langenlebarn |
| | 90,00 kg | Gerald Pichler | Baden |
| | 100,00 kg | Herbert Rokyta | Stockerau |
| | 110,00 kg | Johann Gaigg | Ebensee |
| über | 110,00 kg | Johann Lichtenwörther | Stampach |

Einzel Junioren
Kat.

| | | |
|---|---|---|
| 52,00 kg | Dietmar Oberdanner | KSV Rum |
| 56,00 kg | Michael Eisner | Tyrolia |
| 60,00 kg | Manfred Kraushofer | HSV Milon |
| 67,50 kg | Falkmar Ameringer | Mödling |
| 75,00 kg | Markus Ostermann | KSV Rum |
| 82,50 kg | Andreas Leister | Harland |
| 90,00 kg | Claus Lassnig | Post-SV-PSK |
| 100,00 kg | Gerhard Huber | Post-SV-PSK |
| 110,00 kg | Hans-Peter Laser | Nord-Wien |

**WELTMEISTERSCHAFTEN**

| | | | | | |
|---|---|---|---|---|---|
| 6.–13.9.87 | Allg. Klasse | 75 kg | 10. Ronald Hastik | 29 Länder | 19 Starter |
| Ostrava/ČSSR | Zweikampf | 100 kg | 7. Franz Langthaler | | 15 Starter |
| 26.–31.5.87 Belgrad/Jug. | Junioren | 110 kg | 10. Manfred Messlender | 34 Länder | 13 Starter |

**EUROPAMEISTERSCHAFTEN**

| | | | | | |
|---|---|---|---|---|---|
| 3.–9.5.87 | Allg. Klasse | 67,5 kg | 9. Rainer Sadil | 24 Länder | 13 Starter |
| Reims/F | | 75,0 kg | 9. Ronald Hastik | | 23 Starter |
| 26.–31.5.87 | Junioren | 56,0 kg | 6. Michael Eisner | 20 Länder | 8 Starter |
| Belgrad/Jug. | | 67,5 kg | 8. Falkmar Ameringer | | 12 Starter |
| | | 110,0 kg | 8. Manfred Messlender | | 11 Starter |

**Donaupokal**

| | | |
|---|---|---|
| Allg. Klasse | 6. Österreich | 7 Länder |
| Jugend | 4. Österreich | 7 Länder |
| Junioren | 4. Österreich | 6 Länder |

Ein Begriff im Gewichtheben ist Walter Legel, der nach wie vor in seiner Gewichtsklasse vorne ist *(Foto Sündhofer)*

# GOLF

**ÖSTERREICHISCHER GOLF-VERBAND** (ÖGV), gegründet 1931
1040 Wien, Prinz-Eugen-Straße 12, Telefon 0 22 2 / 65 32 45, Telex 133 132

37 Vereine, 6634 Mitglieder

Präsident: Fritz Jonak, 1238 Wien, Franz-Graßler-Gasse 72
Honorary Secretary: Dkfm. Günther Jungk, 1190 Wien, Kaasgrabeng. 18
Sekretärin: Waltraud Neuwirth, 1050 Wien, Franzensgasse 5/51

Mitglied des **World Amateur Golf Council,** gegründet 1958
Anschrift: Golf House, Far Hills, N. J. 07931, USA, 65 Mitgliedsländer
und der **European Golf Association** (EGA), gegründet 1937
P.O. Box, CH-1066 Epalinges-Lausanne, 22 Mitgliedsländer

Offizielles Verbandsorgan:
„Golf", Burchardstraße 14, D-2 Hamburg 1
Chefredakteur Gunther Marks, Telefon 040/33 96 61

Österr. Mitteilungsblatt: „Golf-Gazette", 1130 Wien, Winzerstraße 23
Chefredakteur: Michel Payer 0 22 2 / 533 22 53-0

Höhepunkt war die zum ersten Mal in Österreich durchgeführte Herren-Mannschafts-Europameisterschaft, im Golf-Club Murhof in der Steiermark

Mit viel Lob und Anerkennung und dem 3. Platz durch Matthias Nemes konnte man aus österreichischer Sicht sehr zufrieden sein.

In Österreich ist ein verstärktes Interesse festzustellen, was sich an einer starken Zunahme an Mitgliedern und neuen Golfplätzen zeigt. Zwei Golfplätze wurden 1987 eröffnet (Bad Gleichenberg und Goldegg), 8 sind in Bau und zahlreiche in Projektierung.

## STAATSMEISTER 1987

| | | | |
|---|---|---|---|
| Herren | Lochwettspiel | **Fritz Porstendorfer** | Kitzbühel |
| | Zählwettspiel | **Markus Brier** | Wien |
| Damen | Lochwettspiel | **Daniela Rauch** | Salzburg |
| | Zählwettspiel | **Ike Wieser** | Innsbruck-Igls |
| Mannschaft | | **Golf-Club Wien** | |

## ÖSTERREICHISCHE MEISTER 1987

| | | | |
|---|---|---|---|
| **Internationale Meisterschaften von Österreich** | | | |
| | Herren | Yun-shin Chen | Taipei |
| | Damen | Yueh-shuang Chen | Taipei |
| **Internationale Vierer-Meisterschaft** | | Christian Czerny, Wien/Johann Egger, | Kitzbühel |
| **Nationale Offene Meisterschaft** | | Franz Laimer (Pro) | Bad Ischl |
| Junioren | weiblich | Ike Wieser | Innsbruck-Igls |
| | männlich | Matthias Nemes | Innsbruck-Igls |
| | Mannschaft | Golf-Club Wien | |
| Jugend | weiblich | Marie-Therese Elsner | Wien |
| | männlich | Max Baltl | Pichlarn |
| Schüler | weiblich | Nina Mensi-Klarbach | Murhof |
| | männlich | Einhard Pilgrammer | Weissenbach |
| Senioren | Damen | Maria Sernetz | Salzburg |
| | Herren | Johann Dietrich | Wien |
| Golflehrer (Pros) | | David Shaw | Zell/See |

## EUROPAMEISTERSCHAFTEN

| | | | | | | |
|---|---|---|---|---|---|---|
| 24.–28.6.87 Murhof | Herren | Zählwettspiel | Einzel | 3. Matthias Nemes | 19 Länder | 114 Starter |
| | | | Mannschaft | 12. Österreich | | |

Erfolgreichster Golfer 1987! Matthias Nemes – Österreichischer Juniorenmeister 1987 und 3. der Einzelwertung bei der Mannschafts-Europameisterschaft in Murhof-Frohnleiten *(Foto Verband)*

HANTAK

HERREN UND DAMENMODE

STAATLICHE AUSZEICHNUNG

# HAND- UND FAUSTBALL

**ÖSTERREICHISCHER HAND- UND FAUSTBALL-BUND** (ÖHB),
gegründet 1925
1050 Wien, Hauslabgasse 24a, Telefon 0 22 2 / 55 43 79
Dienstzeit:
Montag, Dienstag, Mittwoch, Freitag von 8 bis 17 Uhr,
Donnerstag von 8 bis 12 Uhr, Samstag von 9 bis 11 Uhr

328 Vereine, 18.380 Mitglieder

Präsident
Erwin Lanc, 1130 Wien, Feldkellergasse 70

Generalsekretär
Michael Wiederer, 1120 Wien, Stegmayergasse 44, Telefon 0 22 2 / 84 39 493

Mitglied der
**Internationalen Handball-Federation** (IHF),
gegründet 1946, 101 Länder, 3,2 Millionen Mitglieder
Anschrift
CH-4052 Basel, Lange Gasse 10, Telefon 50 50 15
und des
**Internationalen Faustball Verbandes** (IFV), gegründet 1960, 12 Länder
Anschrift
D-6000 Frankfurt/Main, Otzbergstraße 10

Präsident Lanc ist Präsident der Internationalen Handball-Federation. Vizepräsident Dr. Kollmann ist Präsident des Internationalen Faustball Verbandes.

Vorstandsmitglied Duschka ist Mitglied der Veranstaltungskommission der IHF.

Offizielle Verbandszeitung
„Handball und Faustball in Österreich“, fünfmal jährlich
Chefredakteur
Alice Kaufmann, 1232 Wien, Anton-Baumgartner-Straße 44/B/7-082
Telefon 0 22 2 / 67 97 40

Der österreichische Handballsport trat 1987 groß in Aktion. Österreichs Damenteam hatte einen Fixplatz bei der B-WM (Olympiaqualifikation) in Bulgarien. Vom 9. bis 20. Dezmeber war das Damenteam die Sensation dieses Bewerbes: Es rangierte nach Siegen gegen Brasilien, Frankreich, BRD, Bulgarien, Dänemark bzw. Niederlagen gegen Rumänien und Ungarn auf Platz vier. In der Weltrangliste scheint Österreich an siebenter Stelle auf!

1986/87 wurden vom Damenteam 69 Länderspiele bestritten.

Als Vereinsmannschaft feierte Union BV Hypobank-Küppersbusch mit dem Einzug ins Finale des Europacups der Meister den größten Erfolg, mußte sich aber dem zwölffachen EC-Sieger Spartak Kiev beugen.

48 Länderspiele trug das Männerteam im Hinblick auf die C-WM 1988 aus.

Österreichs Faustballer hatten den Nationencup auf dem Programm.

Schöne Erfolge sind dem Handball- und Faustballsport auf dem Schulsektor beschieden. Die österreichischen Schulmeisterschaften erfreuen sich von Jahr zu Jahr größerer Beteiligung.

**STAATSMEISTER 1987**

| | | | | | | |
|---|---|---|---|---|---|---|
| Handball | Herren | **HC Waagner Biró Graz** | Faustball | Herren | Halle | **ASKÖ Raika Laakirchen** |
| | Damen | **BV Hypobank Küppersbusch** | | | Feld | **ASKÖ Linz Waldegg/OB** |
| | | | | Damen | Halle | **ASKÖ Linz Stamm** |
| | | | | | Feld | **ASKÖ Linz Stamm** |

**ÖSTERREICHISCHE MEISTER 1986/87**

| | | | | |
|---|---|---|---|---|
| Handball | Jugend | männlich A | | UHK Volksbank Wien |
| | Jugend | weiblich A | | BV Hypobank Küppersbusch |
| | Jugend | männlich B | | HLZ Wien Margareten |
| | Jugend | weiblich B | | BV Hypobank Küppersbusch |
| | Jugend | männlich C | | UHK Volksbank Wien |
| | Jugend | weiblich C | | WAT Fünfhaus |
| | Jugend | männlich D | | ASKÖ Linz Neue Heimat |
| | Jugend | weiblich D | | WAT Fünfhaus |
| | Unter 21 | | | UHK Volksbank Wien |
| Faustball | Schüler | männlich | Halle | ASKÖ Linz Urfahr |
| | Jugend | männlich | | FG Reichsbund |
| | Jugend | männlich | Feld | FG Reichsbund |
| | Jugend | weiblich | | SV Böheimkirchen |
| | Schüler | männlich | | Union Schick Freistadt |
| | Schüler | weiblich | | WAT Brigittenau |
| | Jugend | weiblich | Halle | TV Kagran |

**STAATSLIGEN-ENDKLASSEMENTS**

| | | | |
|---|---|---|---|
| Handball | Herren 1986/87 | **1. ATSE Waagner Biró** | 18 Punkte |
| | (Play-off-Durchgang) | 2. ASKÖ EXAKTA Linz | 15 Punkte |
| | | 3. HC Volksbank Köflach | 14 Punkte |
| | Damen 1986/87 | **1. Union Hypobank Südstadt** | 44 Punkte |
| | | 2. Union Hypobank Südstadt Ib | 34 Punkte |
| | | 3. WAT Fünfhaus | 33 Punkte |
| Faustball | Herren Feld 1986/87 | **1. ASKÖ Linz Waldegg/OB** | 48 Punkte |
| | (Play-off-Durchgang) | 2. TUS Sparkasse Kremsmünster | 43 Punkte |
| | | 3. FSG Intersp. Vöcklabruck | 38 Punkte |
| | Herren Halle 1986/87 | **1. ASKÖ Raika Laakirchen** | 30 Punkte |
| | | 2. ASKÖ Linz Waldegg/OB | 30 Punkte |
| | | 3. FSG Intersp. Asen Vöcklabruck | 28 Punkte |

Turbulente Szenen aus dem Meisterschaftsspiel UWW gegen PSK Wien. Thomas Wuchterl beim Wurf *(Foto Sündhofer)*

**EUROPACUP 86/87**

**Handball**

**AUSSCHEIDUNGSRUNDE**

| | | | |
|---|---|---|---|
| Landesmeister | Herren | UHC Raika Stockerau – TJ Dukla Prag | 22:30 + 22:31 |
| Cupsieger | Herren | HC Volksbank Köflach – USAM Nimes | 28:20 + 18:26 |
| IHF-Cup | Herren | HC Waagner Biró Graz – ITÜ Istanbul | 32:13 + 26:17 |

**ACHTELFINALE**

| | | | |
|---|---|---|---|
| IHF-Cup | Herren | HC Waagner Biró – VfL Gummersbach | 20:28 + 17:23 |
| Landesmeister | Damen | BV Hypobank Küppersbusch – Stade Francais | 28:17 + 23:22 |
| Cupsieger | Damen | Union Admira Landhaus – Chimistul Vilcea | 14:35 + 27:31 |
| IHF-Cup | Damen | USM Gagny – WAT Fünfhaus | 24:10 + 24:13 |

**VIERTELFINALE**

| | | | |
|---|---|---|---|
| Landesmeister | Damen | BV Hypobank Küppersbusch – Bayer 04 Leverkusen | 19:17 + 21:13 |

**HALBFINALE**

| | | | |
|---|---|---|---|
| Landesmeister | Damen | BV Hypobank Küppersbusch – TJ ZVL Presov | 22:15 + 23:26 |

**FINALE**

| | | | |
|---|---|---|---|
| Landesmeister | Damen | BV Hypobank Küppersbusch – Spartak Kiev | 20:25 + 17:25 |

**Nationencup 86/87**

| | | | | |
|---|---|---|---|---|
| Faustball | Herren | Halle | 2. Österreich | 3 Länder |
| | | Feld | 2. Österreich | 3 Länder |

**Wo Sport ist, ist Coca-Cola.**

# HEERESSPORT

**ÖSTERREICHISCHER HEERESSPORTVERBAND** (ÖHSV), gegr. 1967
1140 Wien, Hütteldorfer Straße 126, Telefon 0 22 2 / 92 66 51 / 74 25 und 92 74 555
Dienstzeit:
Montag und Dienstag von 8 bis 16.30 Uhr; Mittwoch und Donnerstag von 8 bis 16 Uhr; Freitag von 8 bis 15 Uhr

75 Heeressportvereine, 4 Heeressport-Landesverbände, 26.398 Mitglieder

Präsident
Bgdr. Rudolf Striedinger

Geschäftsführender Vizepräsident
ADir. Bruno Binder, Obst. d. Res.
Generalsekretär
AR Kurt Ahammer

Offizielle Verbandszeitung
„Heeressport", 10.000 Stück, 4mal jährlich

**20 Jahre Heeressportverband!**

**2 × Gold, 1 × Silber und 5 × Bronze bei Militär-WM!**

Viel hat sich im Jahre 1987 am Sektor „Heeressport" getan. Das 20jährige Bestandsjubiläum des Verbandes stand ganz im Zeichen der Aktivitäten. Besonders der Internationale 5-Tage-Orientierungslauf im Raume Pinkafeld und Wiener Neustadt, verbunden mit einem Militärländerkampf im Fallschirmspringen sowie der Senioren-Weltcup 1987 im Orientierungslauf waren einige der sportlichen Höhepunkte des Geschehens.

Die sportliche Bilanz des Heeressports: 2 Goldene durch OStWm. Alfred Eder im Biathlon und Zgf. Peter Seisenbacher im Judo, errungen bei Militär-Weltmeisterschaften (CISM) kommen wohl nicht an das Jahr 1986 heran, aber auch die Konkurrenz schläft ja nicht. Dazu gab es aber auch noch Silber durch Gfr. Berthold, Mayer und Kpl. Riedelsberger im Riesentorlauf/Mannschaft bei der CISM und gleich 5 × Bronze durch Gfr. Helmuth Mayer im Riesentorlauf/Einzel, Wm. Heinz Mühlbacher im Triathlon sowie durch die Triathlonmannschaft des Bundesheeres und die Judomannschaft. Kpl. Josef Schmöller sorgte dazu in den USA im Judo für die 5. Bronzene!

Das Bundesheer war mit seiner Leistungssportförderung Vorbild für viele Armeen. Nachahmer haben wir ja genug gefunden und dadurch wird das Siegen auch im Militärsport schwerer.

Für Aufsehen sorgten aber auch die Aktiven der 75 Heeressportvereine (HSV) bei den Meisterschaften in Österreich. Für Aufsehen natürlich im positiven Sinne. Positiv überraschten die Heeressportvereine auch am Veranstaltungssektor. So lockte der 13. Marc-Aurel-Marsch/Lauf des HSV Wien über 60 bzw. 100 km, verbunden mit der EM im 100-km-Lauf, über 1.800 Wanderer und Läufer in das nördliche Burgenland. Insgesamt kamen 1987 über 10.000 Aktive zu den Breitensportveranstaltungen des Heeressports und es ist nur zu hoffen, daß diese Tendenz anhält. In diese Kerbe schlägt auch der vom Armeekommando gegründete „AUSTRIA FREIZEIT POOL (AFP)".

Wir werden ja sehen, ob das Angebot des AFP von den Milizsoldaten des Bundesheeres und der Bevölkerung angenommen wird. Eines steht fest, der AFP steht 1988 am Prüfstand und der Heeressportverband hat diesen schon vor 20 Jahren überstanden. Er hat in den 20 Jahren für schöne sportliche Erfolge gesorgt und plant, 1988 mit soliden Leistungen weiter zu arbeiten.

# HOCKEY

**ÖSTERREICHISCHER HOCKEYVERBAND** (ÖHV), gegründet 1913
1020 Wien, Prater Hauptallee 123a, Telefon 0 22 2 / 24 55 50
(ab Anfang 1988: 218 18 08)
Dienstzeit:
Montag bis Freitag von 9 bis 12 Uhr und von 13 bis 18 Uhr

17 Vereine, 3149 Mitglieder

Präsident
Dr. Heinz Gerö, 1010 Wien, Walfischgasse 11, Telefon 0 22 2 / 52 34 01

Generalsekretär
Kurt Kunz, 1170 Wien, Artariastraße 3/2, Telefon 0 22 2 / 24 55 00

Mitglied der
**Fédération Internationale de Hockey** (FIH), gegründet 1924,
102 Länder
Anschrift
Avenue des Arts 1, B-1040 Bruxelles

Vertreter Österreichs in der FIH:
Ingeborg Grüner, Conseilmitglied, Comité Feminin und Comité Hockey en Salle

Vertreter Österreichs in der **Europäischen Hockey-Federation** (FEH):
Michael Gerö

Offizielle Verbandszeitung
„Hockey-Nachrichten", wöchentlich, 1000 Exemplare
Chefredakteur: Kurt Kunz

---

Der ÖHV begeht 1988 sein 75jähriges Bestandsjubiläum. Aus diesem Grunde hat der Weltverband dem ÖHV erstmals die Ausrichtung des Finalturnieres zur Hallenhockey-EM der Herren übertragen.

Ein weiterer internationaler Erfolg konnte von der Juniorenmannschaft beim EM-Qualifikationsturnier erreicht werden: Qualifikation für das Finalturnier.

Mit einem Kostenaufwand von 13 Mio. Schilling wurde bis Juni 1987 der Ausbau des Hockeystadions (Erweiterung des Clubhauses, Bau eines Kunstrasenplatzes mit Flutlicht usw.) fertiggestellt. Die finanziellen Mitteln wurden vom Verband auf dem Kreditweg aufgenommen, wobei sowohl vom Bundesministerium für Unterricht, Kunst und Sport als auch von der Stadt Wien eine Hilfestellung in der Form gewährt wurde, daß Zusagen auf eine Mitfinanzierung dieses Ausbauprojektes in vier Jahresraten gemacht wurden.

## STAATSMEISTER 1987

| | | | | | |
|---|---|---|---|---|---|
| Halle | Herren | **SV Arminen Adria Spedition** | Feld | Herren | **SV Arminen Adria Spedition** |
| | Damen | **SV Arminen Adria Spedition** | | Damen | **SV Arminen Adria Spedition** |

## ÖSTERREICHISCHE MEISTER 1987

| | | | |
|---|---|---|---|
| Halle 1986/87 | Jugend | männlich | Wiener Athletiksport Club |
| | | weiblich | Akademischer Hockey- und Tennis-Club |
| | Schüler A | | Wiener Athletiksport Club |
| | Schüler B | | HC Staw |
| | Schüler C | | Akademischer Hockey- und Tennis-Club |
| | Mädchen | | SV Arminen Adria Spedition |
| Feld 1987 | Jugend | männlich | Wiener Athletiksport Club |
| | Jugend | weiblich | SV Arminen Adria Spedition |
| | Mädchen | | Europaschule Mödling |
| | Schüler A | | A.H.T.C.-Staw |
| | Schüler B | | A.H.T.C.-Staw |

**Endklassement 1986/87**

| **Nationalliga A-Herren** | | **Nationalliga A-Damen** | |
|---|---|---|---|
| 1. SVA Adria Spedition | 20 | 1. SVA Adria Spedition | 19 |
| 2. WAC | 10 | 2. 1. UHC Mödling | 14 |
| 3. HTL Mödling | 10 | 3. Post SV/PSK | 13 |

**Feld 1987**

| **Nationalliga A-Herren** (Titel-Play-off) | | **Nationalliga A-Damen** | |
|---|---|---|---|
| 1. SVA Adria Spedition | 24 | 1. SVA Adria Spedition | 23 |
| 2. HC Wien | 19 | 2. AHTC/Staw | 17 |
| 3. WAC | 15 | 3. Post SV/PSK | 12 |

**EUROPAMEISTERSCHAFTEN**

**Halle**

| | | |
|---|---|---|
| 20.–22.2.87, Torun | Qualifikation, Herren | 2. Österreich und für das Finalturnier qualifiziert |

**Feld**

| | | |
|---|---|---|
| 22.–26.7.87, Paris | Junioren, Qualifikation | 2. Österreich und für das Finalturnier qualifiziert |
| 3.–13.9.87, London | Damen | 12. Österreich |
| 7.–11.10.87, Wien | Qualifikationen, Juniorinnen | 5. Österreich |

**EUROPACUP**

**Feld** Landesmeister

| | | | |
|---|---|---|---|
| 2./3.5.87, Wien | Herren | SVA Adria–HC Ljusdal 7:0 und 7:3 | SVA Adria Spedition für das Finalturnier qualifiz. |
| 5.–8.6.87, Katowice | Damen-Finalturnier – Division B | | 7. SVA Adria Spedition |
| 5.–8.6.87, Swansea | Herren-Finalturnier – Division B | | 5. SVA Adria Spedition (8 Mannschaften) |

Durch eine Superleistung erreichte Österreichs Hockey-Team den 3. Platz bei der Europameisterschaft 1988 in der Wiener Stadthalle *(Foto Sündhofer)*

# JAGD- UND WURFTAUBEN-SCHIESSEN

**VERBAND DER JAGD- UND WURFTAUBENSCHÜTZEN ÖSTERREICHS** (VJWÖ), gegründet 1952

95 Vereine, 36.806 Mitglieder

Präsident
Dir. Ing. Dieter Kowarovsky, 2294 Marchegg, Schloßhof 110,
Telefon 0 22 85 / 62 71 (Büro)

Generalsekretär
Franz Schütz, 2191 Schrick, Johannesgasse 34,
Telefon 0 25 74 / 25 00, 0 25 72 / 25 00

Bundesleistungszentrum für Wurftaubenschießen in Haringsee/NÖ.
Geöffnet vom 1.3.–31.10., jeden Samstag und Sonntag ab 10.00 Uhr.
Disziplinen: Trap, Skeet, Jagdparcours.

Mitglied der
**Union Internationale de TIR** (UIT), gegründet 1907,
104 Mitglieder
D-8000 München 2, Bavariaring 21, Telefon 06089/531012

und der **FITASC,** gegründet 1954, 36 Mitglieder
F-75008 Paris, 10, Rue de Lisbonne

Das sportliche Geschehen war auf das Erreichen eines sogenannten „Quotenplatzes“, der zur Teilnahme an den OS 1988 berechtigt, ausgerichtet. Daher wurden alle Weltcupschießen in den USA, Europa und die vorolympischen Wettkämpfe in Seoul beschickt. Wenn der VJWÖ vom Weltpräsidenten der UIT keine sogenannte “Wild Card“ erhält, können unsere Schützen erstmals an Olympischen Spielen nicht teilnehmen.

**STAATSMEISTER 1987**

| | | |
|---|---|---|
| Trap FO | | |
| Einzel | **Franz Schober** | Stmk. |
| Mannschaft | **Steiermark** | |
| Trap FA | | |
| Einzel | **Herbert Lugert** | Stmk. |
| Mannschaft | **Steiermark** | |
| Trap FU | | |
| Einzel | **Herbert Fuchs** | NÖ. |
| Mannschaft | **Burgenland** | |
| Jagdl. Trap FO | | |
| Einzel | **Josef Martinz** | Stmk. |
| | **Karl Pock** | Stmk. |
| Mannschaft | **Steiermark** | |
| Jagdl. Trap FA | | |
| Einzel | **Ing. Wolfgang Lagler** | NÖ. |
| Mannschaft | **Steiermark** | |
| Jagdl. Trap FU | | |
| Einzel | **Hannes Gschier** | Stmk |
| Mannschaft | **Steiermark** | |
| Olympisch Skeet | | |
| Einzel | **Dr. Martin Burkert** | Slbg. |
| Mannschaft | **Salzburg** | |
| Jagdl. Skeet | | |
| Einzel | **Ernst Bayer** | NÖ. |
| Mannschaft | **Niederösterreich** | |
| Jagdparcours | | |
| Einzel | | |
| Damen | **Eva Hanser** | Wien |
| Herren | **Ernst Bayer** | NÖ. |
| Mannschaft | **Niederösterreich** | |

**ÖSTERREICHISCHE MEISTER 1987**

| | | |
|---|---|---|
| Trap FO | | |
| Junioren | Hermann Rom | Ktn. |
| Senioren | Heinrich Strauß | Ktn. |
| Trap FA | | |
| Junioren | Harald Lehner | OÖ. |
| Senioren | Heinrich Strauß | Ktn. |
| Trap FU | | |
| Junioren | Harald Lehner | OÖ. |
| Senioren | Heinrich Strauß | Ktn. |
| Jagdl. Trap FO | | |
| Junioren | keine Starter | |
| Senioren | Heinrich Strauß | Ktn. |

| | | |
|---|---|---|
| Jagdl. Trap FA | | |
| Junioren | keine Starter | |
| Senioren | Heinrich Strauß | Ktn. |
| Jagdl. Trap FU | | |
| Junioren | Günter Grüner | NÖ. |
| Senioren | Heinrich Strauß | Ktn. |
| Olympisch Skeet | | |
| Junioren | Wolfgang Domini | Bgld. |
| Damen | Julius Suchy | Wien |

| | | |
|---|---|---|
| Jagdl. Skeet | | |
| Junioren | Wolfgang Domini | Bgld. |
| Senioren | Josef Braun | Slbg. |
| Damen | Eva Hanser | Wien |
| Jagdparcours | | |
| Senioren | Heinz Singer | Stmk. |

**EUROPAMEISTERSCHAFTEN**

| | | | | |
|---|---|---|---|---|
| 27.–30.8.87 Frankreich | Jagdparcours | Damen-Team | 3. Österreich | 12 Länder |
| | | Einzel | 5. Eva Hanser | |
| | | Herren-Team | 5. Österreich | |
| | | Veteranen | 10. Manfred Hechtl | |

---

# JIU-JITSU

**JIU-JITSU-VERBAND ÖSTERREICHS** (JJVÖ), Fachverband für waffenlose Selbstverteidigung, gegründet 1964
1210 Wien, Prager Straße 20, Telefon 0 22 2 / 77 89 152,
Dienstzeit: Freitag von 19 bis 21 Uhr

41 Vereine, 1905 Mitglieder

Präsident
Bez.-Vorsteher Kurt Landsmann, 1210 Wien, Rußbergstraße 11/5/4

Geschäftsführender Vizepräsident
Erich Ebetshuber, 2320 Schwechat, Mappesgasse 6/3/1

---

**STAATSMEISTER 1987**

| | | | |
|---|---|---|---|
| Damen | bis 52 kg | **Manuela Klingeis** | KSV Göpfritz |
| | bis 60 kg | **Claudia Hladky** | 1. Simmeringer JJC-SAMURAI |
| | bis 65 kg | **Karin Baumann** | JJC-Soku Zurndorf |
| Herren | bis 62 kg | **Christian Hegmala** | 1. Simmeringer JJC SAMURAI |
| | bis 68 kg | **Christian Hegmala** | 1. Simmeringer JJC-SAMURAI |
| | bis 74 kg | **Robert Böheim** | JJC-Ebergassing |
| | bis 80 kg | **Hannes Ganselmayer** | JJC-JIGOTAI Lassee |
| | bis 86 kg | **Goran Milosavljevič** | JJC-ARASHI Schwadorf |
| | bis 92 kg | **Franz Terlecki** | 1. Simmeringer JJC-SAMURAI |
| | über 92 kg | **Herbert Balazs** | 1. Simmeringer JJC-SAMURAI |

**ÖSTERREICHISCHE MEISTER 1987**

| | | | | |
|---|---|---|---|---|
| Nachwuchs | weiblich | bis 52 kg | Maria Schmöllerl | JJC-Union Michelhausen |
| | | bis 56 kg | Karin Hauser | JJC-JIGOTAI Lassee |
| | | bis 60 kg | Ingrid Gfatter | JJC-Union Michelhausen |
| | | bis 65 kg | Michaela Pfeiler | JJC-JIGOTAI Lassee |
| | männlich | bis 50 kg | Hannes Deutsch | JJC-SHOBU St. Andrä |
| | | bis 55 kg | Josef Kranawetter | JJC-Union Michelhausen |
| | | bis 60 kg | Oliver Sommerbauer | JJC-OLYMPIA |
| | | bis 65 kg | Rudi Warter | 1. Simmeringer JJC-SAMURAI |
| | | bis 70 kg | Günther Brückler | Sport & Fitness Union Neulengbach |
| | | bis 75 kg | Christian Hupfer | JJC-SHOBU St. Andrä |
| | | über 75 kg | Hannes Ganselmayer | JJC-JIGOTAI Lassee |

Der große Augenblick der Susanne Profanter. Siegerehrung bei der Europameisterschaft der Junioren in Breslau.
V. l. n. r.: Cedmay/Frankreich, Profanter/1. Rang, Wandsland/Schweden *(Foto Verband)*

# JUDO

**ÖSTERREICHISCHER JUDO-VERBAND** (ÖJV), Fachverband für die waffenlose Kunst, gegründet 1948
1030 Wien, Wassergasse 26/5, Telefon 0 22 2 / 75 73 31, Telex 111140
Dienstzeit:
Montag bis Donnerstag von 8.30 bis 17.00 Uhr,
Freitag von 8.30 bis 14.30 Uhr

199 Vereine, 12.700 Mitglieder

Präsident
Franz Ortner, 5302 Henndorf, Hausstattstraße 53

Generalsekretär
Monika Leyrer, 1190 Wien, Börnergasse 3/2/11

Mitglied der
**International Judo Federation,** (IJF), gegründet 1951, 145 Länder

Anschrift
Generalsekretär der IJF Heinz Kempa, DDR-106 Berlin, Leipziger Straße 47

und der
**Union Européenne de Judo** (EJU), gegründet 1934 bzw. 1949, 36 Mitgliedsländer

Anschrift
B. P. 58, Ob. Zollg. 75, CH-3072 Ostermundingen, Bern/ Schweiz

Kurt Kucera ist Präsident der EJU und Vizepräsident der IJF.

---

Obwohl das Sportjahr 1987 im Vergleich zu den Vorjahren nicht ganz so erfolgreich war, beweisen vier Medaillen bei Europameisterschaften und eine Medaille bei der Weltmeisterschaft doch, daß wir mit unserer Arbeit auf dem richtigen Weg sind. Leider konnte Peter Seisenbacher verletzungsbedingt seinen Weltmeistertitel nicht verteidigen, wir hoffen aber, daß sein Vorbereitungsprogramm für die Olympischen Spiele programmgemäß durchgezogen werden kann.

Besonders erfreulich ist die Goldmedaille von Susanne Profanter bei der Junioreneuropameisterschaft in Polen. Es war dies ihr zweiter Titel bei europäischen Nachwuchsbewerben und der Übergang in die allgemeine Klasse dürfte für sie nicht allzuschwer sein. Erfreulich ebenso die Bronzemedaille von Roswitha Hartl bei der Weltmeisterschaft, die damit ihre Qualifikation für den olympischen Vorführbewerb in Seoul erreicht hat.

Über 190 Vereine mit über 12.000 lizensierten Mitgliedern in allen Bundesländern sorgen dafür, daß die Teilnehmerzahlen bei allen nationalen Bewerben immer größer werden und die Arbeit, besonders im Nachwuchsbereich, immer effizienter wird.

1988 ist wieder ein olympisches Jahr und neben Peter Seisenbacher sind auch Thomas Haasmann und Peter Reiter für dieses Ereignis fix qualifiziert. Wir hoffen, daß bei den kommenden Großveranstaltungen sich noch der eine oder andere Sportler die Fahrkarte nach Seoul erkämpfen kann.

Der Österreichische Judoverband feiert 1988 sein 40jähriges Bestandsjubiläum. Neben diversen Veranstaltungen wird eine Wanderausstellung quer durch Österreich einen Überblick über die vergangenen 40 Judojahre geben.

Erstmals in der Judogeschichte wird 1988 bei allen Europameisterschaften in weißen und blauen Judogis (Kampfanzügen) gekämpft. Dadurch wird unsere Sportart für den Zuschauer sicher interessanter und verständlicher werden.

## STAATSMEISTER 1987

| | | | | |
|---|---|---|---|---|
| Einzel | Männer | bis 60 kg | **Josef Fidler** | UJZ Mühlviertel |
| | | bis 65 kg | **Helmbrecht Angerer** | WSG Wattens |
| | | bis 71 kg | **Josef Fuchs** | UJZ Mühlviertel |
| | | bis 78 kg | **Peter Reiter** | SK VÖEST |
| | | bis 86 kg | **Peter Seisenbacher** | JC Manner |
| | | bis 95 kg | **Robert Köstenberger** | ASKÖ Reichraming |
| | | über 95 kg | **Martin Kölbl** | JC Manner |
| | Frauen | bis 48 kg | **Michaela Bornemann** | Union Leibnitz |
| | | bis 52 kg | **Edith Hrovat** | PSV Leoben |
| | | bis 56 kg | **Petra Profanter** | JC VB Kufstein |
| | | bis 61 kg | **Susanne Profanter** | JC VB Kufstein |
| | | bis 66 kg | **Roswitha Hartl** | PSV Leoben |
| | | bis 72 kg | **Andrea Bachofner** | JGV Schuh-Ski |
| | | über 72 kg | **Gabriele Neumüller** | ASKÖ Passage Linz |
| Staatsliga A | Männer | | **UJZ Raika Mühlviertel I** | |
| | Frauen | | **Schuh Ski Wien** | |

## ÖSTERREICHISCHE MEISTER 1987

| | | | | |
|---|---|---|---|---|
| Staatsliga B | Männer | | ESV Hypo Sanjido Bischofshofen | |
| Einzel | männliche Jugend unter 18 | bis 45 kg | Peter Meisinger | UJZ Raika Mühlviertel |
| | | bis 49 kg | Manfred Gallop | PSV Villach |
| | | bis 53 kg | Adrian Gerster | UJC Hohenems |
| | | bis 57 kg | Norbert Ehrenzweig | WAT Stadlau |
| | | bis 62 kg | Patrick Reiter | ESV Hypo Sanjido Bischofshofen |
| | | bis 68 kg | Martin Schwetz | WAT Leopoldstadt |
| | | bis 75 kg | Wolfgang Brugger | WSG Wattens |
| | | bis 83 kg | Markus Pircher | JC VB Kufstein |
| | | über 83 kg | Peter Höllwart | ESV Hypo Sanjido Bischofshofen |
| | weibliche Jugend unter 15 | bis 37 kg | Sonja Schrabauer | JGV Schuh Ski |
| | | bis 40 kg | Barbara Obersammer | JC USK Rauris Taxenbach |
| | | bis 43 kg | Petra Hauser | ASKÖ Wolfsberg |
| | | bis 46 kg | Christine Pichler | UJZ Raika Mühlviertel |
| | | bis 49 kg | Zeljka Javkovic | JC Dornbirn |
| | | bis 53 kg | Ute Seybold | ATSV Steyr |
| | | bis 57 kg | Nina Strasser | ASKÖ Salzburg |
| | | bis 62 kg | Frauke Hotovy | JGV Schuh Ski |
| | | über 62 kg | Petra Rainer | Union Lienz |
| Einzel | männliche Junioren unter 21 | bis 55 kg | Manfred Mitterer | JC VB Kufstein |
| | | bis 60 kg | Peter Linzmeier | SV Straßwalchen |
| | | bis 65 kg | Harald Niggas | ASKÖ Graz |
| | | bis 71 kg | Michael Bucher | WAT Stadlau |
| | | bis 78 kg | Anton Summer | JC Manner |
| | | bis 86 kg | Gerd Berger | ASKÖ Graz |
| | | bis 95 kg | nicht ausgetragen | |
| | | über 95 kg | nicht ausgetragen | |
| | weibliche Junioren unter 18 | bis 48 kg | Michaela Bornemann | Union Leibnitz |
| | | bis 52 kg | Monika Hagenauer | UJZ Raika Mühlviertel |
| | | bis 56 kg | Nina Strasser | ASKÖ Salzburg |
| | | bis 61 kg | Susanne Profanter | JC VB Kufstein |
| | | bis 66 kg | Petra Rainer | Union Lienz |
| | | bis 72 kg | Barbara Grienberger | PSV Innsbruck |
| | | über 72 kg | nicht ausgetragen | |

## WELTMEISTERSCHAFTEN

| | | | | | |
|---|---|---|---|---|---|
| 19.–22.11.1987 Essen | Allg. Klasse | bis 66 kg | 3. Roswitha Hartl | 39 Länder | 23 Starter |

**EUROPAMEISTERSCHAFTEN**

| | | | | | | |
|---|---|---|---|---|---|---|
| 7.–10.5.1987 | Allg. Klasse | Herren | bis 78 kg | 3. Peter Reiter | 25 Länder | 21 Starter |
| Paris | | | bis 86 kg | 3. Peter Seisenbacher | | |
| | | Damen | bis 52 kg | 2. Edith Hrovat | 18 Länder | 12 Starterinnen |
| | | | bis 66 kg | 5. Roswitha Hartl | | 12 Starterinnen |
| | | | Open | 5. Roswitha Hartl | | 14 Starterinnen |
| 5.–8.11.1987 | Juniorinnen | | bis 56 kg | 5. Yvonne Huber | 16 Länder | 13 Starterinnen |
| Wroclaw | | | Open | **1. Susanne Profanter** | | 13 Starterinnen |
| | | | bis 61 kg | | | |
| | Junioren | | bis 65 kg | 5. Harald Niggas | 22 Länder | 18 Starter |

**Internationale Turniersiege**
gab es durch Edith Hrovat in Polen; Susanne Profanter in Polen, London und Stockerau; Peter Seisenbacher in Essen und Leonding, Thomas Haasmann in Budapest sowie Michaela Bornemann in Polen und Stockerau, wo auch Martina Zangerl erfolgreich war.
Dazu kommen noch zahlreiche Placierungen bei diesen und anderen Veranstaltungen im In- und Ausland.

# KANU

**ÖSTERREICHISCHER KANUVERBAND** (ÖKV), gegründet 1946
1090 Wien, Berggasse 16, Telefon 0 22 2 / 34 92 03
Dienstzeit: Montag, Mittwoch, Donnerstag von 17 bis 20 Uhr

49 Vereine, 3215 Mitglieder

Präsident
Max Strache, 1090 Wien, Berggasse 16,
Telefon 0 22 2 / 34 92 03
Sekretärin
Liane Garnhaft

Mitglied der
**International Canoe Federation** (ICF), gegründet 1924,
47 Länder
Anschrift
I-50134 Firenze, Italien, G. Massaia 59, Telefon 48 40 52

Österreichs Vertreter in der ICF:
Leopold Spitz, Rechnungsprüfer
Max Raub, Rennsportkomitee

Offizielle Verbandszeitung
„Österreichs Kanusport", viermal jährlich
Für den Inhalt verantwortlich: Mag. Reinhard Streyhammer,
1090 Wien, Berggasse 16

Die Saison 87 war geprägt von den Weltmeisterschaften der Junioren im Rennsport in Belgrad, der Senioren in Duisburg und im Wildwasser in Bourg St. Maurice.

Erfreulich, daß im Wildwasser die intensive Nachwuchsarbeit Früchte trägt: bei der Vor-Weltmeisterschaft der Junioren in Spanien konnten hervorragende Plätze erreicht werden. Die Mannschaft erreichte im Slalom und in der Regatta den 2. bzw. 3. Platz.

**STAATSMEISTER 1987**

| | | | | |
|---|---|---|---|---|
| Wildwasser-Slalom | K1 | Herren | **Horst Pock** | KVK |
| | K1 | Damen | **Brigitte Huber** | Forelle Steyr |
| | C1 | Herren | **Sven Bürkner** | KPO Feh-Ortmann |
| | C2 | Herren | **Wittner/Gstettner** | TVN Wien |
| | K1 Mannschaft | | **Forelle Teefix Steyr** | |

| | | | | | |
|---|---|---|---|---|---|
| Wildwasser-Regatta | K1 | | Herren | **Werner Haiberger** | ATSV Steyr |
| | K1 | | Damen | **Christa Pullirsch** | Forelle Steyr |
| | C1 | | Herren | | |
| | C2 | | | **Wittner/Gstettner** | TVN Wien |
| | K1 | Mannschaft | | **KVK** | |
| Rennsport | K1 | 500 m | Herren | **Richard Tauber** | WPK |
| | K1 | 1.000 m | | **Werner Bachmayer** | WAT |
| | K1 | 10.000 m | | **Peter Schneider** | WAT |
| | K2 | 500 m | | **Bachmayer/Felbermayer** | WAT |
| | K2 | 1.000 m | | **Bachmayer/Felbermayer** | WAT |
| | K2 | 10.000 m | | **Bachmayer/Schneider** | WAT |
| | K4 | 500 m | | **Bachmayer/Felbermayer/ Heriszt/Hoys** | WAT |
| | K4 | 1.000 m | | **Bachmayer/Felbermayer/ Heriszt/Baier** | WAT |
| | K4 | 10.000 m | | **Bachmayer/Felbermayer/ Schneider/Heriszt** | WAT |
| | C1 | 500 m | | **Egon Muggi** | PSV |
| | C1 | 1.000 m | | **Egon Muggi** | PSV |
| | C1 | 10.000 m | | **Walter Dragosics** | PSV |
| | C2 | 500 m | | **Muggi/Morgenbesser** | PSV |
| | C2 | 1.000 m | | **Muggi/Morgenbesser** | PSV |
| | K1 | 500 m | Damen | **Lisi Bosina** | UKK |
| | K2 | 500 m | | **Bachmayer/Hofmann** | WAT |
| | K4 | 500 m | | **Tschany/Tschany/ Scheibmayr/Huber** | ATSV Lenzing Modal |

**ÖSTERREICHISCHE MEISTER 1987**

| | | | | | |
|---|---|---|---|---|---|
| Wildwasser-Slalom | K1 | Jugend | männlich | Manuel Köhler | SC Kastner & Öhler |
| | K1 | | weiblich | Doris Wilhelmer | KC Glanegg |
| | K1 | Mannschaft | | ATSV Salzburg | |
| | K1 | Schüler | männlich | Armin Zöttl | TVN Hainburg |
| | K1 | Mannschaft | | | |
| | K1 | Schüler | weiblich | Rita Rirsch | TVN Hainburg |
| Wildwasser-Regatta | K1 | Jugend | männlich | Alexander Schimanofsky | SC Kastner & Öhler |
| | K1 | | weiblich | Doris Wilhelmer | KC Glanegg |
| | K1 | Schüler | weiblich | Rita Rirsch | TVN Hainburg |
| | K1 | Mannschaft | | SC Kastner & Öhler | |
| | K1 | Schüler | männlich | Armin Zöttl | ÖAV Tulln |
| | | Mannschaft | | Forelle Teefix Steyr | |
| Rennsport | K1 | 500 m | Junioren | Rudolf Heriszt | WAT |
| | K1 | 1.000 m | | Rudolf Heriszt | WAT |
| | K1 | 5.000 m | | Rudolf Heriszt | WAT |
| | K2 | 500 m | | Wimmer/Plochberger | Donau Linz |
| | K2 | 1.000 m | | Wimmer/Plochberger | Donau Linz |
| | K2 | 5.000 m | | Wimmer/Plochberger | Donau Linz |
| | K4 | 500 m | | Donau Linz | |
| | K4 | 1.000 m | | Donau Linz | |
| | K2 | 500 m | | Tschany/Scheibmayr | ATSV Lenzing Modal |
| Allgemeine Klasse | K1 | 500 m | Herren | Heinrich Wagner | TVN Wien |
| | K2 | 500 m | | Hoys/Bayer | WAT |
| | K1 | 1.000 m | | Heinrich Wagner | TVN Wien |
| | K2 | 1.000 m | | Hoys/Baier | WAT |
| | K1 | 5.000 m | Damen | Uschi Profanter | SC Kastner & Öhler |
| | K2 | 5.000 m | | Bachmayer/Hofmann | WAT |

**WELTMEISTERSCHAFTEN**

| | | | | | |
|---|---|---|---|---|---|
| 9.–19.7.87 Bourg St. Maurice | Wildwasser | K1 | Herren | 4. Österreich | 20 Länder |
| | | K1 | Damen | 4. Österreich | |

# KARATE

空手

**ÖSTERREICHISCHER KARATE-BUND** (ÖKB), gegründet 1965
1020 Wien, Pazmanitengasse 17, Telefon 0 22 2 / 24 67 213/Büro
Dienstzeit: Montag bis Freitag von 19 bis 20.30 Uhr

85 Vereine, 7395 Mitglieder

Präsident: Karl Neveceral, Telefon 58 800/237
Sekretärin: Sieglinde Nedomel

Präsident für Kontaktkarate
Fritz Urbanek/Kontaktadresse: Werner Kobler, 6060 Absam, Haspingerweg 4

Mitglied der **European Karate-Union** (EKU), gegründet 1964, 26 Länder
Anschrift:
122 Rue de la Tombe Issoire, F-75014 Paris, France
ESKA European Shotokan Karate Association KUGB
Maychalk House ,8 Muster Road, Bridgford, Nottingham, England

Weltverbände: **World Union Karate Organization** (WUKO), gegründet 1964, 99 Länder
Senpaku Shinko Building 1-15-16, Toranomon Minato-Ku, Tokyo 105, Japan

Durch die gute Zusammenarbeit mit den Landesverbänden konnte die Zahl der Vereine und Mitglieder angehoben werden. Die Arbeit des Bundestrainers zeigt bereits Wirkung. Trotz des hohen europäischen Niveaus (die meisten Weltmeister sind aus Europa) konnten die Auswahlen viele Titeln und Länderkämpfe gewinnen.

**STAATSMEISTER 1987**

| | | | | |
|---|---|---|---|---|
| Kumite | Einzel | Herren | | |
| | | bis 60 kg | **Martin Wölfl** | ASKÖ Steyr |
| | | bis 65 kg | **Heinz Pichler** | BBSV Linz |
| | | bis 70 kg | **Ernst Kolb** | BBSV Linz |
| | | bis 75 kg | **Gernot Ablinger** | ASKÖ Steyr |
| | | bis 80 kg | **Thomas Koller** | KC Fürstenfeld |
| | | über 80 kg | **Gerhard Jedliczka** | KC Fürstenfeld |
| | | Allklasse | **Gerhard Jedliczka** | KC Fürstenfeld |
| | Team | | **Shotokan Salzburg** | |
| Kata | Einzel | Herren | **Reinhold Ponesch** | ASKÖ Bregenz |
| | Team | | **Union Schwanenstadt** | |
| | Einzel | Damen | **Margarete Kudlik** | ASKÖ Wien |
| | Team | | **ASKÖ Karatezentrum Wien** | |

**ÖSTERREICHISCHE MEISTER 1987**

| | | | | | |
|---|---|---|---|---|---|
| Junioren | Kata | Einzel | Damen | Manuela Urbanek | ASKÖ Wien |
| | | | Herren | Reinhold Ponesch | KC Vorarlberg |
| | | Team | | Nippon Wien | |
| | Kumite | | Herren | | |
| | | | bis 60 kg | Josef Winter | KC Ilz |
| | | | bis 65 kg | Dragan Marinkovic | KC Vorarlberg |
| | | | bis 70 kg | Georg Petermann | Nippon Wien |
| | | | bis 75 kg | Gernot Ablinger | ASKÖ Steyr |
| | | | bis 80 kg | Thomas Schwab | Shotokan Salzburg |
| | | | über 80 kg | Andreas Kleinekathöfer | KC Götzis |
| | | Team | | Shotokan Salzburg | |
| Senioren | Kumite | Einzel | Damen | | |
| | | | bis 60 kg | Karin Hanreich | ASKÖ Wien |
| | | | über 60 kg | Renate Hasenauer | KC Salzburg |
| | Bundesländermeisterschaft | | 2. Runde: | 1. Salzburg | 21 Punkte |
| | | | | 2. Oberösterreich | 19 Punkte |
| | | | | 3. Steiermark | 18 Punkte |

| | | | | | |
|---|---|---|---|---|---|
| **EUROPAMEISTERSCHAFTEN** | | | | | |
| 13.–15.2.87 | Junioren | Mannschaft | 5. Österreich | 15 Länder | |
| Santander/Span. | | | | | |
| **WELTCUP** | | | | | |
| 21.3.87 | | bis 65 kg | 5. Gerhard Raffler | 46 Länder | 37 Teilnehmer |
| Budapest | | | | | |
| **EUROPACUP** | | | | | |
| Goju-Ryu | | | | | |
| 26./27.9.87 | Mannschaft | | **1. Österreich** | 8 Länder | |
| Leopoldsburg/B | Herren | bis 65 kg | 2. Gerhard Raffler | | 13 Teilnehmer |
| | | | 3. Gerhard Hofer | | |
| | | bis 70 kg | 3. Heinz Pichler | | 15 Teilnehmer |
| | | bis 75 kg | **1. Ernst Kolb** | | 13 Teilnehmer |
| | | | 3. Gernot Ablinger | | |
| | | bis 80 kg | 3. Robert Hinterleitner | | 11 Teilnehmer |
| | | über 80 kg | 3. Gerhard Jedliczka | | 14 Teilnehmer |
| | | | 3. Christian Schmölzer | | |
| | | Allkategorie | **1. Gerhard Jedliczka** | | 15 Teilnehmer |
| | Damen | Allkategorie | 2. Edith Hamberger | | 12 Teilnehmer |
| | | | 3. Karin Hanreich | | |
| Wado Ryu | | | | | |
| 24.10.87 | Herren | Allkategorie | **1. Gerhard Jedliczka** | | 18 Teilnehmer |
| Hamburg | | bis 65 kg | 3. Franz Prankl | | |
| | | über 80 kg | 5. Harald Spitzer | | |
| | Damen | bis 60 kg | 3. Karin Hanreich | | |
| | Mannschaft | | 4. Österreich | | |

# KICKBOXEN

**ÖSTERREICHISCHER BUNDESFACHVERBAND FÜR KICKBOXEN** (ÖBFK)

Gründungstag 30. Jänner 1976

8010 Graz, Plüddemanngasse 93 A/16, Telefon 0 31 6 / 43 701

Bürozeiten: Montag bis Donnerstag von 8 bis 12 Uhr,
Dienstag und Mittwoch 19 bis 22 Uhr

Präsident: Peter Land, 8010 Graz, Plüddemanngasse 93 A/16,
Telefon 0 31 6 / 43 701

48 Vereine, 2618 Mitglieder

Mitglied der
**International Amateur Kickboxing Sport Association** (IAKSA)

Anschrift
Präsident Geert Lemmens, D-2243 Bunsoh, Schulstraße 2/Post Albersdorf

Peter Land ist Vizepräsident, Dr. Reinhard Guschlbauer Vorsitzender der Ärztekommission und Kurt Ansperger Mitglied der Schiedrichterkommission des IAKSA.

Großen Dank für seine Verdienste um die Anerkennung unserer Sportart gebühren dem Präsidenten des Österreichischen Amateurboxverbandes Min.-Rat Dr. Lothar Scheer.

Bei der Weltmeisterschaft 1987 konnten Johann Heidinger/Wien eine Gold- und Daniel Kröpfl/Graz sowie Oskar Prinster/Villach je eine Bronzemedaille für Österreich erkämpfen.

**STAATSMEISTER 1987**

| | | | |
|---|---|---|---|
| **Semikontakt** | Fliegengewicht | **Andreas Dermutz** | ASKÖ Villach |
| | Superleichtgewicht | **Ewald Kölli** | KBC ASVÖ Deutschlandsberg |
| | Leichtgewicht | **Nikolaus Gstättner** | KBC UNION Klagenfurt |
| | Halbmittelgewicht | **Christian Oberlechner** | Samurai UNION Wien |
| | Mittelgewicht | **Johann Heidinger** | KBC ASKÖ Floridsdorf |
| | Halbschwergewicht | **Werner Stelzl** | UNION Wies |
| | Schwergewicht | **Oskar Prinster** | ASKÖ Villach |
| **Vollkontakt** | Federgewicht | **Gerhard Poms** | KBC UNION Hausmansstätten |
| | Leichtgewicht | **Andreas Dermutz** | ASKÖ Villach |
| | Halbweltergewicht | **Ewald Kölli** | KBC ASVÖ Deutschlandsberg |
| | Weltergewicht | **Daniel Kröpfl** | ASVÖ Sorko Graz |
| | Halbmittelgewicht | **Alexander Winter** | KBC ASKÖ Wien |
| | Mittelgewicht | **Dietmar Zenz** | ASVÖ Sorko Graz |
| | Halbschwergewicht | **Viktor Poll** | KBC UNION Klagenfurt |
| | Schwergewicht | **Heinz Schmidt** | GSV RAIKA Gratwein |
| | Superschwergewicht | **Oskar Prinster** | ASKÖ Villach |

**WELTMEISTERSCHAFTEN Voll- und Semikontakt**

| | | | | | |
|---|---|---|---|---|---|
| 9.–11.10.1987 | Semikontakt | Mittelgewicht | **1. Johann Heidinger** | 28 Länder | 16 Starter |
| München | | Leichtgewicht | 3. Daniel Kröpfl | 28 Länder | 16 Starter |
| | Vollkontakt | Superschwergewicht | 3. Oskar Prinster | 28 Länder | 9 Starter |

**EUROPAMEISTERSCHAFTEN Semikontakt**

| | | | | |
|---|---|---|---|---|
| 16./17. 1. 1987 Hamburg | Mittelgewicht | 2. Werner Stelzl | 9 Länder | 9 Starter |

# KRAFTDREI-KAMPF

**ÖSTERREICHISCHER VERBAND FÜR KRAFTDREIKAMPF** (ÖVK), gegründet 1983

1190 Wien, Krottenbachstraße 16

54 Vereine, 1052 Mitglieder

Präsident
Norbert Wallauch, 1190 Wien, Krottenbachstraße 16, Telefon 0 22 2 / 36 91 181 (privat), 36 01 DW 367 (Redaktion) oder 23 36 61 (Studio)

Mitglied der
**International Powerlifting Federation** (IPF), gegründet 1972
44 Mitgliedsländer
Anschrift
Arnold Boström, General Secretary, Box 6007, S-126 06 Hägersten, Schweden

ÖVK-Präsident Norbert Wallauch ist auch Vizepräsident der **European Powerlifting Federation** (EPF)

Offizielle Verbandszeitung „Power Sport", achtmal jährlich
Chefredakteur: Heinz Vierthaler

Bei der Bundes-Sportfachratstagung im Oktober 1987 wurde der ÖVK – bis Herbst 1986 eine selbständige Fachgruppe innerhalb des Österreichischen Gewichtheberverbandes – als Anwärterverband zur Aufnahme in die BSO vorgeschlagen.

Mit der Erringung des EM-Titels durch Dagmar Wang bei der Frauen-EM in Schweden gab es den bisher größten sportlichen Erfolg. Walter Kaiser wurde in Lima (Peru) zum zweitenmal hintereinander Vizeweltmeister der Senioren. Marianne Soja verbesserte insgesamt viermal den Europarekord im Bankdrücken der 75-kg-Klasse bis auf 100 kg.

Der Schwerpunkt der Verbandsarbeit liegt in der weiteren Popularisierung des Kraftdreikampfes durch spezielle Aktionen wie der für 1988 geplanten gesamtösterreichischen Studiomeisterschaft im Bankdrücken oder den Bemühungen, diese populärste Übung des Kraftdreikampfes als Kraftbewerb ins Programm des ÖSTA aufzunehmen.

Hemmschuh ist aber nach wie vor die Tatsache, daß alle diese Aktivitäten, aber auch die oft recht kostspieligen Entsendungen zu Welt- und Europameisterschaften, ausschließlich durch Eigenmittel finanziert werden müssen.

**STAATSMEISTER 1987**

| | | | |
|---|---|---|---|
| Männer | | | |
| 52,0 kg | **Josef Fenzl** | U. Kritzendorf | 360,0 kg |
| 60,0 kg | **Andreas Urban** | Mike's Gym Wattens | 460,0 kg |
| 67,5 kg | **Ferdinand Pesendorfer** | ASKÖ Vöcklabruck | 570,0 kg |
| 75,0 kg | **Gerhard Mayer** | Body Activ | 615,0 kg |
| 82,5 kg | **Engelbert Daris** | Vorwärts Graz | 650,0 kg |
| 90,0 kg | **Anton Tucek** | KSC Polybau | 735,0 kg |
| 100,0 kg | **Josef Muss** | ASKÖ Vöcklabruck | 735,0 kg |
| 110,0 kg | **Leopold Krendl** | KSC Polybau | 855,0 kg |
| 125,0 kg | **Rupert Mörth** | ATUS Zeltweg | 815,0 kg |
| +125,0 kg | **Walter Kaiser** | KSC Polybau | 795,0 kg |
| Mannschaft | **KSC Polybau** | | |
| Frauen | | | |
| 52,0 kg | **Dagmar Wang** | KSC Polybau | 340,0 kg |
| 56,0 kg | **Annette Elend** | KSZ Weinviertel | 210,0 kg |
| 60,0 kg | **Henriette Egger** | KSC Polybau | 270,0 kg |
| 67,5 kg | **Elvira Wallauch** | KSC Polybau | 385,0 kg |

| | | | |
|---|---|---|---|
| Frauen | | | |
| 75,0 kg | **Irene Janischevski** | Wüstenrot/Post | 400,0 kg |
| 82,5 kg | **Marianne Soja** | Wüstenrot/Post | 365,0 kg |
| 90,0 kg | **Veronika Menner** | Wüstenrot/Post | 325,0 kg |
| Mannschaft | **KSC Polybau** | | |

**WELTMEISTERSCHAFTEN**

| | | | | | |
|---|---|---|---|---|---|
| 31.5.–1.6.1987 Perth, Australien | Frauen | 52 kg | 4. Dagmar Wang | 13 Länder | 64 Starter |
| 17.–20.9.1987 Lima, Peru | Senioren | + 125 kg | 2. Walter Kaiser | 15 Länder | 84 Starter |
| 12.–15.11.1987 Fredrikstad, Norw. | Männer | 52 kg | 4. Josef Fenzl | 19 Länder | 110 Starter |
| | | 100 kg | 5. Leopold Krendl | | |
| | | 110 kg | 6. Rupert Mörth | | |
| | | + 125 kg | 10. Fritz Jirausek | | |

**EUROPAMEISTERSCHAFTEN**

| | | | | | |
|---|---|---|---|---|---|
| 2.–4.5.1987 Birmingham, GB | Männer | 52 kg | 4. Johann Mandl | 13 Länder | 84 Starter |
| | | 100 kg | 9. Leopold Krendl | | |
| | | 110 kg | 4. Rupert Mörth | | |
| 17.–19.7.1987 Mantova, Italien | Junioren | 60 kg | 6. Rony Gschwandtner | 9 Länder | 60 Starter |
| | | 67,5 kg | 5. Ferdinand Pesendorfer | | |
| | | 82,5 kg | 8. Werner Kampl | | |
| 5.–6.12.1987 Jönköping, Schweden | Frauen | 52 kg | **1. Dagmar Wang** | 11 Länder | 61 Starter |
| | | 67,5 kg | 6. Elvira Wallauch | | |
| | | 90 kg | 4. Veronika Menner | | |

Im Kraftdreikampf konnte Walter Kaiser 1987 wie schon 1986 wieder Vizeweltmeister werden. Gleichzeitig konnte er im Kniebeugen mit 370,5 kg einen Weltrekord aufstellen *(Foto Wallauch)*

**LEICHTATHLETIK** **ÖSTERREICHISCHER LEICHTATHLETIK-VERBAND** (ÖLV),
gegründet 1900
1040 Wien, Prinz-Eugen-Straße 12, Telefon 0 22 2 / 65 73 50,
Telex 3221238 – OELV
Dienstzeit:
Montag bis Donnerstag von 9 bis 15.30 Uhr, Freitag von 9 bis 12 Uhr

269 Vereine, 20.305 Mitglieder

Präsidentin
Erika Strasser, Prinz-Eugen-Straße 12, 1040 Wien

Mitglied der
**International Amateur Athletic Federation** (IAAF),
gegründet 1912, 179 Länder

Anschrift
3 Hans Crescent, Knightsbridge, London SW1X
OLN, England, Telefon 01/581 877 1 – 4,
Telex 296859 IAAF HQ G

ÖLV Österreichischer Leichtathletik Verband

Offizielle Verbandszeitung
„Marathon"
Verantwortlicher Schriftleiter für den ÖLV-Teil
Otto Baumgarten, 1040 Wien, Prinz-Eugen-Straße 12, Telefon 0 22 2 / 65 73 50

Ein äußerst erfolgreiches Jahr. Zwei Athleten konnten sich in der absoluten Weltspitze etablieren: Klaus Bodenmüller im Kugelstoßen mit seinem vierten Platz bei den Hallen-Europameisterschaften und vor allem mit seinem siebenten Platz bei den Weltmeisterschaften sowie Andreas Berger im Sprint, der in Rom sowohl über 100 m als auch 200 m den Durchmarsch bis ins Semifinale schaffte, wobei er über 100 m bei Zeitgleichheit nur hauchdünn den Aufstieg in das Finale verpaßte. Ebenso hauchdünn ging Herwig Röttl bei den Junioren-Europameisterschaften über 110 m Hürden am Gewinn einer Medaille vorbei.

Einen großartigen Teamerfolg errangen Österreichs Männer im Europa-Cup in der Gruppe B, in die sie 1985 aufgestiegen waren und in der sie sich nicht nur zu behaupten vermochten, sondern unter acht Nationen mit Ungarn sogar um den vierten Platz kämpften.

Abgerundet wird das erfreuliche Abschneiden mit 23 österreichischen Rekorden in der allgemeinen Klasse sowie hervorragenden Plazierungen im Spitzenfeld der Weltrangliste.

Für die gute Arbeit im Nachwuchsbereich spricht auch das große Interesse an den Nachwuchsmeisterschaften: 1303 Nennungen für die Junioren- und Schülermeisterschaften, 801 Nennungen für die Jugendmeisterschaften.

**STAATSMEISTER 1987**

| | | | | | |
|---|---|---|---|---|---|
| **Halle** | Männer | 60 m | **Andreas Berger** | LCAV doubrava | 6,74 |
| | | 200 m | **Andreas Berger** | LCAV doubrava | 21,41 |
| | | 400 m | **Klaus Ehrle** | ULC Mäser | 48,13 |
| | | 800 m | **Peter Svaricek** | ULC Wildschek | 1:50,57 |
| | | 1500 m | **Karl Blaha** | KSV | 3:55,08 |
| | | 3000 m | **Christian Urban** | LG Montfort | 8:14,36 |
| | | 60 m Hürden | **Hubert Petz** | U. Klagenfurt | 8,03 |
| | | Hochsprung | **Gottfried Wittgruber** | USSV Graz | 2,13 m |
| | | Weitsprung | **René Zeman** | ULC Wildschek | 7,62 m |
| | | Stabhochsprung | **Hermann Fehringer** | LCA Umdasch | 5,56 m |
| | | Dreisprung | **Alfred Stummer** | ULC Wildschek | 16,05 m |
| | | Kugelstoßen | **Klaus Bodenmüller** | LG Montfort | 19,53 m |

Andreas Berger sprintete in die Weltklasse *(Foto Sündhofer)*

| | | | | | |
|---|---|---|---|---|---|
| **Halle** | Frauen | 60 m | **Sabine Tröger** | ULC Weinland | 7,60 |
| | | 200 m | **Gerda Haas** | LCA Umdasch | 24,11 |
| | | 400 m | **Gerda Haas** | LCA Umdasch | 53,45 |
| | | 800 m | **Karoline Käfer** | KLC | 2:08,64 |
| | | 1500 m | **Theresa Kiesl** | ULC Linz | 4:31,58 |
| | | 3000 m | **Carina Quintero** | T. Innsbruck | 10:09,91 |
| | | 60 m Hürden | **Ulrike Kleindl** | USSV Graz | 8,56 |
| | | Hochsprung | **Sigrid Kirchmann** | U. Ebensee | 1,81 m |
| | | Weitsprung | **Regina Weiskopf** | TS Hohenems | 6,02 m |
| | | Kugelstoßen | **Karin Danninger** | LAG Ried | 14,41 m |
| **Crosslauf** | Männer I | 12,1 km | **Gerhard Hartmann** | LAC Innsbruck | 34:48 |
| | Mannschaft | | **U. Natternbach** | | 1:55:48 |
| | Frauen | 4,4 km | **Verena Lechner** | LAC Innsbruck | 15:25 |
| | Mannschaft | | **ULC Linz** | | 49:57 |
| **Straßen-Gehen** | Männer | 20 km | **Martin Toporek** | ATUS Felixdorf | 1:32:44 |
| | | 50 km | **Stefan Wögerbauer** | ÖTB Wien | 4:54:40 |

**Einzel-, Staffel- und Mehrkampfmeisterschaften**

| | | | | | |
|---|---|---|---|---|---|
| **Freiluft** | Männer | 100 m | **Andreas Berger** | LCAV doubrava | 10,43 |
| | | 200 m | **Andreas Berger** | LCAV doubrava | 20,76 |
| | | 400m | **Klaus Ehrle** | ULC Mäser | 46,27 |
| | | 800 m | **Herwig Tavernaro** | LG Montfort | 1:48,50 |
| | | 1.500 m | **Karl Blaha** | KSV | 3:52,91 |
| | | 5.000 m | **Gerhard Hartmann** | LAC Innsbruck | 14:20,41 |
| | | 10.000 m | **Robert Nemeth** | LAC Innsbruck | 29:29,83 |
| | | 110 m Hürden | **Norbert Tomaschek** | SV Schwechat | 14,02 |
| | | 400 m Hürden | **Klaus Ehrle** | ULC Mäser | 49,66 |
| | | 3.000 m Hindernis | **Peter Pfeifenberger** | U. Salzburg | 9:01,32 |
| | | Hochsprung | **Markus Einberger** | LAC Innsbruck | 2,17 m |
| | | Weitsprung | **Andreas Steiner** | T. Innsbruck | 7,94 m |
| | | Stabhochsprung | **Hermann Fehringer** | LCA Umdasch | 5,55 m |
| | | Dreisprung | **Alfred Stummer** | ULC Wildschek | 15,78 m |
| | | Kugelstoßen | **Klaus Bodenmüller** | LG Montfort | 19,37 m |
| | | Diskus | **Erwin Weitzl** | SV Schwechat | 58,52 m |
| | | Speer | **Wolfgang Spann** | LAC Innsbruck | 66,14 m |
| | | Hammer | **Johann Lindner** | LC Villach | 79,04 m |
| | | 4 × 100 m | **LCAV doubrava** | | 40,55 |
| | | 4 × 400 m | **ULC Wildschek** | | 3:15,78 |
| | | Zehnkampf | **Michael Arnold** | SV Schwechat | 7577 P. |
| | | Marathon | **Gerhard Hartmann** | LAC Innsbruck | 2:16:10 |
| | Frauen | 100 m | **Elisabeth Norz** | LCAV doubrava | 11,98 |
| | | 200 m | **Gerda Haas** | LCA Umdasch | 23,94 |
| | | 400 m | **Gerda Haas** | LCA Umdasch | 52,71 |
| | | 800 m | **Erika Zenz** | ATSE Graz | 2:07,34 |
| | | 1.500 m | **Anni Müller** | DSG Maria Elend | 4:25,35 |
| | | 3.000 m | **Anni Müller** | DSG Maria Elend | 9:37,03 |
| | | 10.000 m | **Anni Müller** | DSG Maria Elend | 34:47,79 |
| | | 100 m Hürden | **Ulrike Kleindl** | SV Schwechat | 13,63 |
| | | 400 m Hürden | **Gerda Haas** | LCA Umdasch | 58,90 |
| | | Hochsprung | **Sigrid Kirchmann** | U. Ebensee | 1,90 m |
| | | Weitsprung | **Regina Weiskopf** | TS Hohenems | 6,11 m |
| | | Kugelstoßen | **Karin Danninger** | LAG Ried | 15,40 m |
| | | Diskus | **Ursula Weber** | SV Schwechat | 54,60 m |
| | | Speer | **Lisbeth Mischkaunig** | KLC | 53,52 m |
| | | 4 × 100 m | **SV Schwechat** | | 46,67 |
| | | 4 × 400 m | **SV Schwechat** | | 3:51,64 |
| | | Siebenkampf | **Beata Krawcewicz** | SV Schwechat | 5377 P. |
| | | 15-km-Straßenlauf | **Verena Lechner** | LAC Innsbruck | 54:21 |
| | | Marathon | **Carina Weber-Leutner** | Gend. Athletic | 2:40:57 |

Bodenmüller – Österreichs 20-m-Stoßer *(Foto Votova)*

**ÖSTERREICHISCHE MEISTER 1987**

| | | | | |
|---|---|---|---|---|
| Männer | Zehnkampf | | | |
| | Mannschaft | Zehnkampf-Union | | 19.884 P. |
| | 25-km-Straßenlauf | Peter Schatz | LAC Wolfsberg | 1:20:19 |
| | Mannschaft | U. Lienz | | 4:17:54 |
| | 3 × 1000 m | LG Montfort | | 7:17,95 |
| | Marathon | | | |
| | Mannschaft | LAC Innsbruck | | 7:45:48 |
| | Berglauf | Peter Schatz | LAC Wolfsberg | 33:47 |
| | Mannschaft | USV Weißbach | | 1:53:51 |
| Männer II | Cross 4 km | Robert Nemeth | LAC Innsbruck | 10:17 |
| | Mannschaft | LAC Innsbruck | | 31:10 |
| Frauen | 15-km-Straßenlauf | | | |
| | Mannschaft | ATSV Innsbruck | | 2:57:45 |
| | Berglauf | Anni Obehofer | ATSV Innsbruck | 44:41 |
| | Mannschaft | ATSV Innsbruck | | 2:20:49 |
| | Marathon | | | |
| | Mannschaft | ATSV Innsbruck | | 9:31:30 |
| Männliche Junioren | Cross 7,8 km | Erich Kokaly | DSG Maria Elend | 25:15 |
| | Mannschaft | ULC Mödling | | 1:20:19 |
| | 100 m | Jürgen Böckle | TS Vorwerk | 10,87 |
| | 200 m | Jürgen Böckle | TS Vorwerk | 22,10 |
| | 400 m | Oliver Münzer | KLC | 48,47 |
| | 800 m | Bernhard Richter | U. St. Pölten | 1:52,93 |
| | 1500 m | Bernhard Richter | U. St. Pölten | 3:56,84 |
| | 3000 m | Erich Kokaly | DSG Maria Elend | 8:38,23 |
| | 110 m Hürden | Herwig Röttl | TLC Feldkirchen | 14,40 |
| | 400 m Hürden | Herwig Röttl | TLC Feldkirchen | 52,43 |

| | | | | |
|---|---|---|---|---|
| Männliche Junioren | 2000 m Hindernis | Wolfgang Fritz | ULC Weinland | 9:08,58 |
| | Hochsprung | Robert Vlach | ULC Wildschek | 1,98 m |
| | Weitsprung | Herwig Röttl | TLC Feldkirchen | 7,17 m |
| | Stabhochsprung | Georg Kuttner | ULC Weinland | 4,40 m |
| | Dreisprung | Erwin Reiterer | ATSV Ternitz | 14,21 m |
| | Kugelstoßen | Norbert Operschall | ATV Trumau | 15,17 m |
| | Diskus | Norbert Operschall | ATV Trumau | 46,06 m |
| | Speer | Manfred Harter | SV Schwechat | 62,90 m |
| | Hammer | Klaus Moser | LCA Umdasch | 50,26 m |
| | 4 × 100 m | ULC Weinland | | 43,67 |
| | 3 × 1000 m | LAC Innsbruck | | 7:35,38 |
| | Zehnkampf | Lothar Brandl | LAG Ried | 6473 P. |
| | Mannschaft | ULC Weinland | | 17.250 P. |
| | 10-km-Gehen | Christian Kompas | ATUS Felixdorf | 56:53 |
| Weibliche Junioren | Cross 3,6 km | Monika Frisch | ÖTB Salzburg | 13:31 |
| | 100 m | Ulrike Alge | TS Lustenau | 12,18 |
| | 200 m | Ulrike Alge | TS Lustenau | 24,68 |
| | 400 m | Tanja Granig | KLC | 57,52 |
| | 800 m | Andrea Pospischek | ULC Linz | 2:14,08 |
| | 1500 m | Angelika Tagatsch | TSU Hartberg | 10:28,85 |
| | 3000 m | Andrea Pospischek | ULC Linz | 4:44,11 |
| | 100 m Hürden | Michaela Hynek | TLC Feldkirchen | 14,33 |
| | 400 m m Hürden | Ulrike Alge | TS Lustenau | 59,76 |
| | Hochsprung | Brigitte Pöck | SVS | 1,80 m |
| | Weitsprung | Kathi Sabernig | ULC Linz | 5,99 m |
| | Kugelstoßen | Claudia Posch | IAC | 13,67 m |
| | Diskus | Claudia Posch | IAC | 39,78 m |
| | Speer | Irene Sakovics | LAG Pamania | 39,74 m |
| | 4 × 100 m | ULC Linz | | 48,79 |
| | 3 × 800 m | KLC | | 7:03,05 |
| | Siebenkampf | Brigitte Pöck | SV Schwechat | 5017 P. |
| Männliche Jugend | Cross 3,6 km | Bernhard Richter | U. St. Pölten | 11:03 |
| | Mannschaft | LCAV doubrava | | 34:47 |
| | 100 m | Peter Gubo | Post SV Graz | 11,10 |
| | 200 m | Peter Gubo | Post SV Graz | 22,56 |
| | 400 m | Oliver Münzer | KLC | 49,56 |
| | 800 m | Bernhard Richter | U. St. Pölten | 1:52,23 |
| | 1500 m | Bernhard Richter | U. St. Pölten | 4:07,73 |
| | 3000 m | Gerald Hafner | ULC Linz | 8:59,67 |
| | 110 m Hürden | Wolfgang Krizek | SV Schwechat | 15,23 |
| | 300 m Hürden | Karl Lang | U. Salzburg | 38,56 |
| | 1500 m Hindernis | Robert Platzer | LCVA doubrava | 4:25,85 |
| | Hochsprung | Dieter Kalian | ATV Feldkirchen | 1,97 m |
| | Weitsprung | Christoph Pöstinger | ASKÖ Leonding | 6,98 m |
| | Stabhochsprung | Thomas Pichler | USSV Graz | 4,10 m |
| | Dreisprung | Erwin Reiterer | ATSV Ternitz | 14,04 m |
| | Kugelstoßen | Michael Oppl | UWW | 15,76 m |
| | Diskus | Alfred Ramler | ULC Mödling | 46,14 m |
| | Speer | Erwin Reiterer | ATSV Ternitz | 56,74 m |
| | Hammer | Ralf Kamensky | ULC Weinland | 49,40 m |
| | 4 × 100 m | ULC Linz | | 44,10 |
| | 3 × 1000 m | U. Salzburg | | 7:44,18 |
| | Zehnkampf | Erwin Reiterer | ATSV Ternitz | 6352 P. |
| | Mannschaft | U. Salzburg | | 16.761 P. |
| | 5-km-Gehen | Christian Kompas | ATUS Felixdorf | 28:25 |
| Weibliche Jugend | Cross 2,7 km | Angelika Tagatsch | TSV Hartberg | 9:38 |
| | Mannschaft | LC Tirol | | 30:25 |
| | 100 m | Christina Öppinger | U. Salzburg | 12,15 |
| | 200 m | Christina Öppinger | U. Salzburg | 24,84 |
| | 400 m | Tanja Granig | KLC | 58,97 |
| | 800 m | Andrea Schnabl | KLC | 2:20,03 |
| | 3000 m | Angelika Tagatsch | TSV Hartberg | 10:36,85 |
| | 100 m Hürden | Christina Öppinger | U. Salzburg | 14,37 |
| | 300 m Hürden | Saloua Elouardi | ÖTB Wien | 43,36 |

| | | | | |
|---|---|---|---|---|
| Weibliche Jugend | Hochsprung | Michaela Eglseer | LCA Umdasch | 1,69 m |
| | Weitsprung | Heidi Totter | ATSE Graz | 5,71 m |
| | Kugelstoßen | Elisabeth Loidold | U. Schärding | 12,06 m |
| | Diskus | Margit Gesierich | KLC | 37,10 m |
| | Speer | Christina Halapier | TLC Feldkirchen | 36,98 m |
| | 4 × 100 m | ULC Linz | | 48,37 |
| | 3 × 800 m | KLC | | 7:18,30 |
| | Fünfkampf | Kathi Sabernig | ULC Linz | 3952 P. |
| | Mannschaft | ULC Linz | | 10.553 P. |
| Männliche Schüler | Cross 2,7 km | Andreas Schweigart | LCAV doubrava | 8:46 |
| | Mannschaft | TS Götzis | | 27:17 |
| | 100 m | Oliver Jibidar | Cricket | 11,41 |
| | 800 m | Andreas Schweigart | LCAV doubrava | 2:04,05 |
| | 2000 m | Josef Schrattbauer | U. Purgstall | 6:11,07 |
| | 110 m Hürden | Armin Tomek | SV Schwechat | 15,29 |
| | Hochsprung | Christian Vejmelek | SK VÖEST | 1,78 m |
| | Weitsprung | Christoph Pöstinger | ASKÖ Leonding | 6,53 m |
| | Stabhochsprung | Josef Fischelmayer | ULC Weinland | 3,60 m |
| | Kugelstoßen | Christian Lanner | IAC | 13,60 m |
| | Diskus | Christian Lanner | IAC | 37,66 m |
| | Speer | Christian Lechner | SK Völs | 46,04 m |
| | 4 × 100 m | ULC Weinland | | 46,17 |
| | 3 × 1000 m | KSV der Wr. Berufsschulen | | 8:28,62 |
| | Sechskampf | Armin Tomek | SVS | 3766 P. |
| | Mannschaft | TS Rankweil | | 8938 P. |
| | 5-km-Gehen | Michael Olsacher | Spittaler TV | 31:07 |
| Weibliche Schüler | Cross 1,9 km | Birgit Egartner | FCS Schiefling | 6:32 |
| | Mannschaft | TS Gisingen | | 20:35 |
| | 100 m | Christina Öppinger | | 12,42 |
| | 800 m | Angelika Eller | ÖTB Tirol | 2:17,28 |
| | 2000 m | Stefanie Graf | VST Völkermarkt | 6:47,09 |
| | 80 m Hürden | Christina Öppinger | U. Salzburg | 11,86 |
| | Hochsprung | Bettina Mayer | MLG | 1,64 m |
| | Weitsprung | Christina Öppinger | U. Salzburg | 5,30 m |
| | Kugelstoßen | Dorothea Bauer | ELO | 12,19 m |
| | Diskus | Alexandra Brecher | ÖTB Tirol | 27,70 m |
| | Speer | Christina Halapier | TLC Feldkirchen | 34,04 m |
| | 4 × 100 m | ULC Weinland | | 52,48 |
| | 3 × 800 m | TS Gisinger | | 7:34,31 |
| | Fünfkampf | Christina Öppinger | U. Salzburg | 3635 P. |
| | Mannschaft | U. Salzburg | | 8545 P. |

**EUROPACUP**

| | | |
|---|---|---|
| Herren | Gruppe B | 5. Österreich |
| Frauen | Gruppe C | 2. Österreich |

**WELTMEISTERSCHAFTEN**

| | | | | |
|---|---|---|---|---|
| 29.8.–6.9.87 Rom | Männer | Kugelstoßen | 7. Klaus Bodenmüller | 20,41 m |
| | | 100 m | 5. Andreas Berger (Semifinale) | 10,37 |

**EUROPAMEISTERSCHAFTEN**

**Halle**

| | | | | |
|---|---|---|---|---|
| 21./22.2.87 Liévin | Männer | Kugelstoßen | 4. Klaus Bodenmüller | 20,16 m |
| | Männl. Junioren | 110 m Hürden | 4. Herwig Röttl | 14,18 |
| | | Weitsprung | 5. René Zeman | 7,59 m |
| | | 1500 m | 8. Bernhard Richter | 3:55,27 |
| | Weibl. Junioren | 4 × 100 m | 6. Österreich | 47,93 |
| | | 400 m | 8. Ulrike Alge | 55,96 |

**Österreichs LA-Rekorde, Stand: 1. Jänner 1988**

Männer

| | | | | | |
|---|---|---|---|---|---|
| 100 m | **Andreas Berger** | LCAV doubrava | 10,19 | 15.8.87 | Vöcklabruck |
| 200 m | **Andreas Berger** | LCAV doubrava | 20,52 | 6.6.87 | München |
| 400 m | **Klaus Ehrle** | ULC Mäser | 46,27 | 12.7.87 | Kapfenberg |
| 800 m | **Rudolf Klaban** | Reichsbund | 1:47,4 | 15.10.64 | Tokio |
| 1000 m | **Robert Nemeth** | SVS Bawag | 2:18,20 | 2.9.82 | Schwechat |
| 1500 m | **Robert Nemeth** | SVS Schwechat | 3:35,80 | 29.8.84 | Koblenz |
| 1 engl. Meile | **Robert Nemeth** | SVS Bawag | 3:52,42 | 9.9.81 | Rieti |
| 2000 m | **Robert Nemeth** | SVS Schwechat | 4:59,56 | 8.8.84 | Klagenfurt |
| 3000 m | **Dietmar Millonig** | SVS Bawag | 7:43,7 | 15.8.80 | Lausanne |
| 5000 m | **Dietmar Millonig** | SVS Bawag | 13:15,31 | 18.8.82 | Zürich |
| 10.000 m | **Dietmar Millonig** | SVS Bawag | 27:42,98 | 28.6.82 | Oslo |
| 110 m Hürden | **Norbert Tomaschek** | SV Schwechat | 14,02 | 12.7.87 | Kapfenberg |
| 400 m Hürden | **Thomas Futterknecht** | U. St. Pölten | 49,33 | 30.8.85 | Kobe |
| 3000 m Hindernis | **Wolfgang Konrad** | LAC Raiffeisen Innsbruck | 8:17,22 | 20.8.82 | Berlin |
| Hochsprung | **Markus Einberger** | LAC Innsbruck | 2,28 m | 18.5.86 | Schwechat |
| Weitsprung | **Andreas Steiner** | T. Innsbruck | 8,18 m | 23.8.87 | Ebensee |
| Stabhochsprung | **Hermann Fehringer** | LCA Umdasch | 5,71 m | 23.8.87 | Hainfeld |
| Dreisprung | **Alfred Stummer** | ULC Wildschek | 16,35 m | 13.7.86 | Linz |
| Kugelstoßen | **Klaus Bodenmüller** | LG Montfort | 20,79 m | 13.6.87 | Linz |

Trotz stärkster Konkurrenz konnte Futterknecht bei der Studenten-Weltmeisterschaft in Zagreb ins Finale vordringen – 5. Platz *(Foto Sündhofer)*

| | | | | | |
|---|---|---|---|---|---|
| Diskus | **Georg Frank** | KLC | 63,32 m | 29.9.81 | Klagenfurt |
| Speer | **Otto Petrovic** | USSV Graz | 73,58 m | 14.6.86 | Barcelona |
| Hammer | **Johann Lindner** | LC Villach | 79,70 m | 24.6.87 | Schwechat |
| Zehnkampf | **Dr. Georg Werthner** | ULC Linz-Oberbank | 8224 eP. | 7./8.8.82 | Schielleiten |
| | 11,12 – 7,13 – 14,84 – 2,07 – 49,68 – 14,89 – 40,46 – 4,70 – 68,86 – 4:15,89 | | | | |
| 4 × 100 m | **Gründl-Mark-Berger-Jokl**<br>Nationalstaffel | | 39,63 | 28.6.86 | Linz |
| 4 × 100 m | **Regner-Dr. Nepraunik-Nöster-Lang**<br>ULC Wildschek | | 39,9 | 17.6.72 | Lüdenscheid |
| 4 × 200 m | **Freywald-Zipfelmayer-Trenkler-Eigenberger**<br>ULC Wildschek | | 1:27,67 | 25.5.86 | St. Pölten |
| 4 × 400 m | **Ehrle-Göschl-Rapek-Futterknecht**<br>Nationalstaffel | | 3:09,24 | 12.8.85 | Schwechat |
| 4 × 400 m | **Siegl-Glösl-Zettl-Dr. K. Mayramhof**<br>TI-Raiffeisen | | 3:13,8 | 10.6.79 | Wien |
| 3 × 1000 m | **Altersberger-Oberrauner-D. Millonig**<br>LC Villach | | 7:16,02 | 14.9.85 | Wien |
| 4 × 800 m | **Rapek-Fencl-Miedler-Svaricek**<br>ULC Wildschek | | 7:35,63 | 7.7.87 | Wien |
| 4 × 1500 m | **Jauk-Nemeth-Tschernitz-D. Millonig**<br>SVS Schwechat | | 15:58,4 | 14.9.76 | Südstadt |
| 5000 m Gehen | **Martin Toporek** | SVS Bawag | 21:04,8 | 13.9.79 | Wien |
| 10.000 m Gehen | **Martin Toporek** | SVS Bawag | 41:53,59 | 6.6.81 | Schwechat |
| 20.000 m Gehen | **Martin Toporek** | ATUS Felixdorf | 1:25:31,5 | 26.4.86 | Fana/Bergen |
| Frauen | | | | | |
| 100 m | **Karoline Käfer** | KLC | 11,43 | 10.6.78 | Fürth |
| 200 m | **Karoline Käfer** | KLC | 23,09 | 10.6.78 | Fürth |
| 400 m | **Karoline Käfer** | KLC | 50,62 | 18.6.77 | Klagenfurt |
| 800 m | **Christiane Wildschek** | ULC Wildschek | 1:59,4 | 23.6.79 | B. Bystrica |
| 1500 m | **Doris Weilharter** | ATSV Innsbruck | 4:12,94 | 29.7.81 | Budapest |
| 3000 m | **Anni Müller** | DSG Maria Elend | 9:08,19 | 1.9.85 | Rovereto |
| 5000 m | **Isabelle Hozang** | SVS Schwechat | 16:27,2 | 6.4.84 | Austin |
| 10.000 m | **Anni Müller** | DSG Maria Elend | 34:34,80 | 1.8.87 | Innsbruck |
| 100 m Hürden | **Ulrike Kleindl** | SV Schwechat | 13,55 | 9.9.87 | München |
| 400 m Hürden | **Gerda Haas** | LCA Umdasch | 56,86 | 27.6.87 | Athen |
| Hochsprung | **Sigrid Kirchmann** | U. Ebensee | 1,95 m | 13.6.87 | Linz |
| Weitsprung | **Hanna Kleinpeter** | UKS Wien | 6,54 m | 7.6.76 | Basel |
| Kugel | **Liese Prokop** | LAC Raiffeisen-Energie | 16,04 m | 5.7.75 | Südstadt |
| Diskus | **Ursula Weber** | SV Schwechat | 59,10 m | 24.6.87 | Schwechat |
| Speer | **Eva Janko** | LAC Raiffeisen-Energie | 61,80 m | 27.7.73 | Innsbruck |
| Siebenkampf | **Sigrid Kirchmann** | U. Ebensee | 5944 eP. | 5./6.10.85 | Ebensee |
| | 14,07 – 1,85 – 12,40 – 26,07 – 5,95 – 51,90 – 2:27,47 | | | | |
| 4 × 100 m | **Hareter-Prenner-Schinzel-Haest**<br>Nationalstaffel | | 45,3 | 30.6.74 | Wien |
| 4 × 100 m | **Wildschek-Schinzel-Hareter-Haest**<br>Nationalstaffel | | 45,42 | 19.6.76 | Südstadt |
| 4 × 100 m | **H. Brüstle-I. Brüstle-Haest-Maier**<br>TS Bregenz-Stadt | | 45,88 | 11.8.79 | Innsbruck |
| 4 × 200 m | **H. Brüstle-I. Brüstle-Maier-Haest**<br>TS Bregenz-Stadt | | 1:38,6 | 1.8.79 | Dornbirn |
| 4 × 400 m | **Schinzel-Burger-Mühlbach-Wildschek**<br>Nationalstaffel | | 3:34,42 | 20.6.76 | Südstadt |
| 4 × 400 m | **Kienberger-Jerolitsch-Petutschnig-Käfer**<br>KLC | | 3:44,95 | 3.9.77 | Wien |
| 4 × 800 m | **Opelka-Albin-Undeutsch-Ronge**<br>Criket | | 9:29,8 | 23.7.81 | Wien |

## MODERNER FÜNFKAMPF

**ÖSTERREICHISCHER VERBAND MODERNER FÜNFKAMPF**
gegründet 1970
1040 Wien, Prinz-Eugen-Straße 12, Telefon 0 22 2 / 65 52 164, Telex 133 132

10 Vereine, 264 Mitglieder

Präsident: Obst. Dr. Ernst Auer, 2700 Wiener Neustadt, Burgplatz 1,
Telefon 0 26 22 / 22 581

Geschäftsführender Vizepräsident: Obstlt. Alexander Peirits,
2700 Wr. Neustadt, Am Reitweg 38, Telefon 0 26 22 / 85 104 (53 81 04)

Mitglied der **Union Internationale de Pentathlon Moderne et Biathlon** (UIPMB),
gegründet 1948, 52 Länder, 40.000 Mitglieder

Mit Gisela Draxler und Helmut Spannagl konnten sich nach längerer Zeit wieder zwei Athleten bei der WM in der ersten Hälfte der Teilnehmer qualifizieren.

Schwergewicht der Verbandsarbeit sind die organisatorischen Vorbereitungen für die Damen-WM 1989, welche vom 2. – 6. August in Wiener Neustadt stattfinden wird.

**STAATSMEISTER 1987**

**Moderner Fünfkampf**

| | | | |
|---|---|---|---|
| Einzel | Herren | **Helmut Spannagl** | Union Krems |
| | Damen | **Gisela Draxler** | HSV Wr. Neustadt |

**ÖSTERREICHISCHE MEISTER 1987**

**Militärischer Fünfkampf**

| | | | |
|---|---|---|---|
| Herren | Einzel | Ingo Beer | HSV Großmittel |
| | Mannschaft | HSV Großmittel | |

## MOTORBOOT

**MOTORBOOT-SPORTVERBAND FÜR ÖSTERREICH** (MSVÖ),
gegründet 1956
1150 Wien, Hütteldorfer Straße 2b, Telefon 0 22 2 / 92 56 93

60 Vereine, 2599 Mitglieder

Präsident
Hofrat Dipl.-Ing. Bruno Gibisch, 1030 Wien, Hetzgasse 2,
Telefon 0 22 2 / 75 65 11/DW 80 00
Generalsekretär
Prof. Wilhelm G. Kaan, 1030 Wien, Ölzeltgasse 3, Telefon 0 22 2 / 73 15 71

Mitglied der
**Union Internationale Motonautique** (UIM),
gegründet 1922, 51 Länder
Anschrift: Stade Louis II – Entrée H
MC 98000 Monaco, Tel. (33) 93 50 12 60

Hervorragend die Leistung von Christian Steineder, der auch 1987 wieder einen Weltmeistertitel erringen konnte. Die vierteljährlich erscheinenden MSVÖ-Nachrichten haben sich als geeignetes Mittel zur Verbesserung des Informationsflusses erwiesen.

Alle im Tourensportprogramm enthaltenen Veranstaltungen wurden zur Zufriedenheit abgewickelt.

**STAATSMEISTER 1987**

| | |
|---|---|
| Klasse O-350 (ehem. OB) | **Herbert Moritz** |
| Klasse O-500 (ehem. OC) | **Herbert Moritz** |
| Klasse O-700 (ehem. OD) | **Michael Cerveny** |

**WELTMEISTERSCHAFTEN**

| | | |
|---|---|---|
| 21.6.87, Szeged | O-350 | 9. Herbert Moritz |
| 30.8.87, Berlin-Oberhavel | O-700 | **1. Christian Steineder**<br>7. Erich Gstöttenmaier<br>8. Michael Cerveny<br>9. Roman Schweiger |

**EUROPAMEISTERSCHAFTEN**

| | | |
|---|---|---|
| 26.7.87, Hamburg | O-350 | 8. Christian Steineder<br>13. Herbert Moritz |
| 6.9.87, Budapest | O-700 | 4. Michael Cerveny<br>7. Erich Gstöttenmaier<br>8. Roman Schweiger<br>9. Christian Steineder |

## MOTORSPORT

**ÖSTERREICHISCHER AUTOMOBIL-, MOTORRAD- UND TOURINGCLUB**

**OBERSTE NATIONALE SPORTKOMMISSION FÜR DEN KRAFTFAHRSPORT IN ÖSTERREICH** (OSK)
2524 Teesdorf, Fahrtechnikzentrum, Telefon 0 22 53 / 81 600,
Telex 14104 motor a, Telefax 0 22 53 / 81 722

Dienstzeit: Montag bis Donnerstag von 8 bis 17 Uhr, Freitag von 8 bis 15 Uhr

Vorsitzender: Hofrat Univ.-Prof. Dr. Alfred Staffen

Sekretär: Peter Supp, 2524 Teesdorf, Fahrtechnikzentrum,
Telefon 0 22 53 / 81 600, Telex 14104 motor a, Telefax 0 22 53 / 81 722

Offizielle Verbandszeitung
„OSK-Mitteilungen", erscheinen fallweise nach Bedarf

## ÖSTERREICHISCHE MEISTER UND POKALSIEGER 1987

| | | | | |
|---|---|---|---|---|
| Rennwagen | Formel III | Franz Binder | BRD | Reynard |
| | Formel Ford 2000 | Jörg Pernkopf | Bad Ischl/OÖ | Reynard |
| | Formel Ford 1600 | Karl Wendlinger | Kufstein/T | Van Diemen |
| | Bergpokal | Wolfgang Griessner | Saalfelden/Sbg. | Van Diemen |
| Automobilrennsport | bis 2000 ccm | Josef Seidler | Graz/Stmk. | BMW 320i |
| | über 2000 ccm | Sepp Manhalter | Amstetten/NÖ | BMW M1 |
| | Bergpokal | Sepp Manhalter | Amstetten/NÖ | BMW M1 |
| Karting | Intercont. A | Ing. Hans Fürthbauer | Laakirchen/OÖ | Birel |
| | Formel C | Rainer Wimmer | Freistadt/OÖ | Rotax |
| Rallye | Gruppe A | Dipl.-Ing. Georg Fischer | Wien | Audi Quattro |
| | Gruppe N | Eddy Schleger | Wilhelmsburg/NÖ | Mazda 323 4WD |
| Auto-Cross | Gruppe A, B, 4-Rad | Ernst Hofer | Groß-Enzersdorf/NÖ | Porsche |
| | Buggies | Willi Rösel | Drasenhofen/NÖ | Porsche |
| Rallye-Cross | Gruppe A | Herbert Breiteneder | Ulmerfeld/NÖ | VW-Golf GTI |
| | Gruppe A, B, 4-Rad | René Vontsina | Wiener Neustadt/NÖ | Audi Quattro |
| | Gruppe N | Martin Zellhofer | Neumarkt/NÖ | Ford Escort XR3i |
| Slalom | Gr. A, über 1600 ccm | Willi Penzinger | Wien | VW-Golf GTI |
| | Gr. B, H, bis 1300 ccm | Mag. Otto Zotter | Deutschlandsberg/Stmk. | Simca |
| | Gr. C, D, E, 5–8, über 1300 ccm | Robert Aichlseder | Prambachkirchen/OÖ | Kaimann |
| Umweltpreis | | Mobil-Rallye-Team | Wien | |
| Karting-Nachwuchspokal | Intercont. A | Patrick Vallant | Klagenfurt/K | Swiss Hutless |
| Motorradrennsport | über 0 bis 125 ccm | Karl Dauer | Wien | MBA |
| | über 125 bis 250 ccm | Hans Lindner | Salzburg | Honda |
| | über 350 bis 500 ccm | Karl Truchsess | Fernitz/Stmk. | Honda |
| | Viertaktklasse | Hans Winkler | Grieskirchen/OÖ | Suzuki |
| | Sportmaschinen | Josef Wallner | Matrei/T | Yamaha |
| Moto-Cross | über 80 bis 125 ccm | Karl Sulzer | Reith/T | KTM |
| | über 125 bis 250 ccm | Karl Sulzer | Reith/T | KTM |
| | über 350 bis 500 ccm | Heinz Kinigadner | Uderns/T | KTM |
| | Viertaktklasse | Karl Sulzer | Reith/T | KTM |
| Speedway | | Heinrich Schatzer | Lanzenkirchen/NÖ | Gooden |
| Trial | | Erich Brandauer | Pottenstein/NÖ | Beta |
| Enduro | Viertaktmotoren | Reinhard Lehnert | Wildbad-Einöd/K | KTM |
| | Zweitaktmotoren über 0 bis 125 ccm | Hubert Trattner | Judenburg/Stmk. | KTM |
| | über 125 bis 250 ccm | Friedrich Pelz | Wien | KTM |
| | über 250 ccm | Hans Danzinger | Böheimkirchen/NÖ | KTM |
| Moto-Cross-Nachwuchspokal | über 80 bis 125 ccm | Werner Erös | Wiener Neustadt/NÖ | Honda |
| | über 125 bis 500 ccm | Manfred Wolfgruber | Ach/Sbg. | KTM |
| Goldenes Band Solo-Moto-Cross | | Harald Perkhofer | Rietz/T | KTM |
| Goldenes Band Beiwagen-Moto-Cross | | Karl Fussenegger/ Josef Meusburger | Hohenems/Vlbg. Egg/Vlbg. | KTM-EML |

Automobilsportler des Jahres: Franz Wittmann, Ramsau/NÖ
Motorradsportler des Jahres: Karl Sulzer, Reith/Tirol

ELAN
ELAN
ELAN
voran mit ELAN
ELAN motorsport
ELAN ZIEL ELAN

Weltmeisterschaftslauf in Sittendorf – Kinigadner konnte in der 500-cm$^3$-Klasse nicht an seine Leistungen anschließen *(Foto Sündhofer)*

# ORIENTIERUNGSLAUF

**ÖSTERREICHISCHER FACHVERBAND FÜR ORIENTIERUNGSLAUF**
gegründet 1966
1040 Wien, Prinz-Eugen-Straße 12, Telefon 0 22 2 / 65 03 93, Telex 133 132

Dienstzeit: Dienstag und Donnerstag, 8 bis 17 Uhr

60 Vereine, 1281 Mitglieder

Präsident
Fritz Woitsch, 2601 Sollenau, Matzendorferstraße 43, Telefon 0 26 28 / 7460

Sekretärin: Anneliese Bonek, 1140 Wien, Stinglgasse 18

Mitglied der
**Internationalen Orientierungslauf-Föderation** (IOF),
gegründet 1961, 35 Länder

Anschrift
Internationale Orientierungslauf Föderation (IOF)
P.O. Box 76, S-19121 Sollentuna, Schweden,
Telefon (46) 8-3534 55, Telex 13652 S attn IOF

Österreich ist durch 5 Funktionäre in IOF-Kommissionen vertreten.

Offizielle Verbandszeitung
„Orientierung", erscheint siebenmal im Jahr

Das Jahr 1987 stand im Zeichen großer internationaler Wettkämpfe. In Österreich fand zum 2. Mal der „Internationale 5-Tage-OL" in Pinkafeld statt. 15 Nationen und mehr als 2000 Wettkampfteilnehmer wurden gezählt.

Ebenfalls in Pinkafeld fand der Seniorenweltcup statt, Österreich konnte einen 2. Platz erreichen.

Einen weiteren Höhepunkt stellte die Weltmeisterschaft in Frankreich dar. Im Qualifikationslauf konnte sich Roland Arbter den 2. Platz sichern.

Auf organisatorischer Ebene konnte nach langen Verhandlungen neben der Bundessportschule Schielleiten endlich auch für die Bundessportschule Faak/See eine OL-Spezialkarte im Maßstab 1:15.000 aufgelegt werden.

**STAATSMEISTER 1987**

| | | | |
|---|---|---|---|
| Tag-Orientierungslauf | Herren | **Peter Bonek** | TVN Wien |
| | Damen | **Regina Mandl** | HSV Klagenfurt |
| Nacht-Orientierungslauf | Herren | **Peter Bonek** | TVN Wien |
| | Damen | **Gislind Berger** | OLC Tyrolia |
| Staffellauf | Herren | **TVN Wien** | |
| | Damen | **TVN Wien** | |
| Ski-Orientierungslauf | Herren | **Max Habenicht** | HSV Klagenfurt |
| | Damen | **Silvia Terler** | TVN Kindberg |
| Langstrecken-Orientierungslauf | Herren | **Roland Arbter** | TVN Wien |
| | Damen | **Regina Mandl** | HSV Klagenfurt |

**ÖSTERREICHISCHE MEISTER 1987**

| | | | |
|---|---|---|---|
| Tag-Orientierungslauf | Senioren 35 | Franz Nagele | HSV Salzburg |
| | Junioren | Andreas Frank | OLC Tyrolia |
| | Senioren 40 | Leopold Tonka | HSV Salzburg |
| | H 17–18 Jahre | Martin Brantner | HSV Pinkafeld |
| | Seniorinnen 35 | Helga Kolb | TVN Wien |
| | D 17–18 Jahre | Claudia Künzel | TVN Wien |
| Nacht-Orientierungslauf | Senioren 35 | Meinrad Huemer | WAT |
| | Junioren | Andreas Frank | OLC Tyrolia |
| | Seniorinnen 40 | Dietlinde Venhauer | OLCU Viktring |
| | D 17–18 Jahre | Claudia Grabenhofer | OLC Markt Allhau |
| Staffeln | H 35 Jahre | HSV Salzburg | |
| | H 17–18 Jahre | HSV Graz | |
| | D 15–18 Jahre | HSV Wr. Neustadt | |
| Ski-Orientierungslauf | Senioren 35 | Peter Stadler | HSV Oberösterreich |
| | Senioren 40 | Wolf Eberle | HSV Aigen |
| | Junioren | Herwig Allwinger | LAC |
| | H 17–18 Jahre | Jörg Bürger | HSV Klagenfurt |
| | Seniorinnen 35 | Berta Lebitsch | HSV Salzburg |
| | Seniorinnen 40 | Dietlinde Venhauer | OLCU Viktring |
| | D 17–18 Jahre | Angelika Aschacher | HSV Wr. Neustadt |
| | D 15–16 Jahre | Susi Terler | TVN Kindberg |
| Langstrecken-Orientierungslauf | Senioren 35 | Franz Nagele | HSV Salzburg |
| | Senioren 45 | Hermann Knoflach | IAC-OL |
| | Junioren | Herwig Allwinger | LAC |
| | Seniorinnen 35 | Rose Marie Pfeiffer | OLC Markt Allhau |

**WELTCUP**

| | | | | |
|---|---|---|---|---|
| 6.–7.7.87 Pinkafeld | Seniorinnen | 2. Anneliese Bonek | 11 Länder | 47 Starterinnen |

**6 Tage OL Pinkafeld**

| | | | | |
|---|---|---|---|---|
| 7.–11.7.87 | H 13–14 Jahre | **1. Bernhard Venhauer** | 10 Länder | 56 Starter |

# PFERDESPORT

**BUNDESFACHVERBAND FÜR REITEN UND FAHREN** (BFV),
gegründet 1962
1040 Wien, Prinz-Eugen-Straße 14/1/6a, Telefon 0 22 2 / 65 83 63 (ab 1. Hj. 1988 505 83 63)
Dienstzeit:
Montag bis Freitag von 9 bis 15 Uhr
Teletex: 232-3222285, TELEX: 613222285 fena a

529 Vereine, 21.310 Mitglieder

Präsident
Prof. Dr. hc. Manfred Mautner Markhof, c/o Hager KG, Seilerstätte 13, 1010 Wien

Mitglied der
**Fédération Équestre Internationale** (FEI),
gegründet 1921, 82 Länder
Anschrift
CH-3000 BERN 32, Schosshaldenstraße 12,
Telefon 05 / 031 / 43 33 81
Telex 911939 FEI CH
Telefax 05 / 031 / 44 32 70

1987 feiert der Bundesfachverband für Reiten und Fahren in Österreich sein 25jähriges Bestandsjubiläum. Aus den bescheidenen Anfängen der Dachorganisation aller Pferdesportler ist ein Verband hervorgegangen, der im Sportgeschehen Österreichs ein gewichtiges Wort mitzusprechen hat.

Die Springreiter haben im Jubiläumsjahr dem Verband ein besonderes Geschenk gemacht: Sie erreichten bei internationalen Turnieren zweimal den ersten Platz in Nationenpreisen und liegen in der Weltrangliste an fünfter Stelle.

Österreich hat schon oft Anregungen gegeben, die schließlich von der FEI verwirklicht wurden. Dazu gehört die Anerkennung des Voltigierens als internationale Disziplin. Nun hat Österreich auch im Einspännerfahren als erstes Land einen internationalen Bewerb durchgeführt, der als Grundstein für künftige Europa- und Weltmeisterschaften in dieser Sparte angesehen werden kann.

Das vom Publikum meist als „Stiefkind" behandelte Dressurreiten hat durch die Einführung der Musikkür neue Freunde gewonnen.

**STAATSMEISTER 1987**

| | | |
|---|---|---|
| Dressur | | **Regina Moldan** |
| Springen | | **Thomas Frühmann** |
| Vielseitigkeit | | **Vera Mühlbacher** |
| Fahren | | **Alfred Steinacher** |
| Gruppenvoltigieren | | **UVRV Braunau/OÖ** |
| Einzelvoltigieren | Damen | **Claudia Heiss** |
| | Herren | **Gernot Spitzer** |
| 2-Phasen-Voltigieren | | **Peter Barosch** |

**ÖSTERREICHISCHE MEISTER 1987**

| | | |
|---|---|---|
| Junioren | Springen | Christian Bacsak |
| Jugend | | Gerfried Puck |
| Junioren | Dressur | Caroline Kinzl |
| Jugend | | Judith Fink |
| Junioren | Vielseitigkeit | Stephan Weber |
| Fahren | Kleinpferde | Hans Koller |
| | Shetland | Hans Lachmayer |
| | Einspänner | Johann Gschwantner |

| | | |
|---|---|---|
| Kleinpferde | Dressur | Constance Repototschnig |
| | Springen | Elke Riedl |
| Westernreiten | | Wolfram Isopp |
| Distanzreiten | | Klemens Petersilka/Errit Hackl |
| Isländer-Pferde | | Johannes Hoyos |
| Bundesländer-Mannschaft | Springen | Salzburg |
| | Dressur | Steiermark |
| | Vielseitigkeit | Oberösterreich |
| | Voltigieren | Niederösterreich |
| Jugend-Vierkampf | | Miriam Kern |
| Jugend-Vierkampf | Mannschaft | Salzburg |

**WELTMEISTERSCHAFTEN**

| | | | | |
|---|---|---|---|---|
| 21.–23.8.87 Riesenbeck/BRD | Fahren Zweisp. | Allgem. Klasse | 5. Österreich | 15 Länder |
| 11.–16.8.87 Weistrach | Islandpferde | 5-Gang | **1. Peter Schröder/NÖ**<br>2. Piet Hojos/Stmk.<br>3. Klaus Zwinz/NÖ | |

**EUROPAMEISTERSCHAFTEN**

| | | | | | |
|---|---|---|---|---|---|
| 26.–30.8.87 St. Gallen/CH | Springen | | 4. Thomas Frühmann | 14 Länder | 42 Starter |
| 25.–26.7.87 Cervia/I | Dressur | Junge Reiter | 4. Österreich | 14 Länder | |
| 1.–5.7.87 Oud-Heverlee/B | Ländl.Reiter | Allgem. Klasse | 6. Österreich | 8 Länder | 8 Starter |
| 17.–19.7.87 Paris/F | Voltigieren | Allgem. Klasse | 6. Gernot Spitzer | 13 Länder | 24 Starter |

Die Weltmeisterschaft 1988 im Voltigieren findet im August in Ebreichsdorf/NÖ. statt. Gernot Spitzer bei einem Flic-Flac trägt Österreichs Hoffnung *(Foto F. Pammer)*

## RADSPORT

**ÖSTERREICHISCHER RADSPORTVERBAND** (ÖRV), gegründet 1973, (ÖRK 1946)
1040 Wien, Prinz-Eugen-Straße 12, Telefon 0 22 2 / 65 73 39 (50 57 339), 65 78 51 (50 57 851), Telex 133 132
Bürozeit: Montag bis Freitag von 8 bis 17 Uhr

400 Vereine, 45.496 Mitglieder

Präsident
Stefan Mikschl, Hubergasse 8/17, 1160 Wien, Tel. 43 87 873

Generalsekretär
Alfred Kubik, 1020 Wien, Seb.-Kneipp-Gasse 4/21, Tel. 0 22 2 / 24 09 402

Mitglied der
**Fédération Internationale Amateur de Cyclisme** (FIAC), gegründet 1972
I-00197 Roma, Via dei Campi Sportivi 48,
27 Länder

der **Fédération Internationale du Cyclisme Professionel** (FICP), gegründet 1972
26, rue de Cessange, Leudelange, Gr. D. de Luxembourg,
19 Länder

der **Union Cycliste Internationale** (UCI), gegründet 1900,
137 Länder,
CH-1202 Genève, 6, rue Amat, Telefon 32 29 14

und der **International BMX Federation** (IBMXF)
NL-5582 HN Waalre, Eindhovenseweg 19
27 Länder

Ein Jahr im Zeichen der Radweltmeisterschaften in Wien und Villach. Die sportliche Bilanz war sehr zufriedenstellend: Bronze im Steherbewerb für Roland Königshofer mit Schrittmacher Karl Igl sowie im 100-km-Mannschaftsfahren für Johann Lienhart, Bernhard Rassinger, Mario Traxl, Helmut Wechselberger.

Auf der Bahn sowie im Straßen-Einzelrennen der Amateure und Frauen wurden die Hoffnungen nicht ganz erfüllt.

Die Organisation erntete nur Lob; der Präsident der Union Cycliste Internationale, Luis Puig, sagte: „Eine so einwandfreie und hervorragend organisierte Weltmeisterschaft habe ich noch nicht erlebt, künftige Veranstalter werden an Wien und Villach gemessen."

Weniger erfreut war man mit dem Schlechtwettereinbruch am letzten Tag und den dadurch bewirkten Besucherausfall. Im strömenden Regen versickerte die Hoffnung auf einen finanziellen Reingewinn.

Weiterhin auf Erfolgskurs steuern die Saalsportler. Bei der WM erkämpften die Geschwister Brigitte und Sabine Franz erstmals die Goldmedaille. Bei den Herren verteidigten die Brüder Gerd und Arno Fleisch erfolgreich – und dies bereits zum dritten Mal – ihre Bronzemedaillen.

Erstmals gelang auch den Radballern ein dritter Platz bei einer Weltmeisterschaft.

Auch die jüngste Sparte des ÖRV – die BMX-Fahrer – konnten von der WM zwei Bronzemedaillen heimbringen.

Alles in allem war 1987 ein Meilenstein in der Geschichte des 120 Jahre alten österreichischen Radsports.

**STAATSMEISTER 1987**

| | | | | |
|---|---|---|---|---|
| **Straße** | | Einzel | **Arno Wohlfahrter** | ASKÖ Puch |
| | | Berg | **Helmut Wechselberger** | Union Trailer Look Die Erste |
| | | Vierer-Mannschaft 100 km | **Helmut Wechselberger/ Bernhard Rassinger/ Andreas Blümel/ Harald Blümel** | Union Trailer Look Die Erste |
| | | Zweier-Mannschaft | **Helmut Wechselberger/ Bernhard Rassinger** | Union Trailer Look Die Erste |
| | | Einzelzeitfahren | **Harald Schnabelt** | ARBÖ RC Tel-Mineralwolle Bottechia |
| | | Querfeldein | **Albert Hainz** | ARBÖ Bosch |
| | Frauen | Einzel | **Hilde Dobiasch** | ASKÖ Puch |
| **Bahn** | | Sprint | **Wolfgang Cihak** | ARBÖ Merkur Versicherungen |
| | | Zeitfahren 1000 m | **Wolfgang Cihak** | ARBÖ Merkur Versicherungen |
| | | Einzelverf. 4000 m | **Christoph Ziermann** | ARBÖ Merkur Versicherungen |
| | | Punkterennen | **Roland Königshofer** | ASKÖ Puch |
| | | Omnium | **Harald Schnabelt** | ARBÖ RC Tel-Mineralwolle Bottechia |
| | | Americaine | **Harald Schnabelt/ Kurt Schmied** | ARBÖ RC Tel-Mineralwolle Bottechia |
| | | Derny | **Roland Königshofer/ Karl Igl** | ASKÖ Puch |
| **Saalsport** | | Radball | **Manfred Schneider/ Andreas Bösch** | ÖAMTC Mazda Hagspiel Höchst |
| | Frauen | Einer-Kunstfahren | **Brigitte Franz** | ÖAMTC Meiningen |
| | Herren | Einer-Kunstfahren | **Roland Fleisch** | ÖAMTC RC Röthis |
| | Frauen | Zweier-Kunstfahren | **Brigitte Franz/ Sabine Franz** | ÖAMTC Meiningen |
| | Herren | Zweier-Kunstfahren | **Arno Fleisch/ Gerd Fleisch** | ÖAMTC RC Röthis |

**ÖSTERREICHISCHE MEISTER 1987**

| | | | |
|---|---|---|---|
| **Straße** Einzel | Junioren | Wolfgang Hauser | ARBÖ Pico Hendl F. Moser Wels |
| | Jugend | Arnold Eisel | ARBÖ Sparkasse Voitsberg |
| | Schüler | Thomas Pasti | ARBÖ Konsum Villach |
| | Senioren | Hansjörg Totschnigg | ÖAMTC KTM Kneissl Tirol |
| Berg | Junioren | Horst Neumeister | ÖAMTC RV Look |
| | Jugend | Oliver Nussbaumer | Union Eisenstadt Raiffeisenverband Burgenl. |
| | Schüler | Josef Gruber | Union RC Look Windhaag |
| | Senioren | Rudolf Mitteregger | RC Meyerholz Kalsdorf |
| Zweier-Mannschaft | | | |
| | Junioren | Horst Neumeister/ Michael Wildauer | ÖAMTC RV Look |
| | Jugend | Christian Edelbauer/ Hannes Hrovath | ARBÖ RC Tel-Mineralwolle Bottechia |
| | Schüler | Andreas Gritsch/ Thomas Hueber | ÖAMTC RV Look |
| | Senioren | Rudolf Mitteregger/ Norbert Popovic | RC Meyer Holz Kalsdorf |
| | Frauen | Edith Obersberger/ Maria Handstanger | ARBÖ Sparkasse Ranshofen Sixtus |
| Einzelzeitfahren | | | |
| | Junioren | Christian Schoisswohl | ARBÖ Pico Hendl F. Moser Wels |
| | Jugend | Herbert Kogler | ARBÖ HRC Wolfsberg Tadaradei Michelin |
| | Schüler | Thomas Pasti | ARBÖ Konsum Villach |
| | Senioren | Ernst Ladner | WISO Sport Club Look Chesini |
| | Frauen | Elfriede Schramm | Union RC Salzburg |
| Querfeldein | | | |
| | Junioren | Christian Schoisswohl | ARBÖ Pico Hendl F. Moser Wels |
| | Jugend | Armin Schoisswohl | ARBÖ Pico Hendl F. Moser Wels |
| **Bahn** Sprint | Junioren | René Haider | HSV Wien Capo-Donauversicherung |
| | Jugend | Roland Garber | ÖAMTC RCA Tyrolia |
| | Schüler | Michael Heinisch | ARBÖ RC Hypobank St. Pölten |
| Zeitfahren | Junioren 1000 m | René Haider | HSV Wien Capo-Donauversicherung |
| | Jugend 500 m | Christian Meidlinger | ARBÖ Merkur Versicherungen |
| | Schüler 500 m | Gerald Krislaty | ARBÖ Merkur Versicherungen |

| | | | |
|---|---|---|---|
| Einzelverfolgung | | | |
| | Junioren 3000 m | Franz Stocher | Union Rund um Wien Select Gartner-Gom. |
| | Jugend 2000 m | Roland Garber | ÖAMTC RCA Tyrolia |
| | Schüler 1000 m | Gerald Krislaty | ARBÖ Merkur Versicherungen |
| | Junioren Punkterennen | Franz Stocher | Union Rund um Wien Select Gartner-Gom. |
| **Saalsport** | | | |
| Radball | Jugend | Reinhard Schneider/ Marco Schallert | ÖAMTC Mazda Hagspiel Höchst |
| | Schüler | Dietmar Schneider/ Gerhard Küng | ÖAMTC Mazda Hagspiel Höchst |
| Einer-Kunstfahren | weibl. Jugend | Sabine Franz | ÖAMTC Meiningen |
| | männl. Jugend | Arno Fleisch | ÖAMTC Röthis |
| | Schülerinnen | Sabine Güfel | ÖAMTC Meiningen |
| | Schüler | Hannes Mähr | ÖAMTC RC Altenstadt |
| Zweier-Kunstfahren | weibl. Jugend | Carmen Troy/ Claudia Pfeiffer | ÖAMTC Mazda Hagspiel Höchst |
| | männl. Jugend | Patric Steurer/ Hans-Werner Wüstner | ARBÖ Bregenz |
| | Schülerinnen | Sabine Mair/ Daniela Mair | ÖAMTC Meiningen |
| | Schüler | Robert Malliga/ Gerhard Schimpl | ARBÖ Zeltweg |
| **BMX** | | | |
| Girls | Kl. 6 | Nicole Vetter | ÖAMTC BMX Club Intersport Lehninger |
| | Kl. 8/9 | Tanja Pusemann | ARBÖ 1. BMX Club Erd St. Pölten |
| | Kl. 10/11 | Claudia Kirchmair | RC Harry Maier Judendorf/Straßengl |
| | Kl. 12/13 | Gabriele Eder | ARBÖ 1. BMX Club Erd St. Pölten |
| Experten | Kl. 6 | Lukas Rössler | ASKÖ BMX Club Ihr Einkauf Sport |
| | Kl. 7 | Christian Diewald | ARBÖ BMX Club SKV Feuerwehr Wien |
| | Kl. 8 | Christoph Derdak | ARBÖ Spark. Die S Bauspark. Köck-Neunk. |
| | Kl. 9 | Martin Ebner | ASKÖ Puch |
| | Kl. 10 | Helmut Lederer | ARBÖ BMX Club Schuh Ski |
| | Kl. 11 | Jörg Taibel | ÖAMTC RV Schwalbe Rankweil, 1906 |
| | Kl. 12 | Alexander Gehringer | ÖAMTC RV Hohenems |
| | Kl. 13 | Markus Hörmann | Union RC Wilhelmsburg |
| | Kl. 14 | Michael Oberndorfer | ARBÖ Bregenz |
| | Kl. 15 | Walter Kedziersky | ARBÖ BMX Radsport Vösendorf |
| | Kl. 16 | Jürgen Gehringer | ÖAMTC RV Hohenems |
| | Kl. 17 | Martin Redl | BMX-Club Pielachtal |

**WELTMEISTERSCHAFTEN**

| | | | | |
|---|---|---|---|---|
| 2.9.87, Villach | | | | |
| Straße | 100 km Mannschaft Amateure | 3. Österreich Johann Lienhart/ Bernhard Rassinger/ Mario Traxl/ Helmut Wechselberger | 26 Länder | 26 Teams |
| 12.–19.7.87, Italien | | | | |
| Straße | Junioren | 3. Josef Lontscharitsch | 31 Länder | 178 Starter |
| 25.–30.8.87, Wien | | | | |
| Bahn | Steher | 3. Roland Königshofer/ Karl Igl | 8 Länder | 18 Starter |
| 6.–8.11.87, Herning/DK | | | | |
| Saalsport | Kunstfahren Frauen Zweier | **1. Sabine Franz/ Brigitte Franz** | 19 Länder | 11 Paare |
| | Kunstfahren Herren Zweier | 3. Gerd Fleisch/ Arno Fleisch | 16 Länder | 8 Paare |
| | | 5. Markus Bachmann/ Dietmar Entner | | |
| | Kunstfahren Frauen Einer | 6. Sabine Franz | 19 Länder | 20 Starter |
| | Kunstfahren Herren Einer | 4. Roland Fleisch | 19 Länder | 22 Starter |
| | Radball | 3. Andreas Bösch/ Manfred Schneider | 15 Länder | 15 Paare |

Große Überraschung!
Bei der Weltmeisterschaft 1987 konnte Österreich den 3. Rang erreichen.
Schneider/Bösch (weißes Trikot – im Tor) im Spiel gegen den Weltmeister ČSSR (Brüder Pospischil) *(Foto Verband)*

| | | | | |
|---|---|---|---|---|
| 28.–30.5.87, Altdorf/CH | | | | |
| Saalsport | Kunstfahren Junioren Einer | 3. Arno Fleisch | 9 Länder | 14 Starter |
| | Kunstfahren Juniorin. Einer | 2. Sabine Fleisch | 9 Länder | 16 Starter |
| | Radball Junioren | **1. Reinhard Schneider/ Marco Schallert** | 8 Länder | 8 Teams |
| 6.–9.8.87, Bordeaux/F | | | | |
| BMX | Experten Kl. 8 | 3. Robert Solka | | |
| | Girls 8/9 | 3. Cornelia Koch | | |

**EUROPAMEISTERSCHAFTEN**

| | | | | |
|---|---|---|---|---|
| 17.–19.7.87, Lommel/B | | | | |
| BMX | Experten Kl. 13 | 2. Markus Hörmann | | |
| 28.5.–4.6.87, Österreich-Rundfahrt | | 2. Helmut Wechselberger | 10 Länder | 78 Starter |
| 24.–28.6.87, Kärnten-Rundfahrt | | 2. Herbert Seidl | 8 Länder | 94 Starter |
| 14.–17.5.87, Niederösterreich-Rundfahrt | | **1. Wolfgang Höfer** | 8 Länder | 112 Starter |
| 20.–23.8.87, Oberösterreich-Rundfahrt | | **1. Helmut Wechselberger** | 9 Länder | |
| 28.4.–3.5.87, Dusika-Jugendtour | | 5. Franz Stocher | 18 Länder | 108 Starter |
| 3.–5.7.87, OÖ-Junioren-Rundfahrt | | 4. Horst Neumeister | 10 Länder | 92 Starter |

# RINGEN

**ÖSTERREICHISCHER AMATEURRINGER-VERBAND** (ÖARV),
gegründet 1952
5071 Wals 330/Salzburg, Telefon 0 66 2 / 85 03 33

30 Vereine, 3410 Mitglieder

Präsident
Senator Komm.-Rat Arnold Henhapl Postfach 285, 5021 Salzburg,
Telefon 0662/37551/135
Geschäftsführender Vizepräsident: Emanuel Schön,
1200 Wien, Friedrich-Engels-Platz 21/7/11, Telefon 0 22 2 / 33 64 282
Generalsekretär
Reinhard Berger, 5071 Wals 330/Salzburg, Telefon 0 662 / 85 03 33

Mitglied der
**Fédération Internationale de Lutte Amateur** (FILA),
gegründet 1925,
121 Länder
Anschrift
CH-1003 Lausanne, Avenue Ruchonnet 3,
Telefon 05/021/22 84 26
Telex 25958 FILACH

Offizielle Verbandszeitung
„Der Amateurringer", sechsmal im Jahr, 1000 Stück

Eine bedeutende Regeländerung gibt es seit 1987: Wenn zwei Ringer nach Ablauf der regulären Kampfzeit (6 Minuten) gleichviel Punkte errungen haben, wird sofort solange weitergerungen, bis ein Ringer einen weiteren Punkt erreicht, der ihn dann zum Sieger macht.
Erstmals in der Geschichte des Österreichischen Amateurringer-Verbandes konnte mit Blazo Davidovski (Jugoslawien) ein hauptberuflicher Trainer engagiert werden. Dadurch können die Ringer in den HSNS-Stützpunkten Dornbirn und Salzburg-Rif besser betreut werden.
Die herausragendsten Placierungen erreichten 1987: Markus Pittner – Junioren-Vize-Weltmeister in Burnaby/Canada, Georg-Josef Auer und Alexander Neumüller – jeweils 6. Plätze bei den WM in Clermont-Ferrand/Frankreich.

## STAATSMEISTER 1987

**Griechisch-römisch**

| | | |
|---|---|---|
| Papier | **Helmut Tschaupp** | AC Hötting |
| Fliegen | **René Halwax** | URC Mörbisch |
| Bantam | **Reinhard Höfle** | KSV Götzis |
| Feder | **Karl Tusch** | KSV Götzis |
| Leicht | **Markus Pittner** | KSK Klaus |
| Welter | **Anton Marchl** | AC Wals |
| Mittel | **Georg Marchl** | AC Wals |
| Halbschwer | **Franz Pitschmann** | AC Hötting |
| Schwer | **Franz Marx** | AC Hötting |
| Superschwer | **Alexander Neumüller** | AC Wals |

**Freistil**

| | | |
|---|---|---|
| Papier | **Mario Hartmann** | KSK Klaus |
| Fliegen | **René Halwax** | URC Mörbisch |
| Bantam | **Thomas Dravits** | URC Mörbisch |
| Feder | **Alexander Lescher** | URC Mäder |
| Leicht | **Michael Häusle** | KSV Götzis |
| Welter | **Georg Neumaier** | AC Wals |
| Mittel | **Rupert Brandauer** | URV Vigaun |
| Halbschwer | **Josef Schnöll** | URV Vigaun |
| Schwer | **Edwin Lins** | KSK Klaus |
| Superschwer | **Ernst Salzgeber** | KSV Götzis |

## RINGER-LIGEN 1987

**Endstand Bundesliga A:**

| | | | | | | |
|---|---|---|---|---|---|---|
| 1. AC Wals | 10 | 10 | 0 | 0 | 304,5: 85,5 | 20 |
| 2. KSV Götzis | 10 | 8 | 0 | 2 | 272,0:118,0 | 16 |
| 3. KSK Klaus | 10 | 6 | 0 | 4 | 235,5:149,5 | 12 |
| 4. AC Hörbranz | 10 | 4 | 0 | 6 | 181,0:212,0 | 8 |
| 5. URC Wolfurt | 10 | 1 | 0 | 9 | 105,5:281,5 | 2 |
| 6. URV Vigaun | 10 | 1 | 0 | 9 | 67,5:319,5 | 2 |

**Bundesliga B:**

| | | | | | | |
|---|---|---|---|---|---|---|
| 1. KSV Götzis II | 10 | 9 | 0 | 1 | 254,5:137,5 | 18 |
| 2. AC Hötting | 10 | 9 | 0 | 1 | 247,0:148,0 | 18 |
| 3. VK Innsbruck | 10 | 6 | 0 | 4 | 199,0:196,5 | 12 |
| 4. AC Wals II | 10 | 2 | 0 | 8 | 174,0:222,5 | 4 |
| 5. RC Nettingsdorf | 10 | 2 | 0 | 8 | 155,5:242,5 | 4 |
| 6. SV Kelchsau | 10 | 2 | 0 | 8 | 155,5:238,5 | 4 |

Die Placierungen der punktegleichen Mannschaften von AC Wals II, RC Nettingsdorf und SV Kelchsau ergaben sich aus dem Gesamt-Siegverhältnis untereinander.

**Regionalliga Ost**

| | | | | | | |
|---|---|---|---|---|---|---|
| 1. KG Burgenland | 12 | 9 | 1 | 2 | 270,0:113,0 | 19 |
| 2. ASKÖ Leonding | 12 | 9 | 0 | 3 | 239,5:139,0 | 18 |
| 3. SK Vöest | 12 | 3 | 0 | 9 | 145,5:225,0 | 6 |
| 4. URV Vigaun II | 12 | 2 | 1 | 9 | 98,5:276,5 | 5 |

**Regionalliga West**

| | | | | | | |
|---|---|---|---|---|---|---|
| 1. URC Mäder | 6 | 5 | 0 | 1 | 121,0: 69,0 | 10 |
| 2. KSK Klaus II | 6 | 3 | 0 | 3 | 97,0: 93,0 | 6 |
| 3. ASV Inzing | 6 | 1 | 0 | 5 | 66,0:122,0 | 2 |

**ÖSTERREICHISCHE MEISTER 1987**

Junioren
Griechisch-römisch

| | | |
|---|---|---|
| Papier | Helmut Tschaupp | AC Hötting |
| Fliegen | René Halwax | URC Mörbisch |
| Bantam | Reinhard Höfle | KSV Götzis |
| Feder | Karl Tusch | KSV Götzis |
| Leicht | Michael Häusle | KSV Götzis |
| Welter | Johannes Häusle | KSV Götzis |
| Mittel | Bernd Postai | KSK Klaus |
| Halbschwer | Christian Öttl | AC Wals |
| Schwer | Peter Reischl | AC Wals |
| Superschwer | Herbert Neumaier | AC Wals |

Freistil

| | | |
|---|---|---|
| Papier | Helmut Tschaupp | AC Hötting |
| Fliegen | Matthias Außerleitner | AC Wals |
| Bantam | Reinhard Höfle | KSV Götzis |
| Feder | Alexander Lescher | URC Mäder |
| Leicht | Michael Häusle | KSV Götzis |
| Welter | Markus Pittner | KSK Klaus |
| Mittel | Manfred Braunauer | KSV Götzis |
| Halbschwer | Christian Öttl | AC Wals |
| Schwer | Reinhard Santner | AC Wals |
| Superschwer | Herbert Neumaier | AC Wals |

Jugend
Griechisch-römisch

| | | |
|---|---|---|
| 40 kg | Andreas Sommer | URC Mörbisch |
| 44 kg | Josef Erharter | SV Kelchsau |
| 48 kg | Helmut Tschaupp | AC Hötting |
| 52 kg | René Halwax | URC Mörbisch |
| 56 kg | Christian Pajk | UK Innsbruck |
| 60 kg | Kurt Waibl | KSK Götzis |
| 65 kg | Thomas Jochum | AC Hörbranz |
| 70 kg | Dieter Postai | KSK Klaus |
| 75 kg | Bernd Postai | KSK Klaus |
| 81 kg | Manfred Erharter | SV Kelchsau |
| über 81 kg | Christian Öttl | AC Wals |

Freistil

| | | |
|---|---|---|
| 40 kg | Gernot Schuh | AC Hörbranz |
| 44 kg | Josef Erharter | SV Kelchsau |
| 48 kg | Helmut Tschaupp | AC Hötting |
| 52 kg | Matthias Außerleitner | AC Wals |
| 56 kg | Thomas Dravits | URC Mörbisch |
| 60 kg | Kurt Waibl | KSV Götzis |
| 65 kg | Dieter Postai | KSK Klaus |
| 70 kg | Stefan Lins | KSK Klaus |
| 75 kg | Bernd Postai | KSK Klaus |
| 81 kg | Manfred Erharter | SV Kelchsau |
| über 81 kg | Christian Öttl | AC Wals |

Schüler
Freistil

| | | |
|---|---|---|
| 27 kg | Andreas Hollenstein | URC Mäder |
| 29 kg | Christian Payer | ASVÖ St. Marg. |
| 31 kg | Haluk Altmisdört | ASKÖ Leonding |
| 34 kg | Abdullah Ermis | AC Hörbranz |
| 37 kg | Thomas Ernst | ASVÖ St. Marg. |
| 40 kg | Andreas Sommer | URC Mörbisch |
| 44 kg | Ali Kaygisiz | AC Hötting |
| 48 kg | Walter Metzler | KSV Götzis |
| 52 kg | Pierre Nigsch | KSK Klaus |
| 56 kg | Sükrü Polat | AC Hötting |
| 62 kg | Wolfgang Unger | URC Mörbisch |
| über 62 kg | Markus Löffler | ASV Inzing |

**Österreichische Jugend-Bundesländermeisterschaften:** Vorarlberg I

**WELTMEISTERSCHAFTEN**

| | | | | | |
|---|---|---|---|---|---|
| August 1987 Clermont-Ferrand/ Frankreich | Griech.-röm. | Superschwer | 6. Alexander Neumüller | 38 Länder | 14 Starter |
| | | Bantam | 6. Georg-Josef Auer | 49 Länder | 23 Starter |
| | Freistil | Halbschwer | 9. Edwin Lins | 49 Länder | 22 Starter |
| August 87 Burnaby/Canada Junioren | Griech.-röm. | Leicht | 2. Markus Pittner | 21 Länder | 16 Starter |
| | | Feder | 6. Karl Tusch | 21 Länder | 13 Starter |
| | Freistil | Feder | 7. Alexander Lescher | 21 Länder | 12 Starter |

Alexander Neumüller hat seinen Gegner fest im Griff *(Foto Poschacher)*

**EUROPAMEISTERSCHAFTEN**

| | | | | | |
|---|---|---|---|---|---|
| Mai 1987<br>Tampere/Finnland<br>Allgemeine Klasse | Griech.-röm. | Leicht | 10. Markus Pittner | 22 Länder | 19 Starter |
| August 87<br>Kattowitz/Polen<br>Jugend | Freistil | 58 kg | 10. Thomas Dravits | | 16 Starter |
| | | 63 kg | 10. Kurt Waibl | | 12 Starter |
| | | 81 kg | 8. Manfred Erharter | | 10 Starter |

**GP v. Österreich**

| | | | | |
|---|---|---|---|---|
| Juni/Leonding<br>Allgemeine Klasse | Griech.-röm. | Halbschwer | **1. Franz Marx** | 6 Starter |

**Weltcup-A-Turniere** gewannen: Reims/Frankreich **Franz Marx**
Faenza/Italien **Markus Pittner**
**Franz Pitschmann**

# RODELN

**ÖSTERREICHISCHER RODELVERBAND** (ÖRV), gegründet 1945
1040 Wien, Prinz-Eugen-Straße 12, Telefon 0 22 2 / 65 34 78 (505 34 78)
Dienstzeit:
Mittwoch von 8.00 bis 12.00 Uhr, restliche Tage nach Bedarf

289 Vereine, ca. 24.000 Mitglieder

Präsident
NRAbg. Mag. Dr. Josef Höchtl, 1014 Wien, Löwelstraße 20,
Telefon 0 22 2 / 533 06 01/28

Mitglied der
**Fédération Internationale de Luge de Course** (FIL),
gegründet 1957, 32 Länder, 50.000 Mitglieder
Anschrift
8786 Rottenmann 168 a, Österreich, Telefon 036 14 / 22 66
Telex 38166 VB ROTT A

Direktor Bert Isatitsch ist Gründer und Vorsitzender des Internationalen Rodelverbandes (FIL), der seinen Sitz in Österreich (Rottenmann) hat.

Offizielle Verbandszeitung
„Mitteilungen des ÖRV", erscheint bei Notwendigkeit.

---

Der Naturbahnsport nimmt immer mehr an Bedeutung zu; 16 Nationen betreiben bereits den Naturbahnsport.

Besonders hervorzuheben ist, daß es nach 18 Jahren gelungen ist, den Weltmeistertitel im Rennrodeln auf der Kunstbahn zu erringen.

Diverse PR-Aktionen sollen den Bekanntheitsgrad des Rodelns stärker in die Öffentlichkeit tragen.

**STAATSMEISTER 1987**

| | | | |
|---|---|---|---|
| Kunstbahn | Damen | **Annefried Göllner** | Tirol |
| | Herren | **Markus Prock** | Tirol |
| | Doppelsitzer | **Prock/Manzenreiter** | Tirol |
| Naturbahn | Damen | **Irene Koch** | Steiermark |
| | Herren | **Mathäus Hofer** | Steiermark |
| | Doppelsitzer | **Trattnig/Rabitsch** | Kärnten |

**ÖSTERREICHISCHE MEISTER 1987**

| | | | | |
|---|---|---|---|---|
| Kunstbahn | Jugend | weiblich | Birgit Gatt | Vorarlberg |
| | | männlich | Markus Wildauer | Tirol |
| | Junioren | weiblich | Margit Ebner | Tirol |
| | | männlich | Herbert Studer | Vorarlberg |
| | | | ex equo Mario Tomaselli | Vorarlberg |
| | Senioren | | Friedrich Sklenarz | Tirol |
| | Doppelsitzer | Junioren | Schmid/Tomaselli | Tirol/Vorarlberg |
| Naturbahn | Jugend | weiblich | Elvira Holzknecht | Tirol |
| | | männlich | Martin Schneebauer | Tirol |
| | Junioren | weiblich | Irene Koch | Steiermark |
| | | männlich | Michael Bischofer | Tirol |
| | Senioren | | Stefan Kirchmeier | Tirol |
| | Doppelsitzer | Junioren | Bischofer/Thaler | Tirol |

**WELTMEISTERSCHAFTEN**

| | | | | | | |
|---|---|---|---|---|---|---|
| 19.–25.1.87<br>Igls, Österreich | Kunstbahn | Herren | Einsitzer | **1. Markus Prock**<br>6. Otto Mayregger | 19 Länder | 87 Teilnehmer |

**EUROPAMEISTERSCHAFTEN**

| | | | | | | |
|---|---|---|---|---|---|---|
| 19.–22.2.87 Jesenice/J | Naturbahn | Damen | Einsitzer | 3. Irene Koch | | 96 Teilnehmer |
| | | Herren | Einsitzer | 4. Willi Dankelmaier | 11 Länder | |
| 29.1.–1.2.87 Kreuth/BRD | Junioren | weiblich | Einsitzer | **1. Irene Koch** | 7 Länder | 70 Teilnehmer |
| | | | | 4. Sonja Leitner | | |
| | | männlich | | **1. Michael Bischofer** | | |
| | | | | 2. Reinhard Beer | | |
| | | | Doppelsitzer | **1. Michael Bischofer/ Alex Thaler** | | |
| | | | | 4. Andreas Ottitsch/ Stefan Karner | | |

# ROLLSPORT

**ÖSTERREICHISCHER ROLLSPORTVERBAND** (ÖRSV), gegründet 1937
1020 Wien, Ausstellungsstraße 40, Telefon 0 22 2 / 26 77 87
Dienstzeit:
Montag und Donnerstag 9 bis 12 Uhr, Mittwoch 16 bis 18 Uhr
20 Vereine, 925 Mitglieder

Ehrenpräsident
Max Grünwald, 1020 Wien, Ennsgasse 7–11/6

Präsident: Dr. Alfred Zupancic, 1020 Wien, Praterstraße 36/II

Geschäftsführer
Heinz Mauder, 1220 Wien, Markomannenstraße 15/9/10

Mitglied der
**Fédération Internationale de Roller-Skating** (FIRS),
gegründet 1924, 50 Mitgliedsverbände
7700 'A' Street P.O. Box 83067
Lincoln, Nebraska 68501, USA,
Telefon 402 / 483 75 51
Telex 4380 40 ROLLERASSN LCN
und der
**Confédération Européenne de Roller Skating**
(CERS), gegründet 1976, 17 Mitgliedsverbände

Der Österreichische Rollsportverband hat 1987 mit zahlreichen Veranstaltungen sein 50jähriges Jubiläum gefeiert.

Mit dem neuen Rollhockey umfaßt der Verband jetzt **Rollschnellauf – Rollkunstlauf** und **Rollhockey.**

3 Vereine und 1 Landesverband sind 1987 dem ÖRSV beigetreten.

**STAATSMEISTER 1987**

| | | | | |
|---|---|---|---|---|
| **Rollschnellauf** | **Bahn** | Damen | **Manuela Fröhlich** | RSV-Favorit-Wien |
| | | Herren | **Christian Habesohn** | RSV-Favorit-Wien |
| | **Straße** | Herren | **Thomas Habesohn** | RSV-Favorit-Wien |
| | | Damen | **Evi Kummerer** | RSV-Rennbahnweg |

**ÖSTERREICHISCHE MEISTER 1987**

**Rollkunstlauf**

| | | | |
|---|---|---|---|
| weiblich | Jugend | Martina Feichtinger | ERC-CA-Eisring Süd |
| | Meisterklasse | Claudia Pointner | RSV-ASKÖ-Wien |

**Rollschnellauf Bahn**

| | | | | |
|---|---|---|---|---|
| Damen | Einzelstart | 300 m | Manuela Fröhlich | RSV-Favorit-Wien |
| | Massenstart | 1.500 m | Manuela Fröhlich | RSV-Favorit-Wien |
| | | 3.000 m | Manuela Fröhlich | RSV-Favorit-Wien |
| | | 5.000 m | Regina Indra | RSC-Rennbahnweg |
| | | 10.000 m | Manuela Fröhlich | RSV-Favorit-Wien |
| Herren | Einzelstart | 300 m | Christian Miglinci | RSC-Rennbahnweg |
| | Massenstart | 1.500 m | Christian Miglinci | RSC-Rennbahnweg |
| | | 5.000 m | Christian Miglinci | RSC-Rennbahnweg |
| | | 10.000 m | Christian Habesohn | RSV-Favorit-Wien |
| | | 20.000 m | Christian Miglinci | RSC-Rennbahnweg |

**Rollschnellauf Straße**

| | | | | |
|---|---|---|---|---|
| Damen | Einzelstart | 300 m | Manuela Fröhlich | RSV-Favorit-Wien |
| | Massenstart | 1.500 m | Evi Kummerer | RSC-Rennbahnweg |
| | | 3.000 m | Evi Kummerer | RSC-Rennbahnweg |
| | | 5.000 m | Manuela Fröhlich | RSV-Favorit-Wien |
| | | 10.000 m | Evi Kummerer | RSC-Rennbahnweg |
| Herren | Einzelstart | 300 m | Christian Miglinci | RSC-Rennbahnweg |
| | Massenstart | 1.500 m | Thomas Habesohn | RSV-Favorit-Wien |
| | | 5.000 m | Christof Martinkowitsch | RSV-Favorit-Wien |
| | | 10.000 m | Jean Pierre Leonard | RSC-Rennbahnweg |
| | | 20.000 m | Christian Habesohn | RSV-Favorit-Wien |

**EUROPAMEISTERSCHAFTEN**

| | | | | | | | |
|---|---|---|---|---|---|---|---|
| 3.–9.8.87 Ostende/B | Schnellauf | Bahn | Herren | 5000 m | 7. Christian Habesohn | 9 Länder | 20 Starter |

Christian Habesohn (2. v. l.) wurde bei der Europameisterschaft/Schnellauf Siebenter *(Foto Verband)*

# RUDERN

**ÖSTERREICHISCHER RUDERVERBAND** (ÖRV), gegründet 1891
1040 Wien, Prinz-Eugen-Straße 12, Telefon 0 22 2 / 65 73 07, Telex 133 132 Sport a
Dienstzeit:
Montag von 9 – 20 Uhr, Dienstag bis Donnerstag von 9 – 17 Uhr,
Freitag von 9 – 14 Uhr
34 Vereine, 4.564 Mitglieder

Präsident
Peter Jirka, 2103 Langenzersdorf, Bahnhofplatz 1, Telefon 0 22 2 / 43 59 91 / 15
Schriftführer
Rudolf Moser, 1150 Wien,Sechshauser Straße 24/20

Internationaler Verband
**Fédération Internationale des Sociétés d'Aviron** (FISA),
gegründet 1892, 65 Nationen
Anschrift
CH-2001 Neuchâtel, Case postale 352,
Telefon 05 / 038 / 25 72 22, Telex 931102,
Telefax 032 / 231 595

Offizielle Verbandszeitung
„Ruderreport", achtmal jährlich, 2.500 Stück. Eigentümer, Herausgeber und Verleger: Österreichischer Ruderverband.

In Erfüllung des Sportkonzepts wurde erstmalig ein Verbandstrainingslager in Jugoslawien durchgeführt.

Zusammen mit anderen Kader-Vorbereitungsaktivitäten konnten Erfolge bei den Repräsentativkämpfen erzielt werden.

**STAATSMEISTER 1987**

| | | | |
|---|---|---|---|
| Männer | Einer | **Arnold Jonke** | Wiking-Spittal |
| | Doppelzweier | **Thomas Dlouhy/Werner Stadler** | STAW-Wien |
| | Zweier o. Stm. | **Karl Sinzinger/Hermann Bauer** | Wiking-Linz |
| | Zweier m. Stm. | **Karl Sinzinger/Hermann Bauer/ Stm. George Levine** | Wiking-Linz |
| | Vierer m. Stm. | **Norbert Hofmayr/Helmut Obrecht/ Karl Sinzinger/Hermann Bauer/ Stm. George Levine** | Wiking-Linz |
| | Doppelvierer o. Stm. | **Roland Vogtenhuber/Christoph Schmölzer/ Johannes Gotsmy/Christoph Zerbst** | RV-Pirat-Wien |
| | Vierer o. Stm. | **Helmut Obrecht/Ignaz Haider/ Karl Sinzinger/Hermann Bauer** | Wiking-Linz |
| | Achter | **Christian Salmhofer/Rainer Morawa/ Wolfgang Obrecht/Alexander Holzinger/ Ignaz Haider/Helmut Obrecht/ Norbert Hofmayr/Hermann Bauer/ Stm. George Levine** | Wiking-Linz |
| Leichtgewichte | Einer | **Herbert Dieplinger** | Donau-Linz |
| | Doppelzweier | **Christoph Schmölzer/ Roland Vogtenhuber** | RV-Pirat- Wien |
| | Vierer o. Stm. | **Christoph Schmölzer/Roland Vogtenhuber/ Christoph Demmer/Franz Fassl** | RV-Pirat-Wien |
| Frauen | Einer | **Astrid Unger** | Donau-Wien |
| | Doppelzweier | **Gabriele Sinzinger/Ingeborg Niedermayer** | HSV-Kapsch-Linz |
| | Doppelvierer o. Stfr. | **Ingrid Mantler/Elisabeth Dittrich/ Regine Glinsner/Vera Sommerbauer** | RV-Pirat-Wien |
| Leichtgewichte | Einer | **Henriette Liptak** | Donau-Wien |
| | Doppelzweier | **Sabine Farkas/Regine Glinsner** | RV-Pirat-Wien |
| Vereins-Mannschaft | | **RV-Pirat-Wien** | |

**ÖSTERREICHISCHE MEISTER 1987**

| | | | |
|---|---|---|---|
| Junioren | Einer | Roland Wallner | Ellida-Wien |
| | Doppelzweier | Roland Wallner/Oliver Silvester | Ellida-Wien |
| | Zweier o. Stm. | Volkmar Kuttelwascher/Gunther Sames | Ister-Sparkasse-Linz |
| | Vierer o. Stm. | LIA-Wien | |
| | Vierer m. Stm. | LIA-Wien | |
| | Doppelvierer o. Stm. | Nautilus-Klagenfurt | |
| | Achter | RV-Pirat-Wien | |
| Leichtgewichte | Einer | Gerald Aigner | RV Seewalchen |
| Juniorinnen | Einer | Karin Schustereder | Gmundner RV |
| | Doppelzweier | Sissi Schwach/Karin Brandstetter | Alemannia-Korneuburg |
| | Doppelvierer o. Stfr. | Wiking-Bregenz | |
| Schüler | Einer | Markus Irsigler | Wiking-Linz |
| | Doppelzweier | Rupert Eder/Peter Bernhofer | Möve-Salzburg |
| | Doppelvierer m. Stm. | Nautilus-Klagenfurt | |
| Schülerinnen | Einer | Sabine Biedermann | Nautilus-Klagenfurt |
| | Doppelzweier | Sabine Biedermann/Verena Pansi | Nautilus-Klagenfurt |
| | Doppelvierer m. Stfr. | Nautilus-Klagenfurt | |

Der erfolgreiche Vierer ohne Steuermann (Leichtgewicht) erreichte den ausgezeichneten 4. Platz bei der Weltmeisterschaft 1987.
V. l. n. r.: S. Sageder, Schmölzer, Vogtenhuber, M. Sageder *(Foto Verband)*

**WELTMEISTERSCHAFTEN**

| | | | | | |
|---|---|---|---|---|---|
| 1.–9.8.87 Köln/BRD | Junioren | Einer | 8. Roland Wallner | 27 Länder | 15 Starter |
| | | Zweier ohne Steuermann | 8. Gunther Sames/ Volkmar Kuttelwascher | | 15 Starter |
| | Juniorinnen | Einer | 6. Karin Schustereder | | 13 Starter |
| 24.8.–1.9.87 Kopenhagen/D | Allgemeine Klasse | Leichtgewichts-Vierer ohne Steuermann | 4. Siegfried Sageder/ Christoph Schmölzer/ Roland Vogtenhuber/ Michael Sageder | 37 Länder | 12 Starter |
| | | Leichtgewichts-Einer | 10. Herbert Dieplinger | | 16 Starter |
| | | Einer | 9. Arnold Jonke | | 18 Starter |
| | | Doppelzweier | 7. Harald Faderbauer/ Thomas Musyl | | 24 Starter |
| | | Zweier ohne Steuermann | 5. Karl Sinzinger/ Hermann Bauer | | 18 Starter |

**EUROPAMEISTERSCHAFTEN**

| | | | |
|---|---|---|---|
| 24.–26.7.87 Aiguebelette/F | Senioren | Männer-Zweier ohne Steuermann | **1. Karl Sinzinger/ Hermann Bauer** |
| | | Männer-Doppel-Zweier | 2. Harald Faderbauer/ Thomas Musyl |
| | | Männer-Leichtgewichts-Einer | 2. Walter Rantasa |

# SCHACH

**ÖSTERREICHISCHER SCHACHBUND** (ÖSB), gegründet 1920
8010 Graz, Herrengasse 16, Telefon 0 31 6 / 70 31 / 21 69, 22 45

422 Vereine, 5717 Mitglieder

Präsident
LhStv. Prof. Kurt Jungwirth (Präsident der Europäischen Schachunion),
8010 Graz, Landhaus, Herrengasse 16
Schriftführer
Emanuel Staggl

Mitglied der
**Fédération Internationale des Échecs** (FIDE), gegründet 1924, 124 Länder
Anschrift
CH-6006 Luzern, Schweiz, Abendweg 1

**ÖSTERREICHISCHE MEISTER 1987**

| | | |
|---|---|---|
| Herren | Egon Brestian | Wien |
| Jugend | Michael Schlosser | Wien |
| Mädchen | Karin Ladner | Tirol |

**Schachwoche: 1. Oberösterreich**

# SCHIESSEN

**ÖSTERREICHISCHER SCHÜTZENBUND** (ÖSB),
gegründet 1879
Österreichs ältester Sportverband

6010 Innsbruck, Postfach 232
701 Vereine, 37.382 Mitglieder

Präsident: Univ.-Prof. Dr. Wilhelm Sachsenmaier,
6020 Innsbruck, Mariahilfpark 1, Telefon 0 52 22 / 31 4 65

Mitglied der
**International Shooting Union** (UIT),
60 Millionen Mitglieder, 98 Länder, gegründet 1907
Anschrift:
D-8000 München 2, Bavariaring 21,
Telefon 06 0 89 / 53 10 12, Telex 52 16 792 UIT D

**European Shooting Confederation** (ESC); Str. Vasile Conta, 16;70139 Bukarest, Romania, gegründet 1960, 34 Länder

**Internationale Armbrustschützen-Union** (IAU), gegründet 1957
CH-6006 Luzern, Schlösslirain 9
Vizepräsident ist Konsulent OSR Karl Fröschl,
Mitglied der Technischen Kommission der IAU ist Karl Marschnig.

Dipl.-Ing. Fritz Schattleitner ist Präsidialmitglied der ESC und Mitglied der Technischen Kommission der UIT.

Med.-Rat. Dr. Harald Porsch ist Mitglied der Sportmedizinischen Kommission der ESC, OSR Karl Fröschl ist Rechnungsprüfer der ESC.

Verbandszeitung: „Österreichische Schützenzeitung“, erscheint monatlich, 2000 Stück

Das sportliche Hauptereignis waren die Weltmeisterschaften im Armbrustschießen in Rohrbach/OÖ. Unter den Teilnehmern war erstmals auch eine Mannschaft aus China. Von den österreichischen Armbrustschützen waren die Junioren mit einer Gold- und vier Silbermedaillen erfolgreich.

Die Jugendarbeit wurde durch Trainingslehrgänge und Beschickungen internationaler Juniorenwettkämpfe weiter intensiviert. Bei den Europameisterschaften konnten unsere Junioren eine Bronzemedaille (Luftgewehr-Mannschaft) und eine Silbermedaille (KK-Gewehr 3 × 40, Einzel) erringen. Die erst 16 Jahre alte Nachwuchsschützin Sylvia Baldessarini erreichte bei den Weltmeisterschaften den 4. Rang und bei den vorolympischen Wettkämpfen in Seoul mit der gleichen Placierung einen Olympia-Startplatz.

**STAATSMEISTER 1987**

| | | | | |
|---|---|---|---|---|
| ARMBRUST | 30 m Kombination | | **Alois Fink** | Kärnten |
| | 30 m stehend | | **Anton Polding** | Steiermark |
| | 30 m kniend | | **Alois Fink** | Kärnten |
| | 10 m | Herren | **Hubert Götzl** | Steiermark |
| | 10 m | Damen | **Silvia Liendl** | Steiermark |
| | 30 m Kombination | Mannschaft | **Kärnten** | |
| | 30 m stehend | | **Steiermark** | |
| | 30 m kniend | | **Kärnten** | |
| | 10 m | Herren | **Steiermark** | |
| | 10 m | Damen | **Steiermark** | |

| | | | | |
|---|---|---|---|---|
| LAUFENDE SCHEIBE | 10 m Luftgewehr | Einzel | **Klaus Rabl** | Oberösterreich |
| | | Mannschaft | **Steiermark** | |
| | 50 m KK-Gewehr Normallauf | Einzel | **Walter Zitz** | Steiermark |
| | | Mannschaft | **Steiermark** | |
| | Gemischter Lauf | Einzel | **Walter Beck** | Niederösterreich |
| | | Mannschaft | **Oberösterreich** | |
| LUFTGEWEHR | Einzel | Herren | **Dr. Willi Schrempf** | Steiermark |
| | Mannschaft | | **Vorarlberg** | |
| | Einzel | Damen | **Marika Ammann** | Vorarlberg |
| | Mannschaft | | **Niederösterreich** | |
| LUFTPISTOLE | Einzel | Herren | **Gerhard Böhm** | Niederösterreich |
| | Mannschaft | | **Steiermark** | |
| | Einzel | Damen | **Brigitte Razingar** | Kärnten |
| | Mannschaft | | **Steiermark** | |
| KLEINKALIBERGEWEHR | | | | |
| Englishmatch | Einzel | Damen | **Huberta Müller** | Salzburg |
| | Mannschaft | | **Salzburg** | |
| Standardgewehr 3 × 20 | Einzel | | **Gudrun Sinnhuber** | Salzburg |
| | Mannschaft | | **Salzburg** | |
| Englishmatch | Einzel | Herren | **Wolfram Waibel sen.** | Vorarlberg |
| | Mannschaft | | **Vorarlberg** | |
| 40 Sch. stehend | Einzel | | **Dr. Willi Schrempf** | Steiermark |
| | Mannschaft | | **Vorarlberg** | |
| 40 Sch. kniend | Einzel | | **Alois Fink** | Kärnten |
| | Mannschaft | | **Kärnten** | |
| Dreistellungsmatch 3 × 40 | Einzel | | **Alois Fink** | Kärnten |
| | Mannschaft | | **Vorarlberg** | |

| | | | | |
|---|---|---|---|---|
| STANDARDGEWEHR | | | | |
| 300 m | Einzel | Herren | **Lothar Heinrich** | Kärnten |
| | Mannschaft | | **Wien** | |
| PISTOLE | | | | |
| Schnellfeuerpistole | Einzel | Herren | **Gerhard Petritsch** | Salzburg |
| | Mannschaft | | **Salzburg** | |
| Freie Pistole | Einzel | Herren | **Hans Hierzer** | Steiermark |
| | Mannschaft | | **Steiermark** | |
| Zentralfeuerpistole | Einzel | Herren | **Horst Halder** | Vorarlberg |
| | Mannschaft | | **Wien** | |
| Standardpistole | Einzel | Herren | **Gerhard Petritsch** | Salzburg |
| | Mannschaft | | **Oberösterreich** | |
| Sportpistole | Einzel | Damen | **Michaela Rhomberg** | Vorarlberg |
| | Mannschaft | | **Steiermark** | |
| Praktisches Schießen Pistole | Einzel | Herren | **Peter-Paul Ploner** | Tirol |
| | Mannschaft | | **Tirol** | |

**ÖSTERREICHISCHE MEISTER 1987**

| | | | | | |
|---|---|---|---|---|---|
| ARMBRUST | Senioren I | 30 m Kombination | | Franz Mesaric | Steiermark |
| | | 30 m stehend | | Franz Mesaric | Steiermark |
| | | 30 m kniend | | Klaus Rabl | Oberösterreich |
| | | 10 m | Einzel | Günter Otreba | Oberösterreich |
| | | 10 m | Mannschaft | Steiermark | |
| | Senioren II | 30 m Kombination | | Karl Manner | Oberösterreich |
| | | 30 m stehend | | Franz Kerschbaumer | Salzburg |
| | | 30 m kniend | | Leo Pammer | Oberösterreich |
| | Junioren | 30 m Kombination | | Leonhard Ganzer | Kärnten |
| | | 30 m stehend | | Leonhard Ganzer | Kärnten |
| | | 30 m kniend | | Leonhard Ganzer | Kärnten |
| | | 10 m | Einzel | Thomas Rohrer | Steiermark |
| | | 10 m | Mannschaft | Kärnten | |

| | | | | |
|---|---|---|---|---|
| LAUFENDE SCHEIBE | Junioren | 10 m Luftgewehr | Gerhard Köstner | Steiermark |
| LUFTGEWEHR | Jungschützen | Einzel | Sylvia Baldessarini | Tirol |
| | | Mannschaft | Tirol | |
| | Junioren weibl. | Einzel | Michaela Hell | Tirol |
| | | Mannschaft | Tirol | |
| | Junioren männl. | Einzel | Thomas Farnik | Niederösterreich |
| | | Mannschaft | Tirol | |
| | Senioren I | Einzel | Lothar Heinrich | Kärnten |
| | | Mannschaft | Kärnten | |
| | Senioren II | Einzel | Rudolf Natmeßnig | Kärnten |
| | | Mannschaft | Kärnten | |
| LUFTPISTOLE | Jungschützen | Einzel | Thomas Jerabek | Steiermark |
| | | Mannschaft | Oberösterreich | |
| | Junioren männl. | Einzel | Herbert Sailer | Tirol |
| | Senioren I | Einzel | Hubert Garschall | Niederösterreich |
| | | Mannschaft | Wien | |
| | Senioren II | Einzel | Stanislaus Pernegg | Kärnten |
| | | Mannschaft | Kärnten | |
| KLEINKALIBERGEWEHR | | | | |
| Englishmatch | Jungsch. männl. | Einzel | Georg Ritzer | Tirol |
| | | Mannschaft | Tirol | |
| | Jungsch. weibl. | Einzel | Sylvia Baldessarini | Tirol |
| | Junioren | Einzel | Hadmuth Cokl | Tirol |
| | | Mannschaft | Tirol | |
| | Senioren I | Einzel | Kurt Waldegger | Tirol |
| | | Mannschaft | Vorarlberg | |
| | Senioren II | Einzel | Kurt Kopeinig | Steiermark |
| | | Mannschaft | Tirol | |

| | | | | |
|---|---|---|---|---|
| Dreistellungsmatch 3 × 20 | | | | |
| | Jungsch. männl. | Einzel | Konstantin Deuring | Vorarlberg |
| | | Mannschaft | Tirol | |
| | Jungsch. weibl. | Einzel | Sylvia Baldessarini | Tirol |
| | Junioren | Einzel | Leonhard Ganzer | Kärnten |
| | | Mannschaft | Tirol | |
| Zweistellungsmatch 2 × 30 | | | | |
| | Senioren I | Einzel | Horst Maca | Niederösterreich |
| | | Mannschaft | Niederösterreich | |
| | Senioren II | Einzel | Josef Wopfner | Tirol |
| | | Mannschaft | Vorarlberg | |
| PISTOLE | | | | |
| Schnellfeuerpistole | Senioren | Einzel | Karl Burger | Wien |
| Freie Pistole | Senioren | Einzel | Emil Burtscher | Vorarlberg |
| | | Mannschaft | Niederösterreich | |
| Standardpistole | Senioren | Einzel | Hubert Garschall | Niederösterreich |
| | | Mannschaft | Niederösterreich | |
| Sportpistole | Junioren | Einzel | Harald Peki | Oberösterreich |
| | Senioren I | Einzel | Hubert Garschall | Niederösterreich |
| | | Mannschaft | Niederösterreich | |
| | | Einzel | Franz Peki | Oberösterreich |
| | Senioren II | Mannschaft | Oberösterreich | |
| Praktisches Schießen | | | | |
| Pistole | Senioren | Einzel | Walter Zemann | Wien |
| | | Mannschaft | Wien | |
| | Damen | Einzel | Anni Hofbauer | Kärnten |

VORDERLADER

| | | | |
|---|---|---|---|
| Dienstgewehr | Repl. 100 m | Alfred Reiter | Wien |
| Freies Gewehr | Repl. 100 m | Franz Schickermüller | Oberösterreich |
| Freies Gewehr | Repl. 50 m | Markus Fischer | Vorarlberg |
| Freies Gewehr | Original 50 m | Anton Kany | Niederösterreich |
| Steinschloßgewehr | Repl. 50 m | Josef Meixner | Burgenland |
| Steinschloßpistole | Repl. 25 m | Erich Krenn | Wien |
| Perkussionsrevolver | Repl. 25 m | Anton Kany | Niederösterreich |
| Perkussionsrevolver | „Ruger" 25 m | Walter Micheler | Steiermark |
| Perkussionspistole | Repl. 25 m | Josef Meixner | Burgenland |
| Perkussionspistole | Original 25 m | Anton Kany | Niederösterreich |

**WELTMEISTERSCHAFTEN**

| | | | | | |
|---|---|---|---|---|---|
| ARMBRUST | | | | | |
| 10.–19.7.87 | Herren | 10 m | 4. Österreich | 13 Länder | |
| Rohrbach/OÖ | Junioren | 10 m | 5. Thomas Farnik | | 22 Starter |
| | | Mannschaft | 4. Österreich | | |
| | Herren | 30 m Kombination | 4. Österreich | | |
| | | 30 m stehend | 4. Österreich | | |
| | | 30 m kniend | 4. Österreich | | |
| | Junioren | 30 m Kombination | 2. Leonhard Ganzer | | 16 Starter |
| | | | 6. Thomas Farnik | | 16 Starter |
| | | | **1. Österreich** | | |
| | | 30 m stehend | 4. Leonhard Ganzer | | 16 Starter |
| | | | 2. Österreich | | |
| | | 30 m kniend | 2. Leonhard Ganzer | | 16 Starter |
| | | | 6. Thomas Farnik | | 16 Starter |
| | | | 2. Österreich | | |
| LUFTDRUCKWAFFEN | | | | | |
| 19.–25.10.87 | Damen | Luftgewehr | 4. Sylvia Baldessarini | 27 Länder | 56 Starter |
| Budapest/U | | | 5. Österreich | | |

**EUROPAMEISTERSCHAFTEN**

| | | | | | |
|---|---|---|---|---|---|
| LUFTDRUCKWAFFEN | | | | | |
| 25.2.–1.3.87 Bratislava/ČSSR | Junioren | Luftgewehr | 3. Österreich | 20 Länder | |
| GEWEHR/PISTOLE | | | | | |
| 19.7.–2.8.87 Lathi/Finnl. | Junioren Herren | KK-Gewehr 3 × 20 Ol. Schnellfeuer-P. | 2. Thomas Farnik 5. Österreich | 21 Länder | 37 Starter |
| PRAKTISCHES SCHIESSEN | | | | | |
| 12.–17.10.87 Bisley/GB | Herren | Prakt. Pistole | 3. Österreich | 8 Länder | |

**WELTCUP**

| | | | | | |
|---|---|---|---|---|---|
| 19.–24.5.87 München | Herren | KK-Gewehr kniend | **1. Lothar Heinrich** | 37 Länder | 68 Starter |
| 15.–24.3.87 Havanna/Cuba | Herren | Luftpistole | 6. Karl Pavlis | 34 Länder | 45 Starter |
| 31.5.–6.6.87 Zürich/Schweiz | Herren | Luftpistole | 6. Karl Pavlis | 48 Länder | 110 Starter |
| 27.–31.5.87 Suhl/DDR | Herren | Luftgewehr | 6. Hannes Gufler | 33 Länder | 79 Starter |
| 25.9.–4.10.87 Seoul/Korea | Damen | Luftgewehr | 4. Sylvia Baldessarini | 42 Länder | 56 Starter |

**WELTREKORD**

| | | | | | |
|---|---|---|---|---|---|
| 23.5.87 München/BRD | Herren | KK-Gewehr 40 kniend | **Lothar Heinrich** | Kärnten | 398 Ringe |

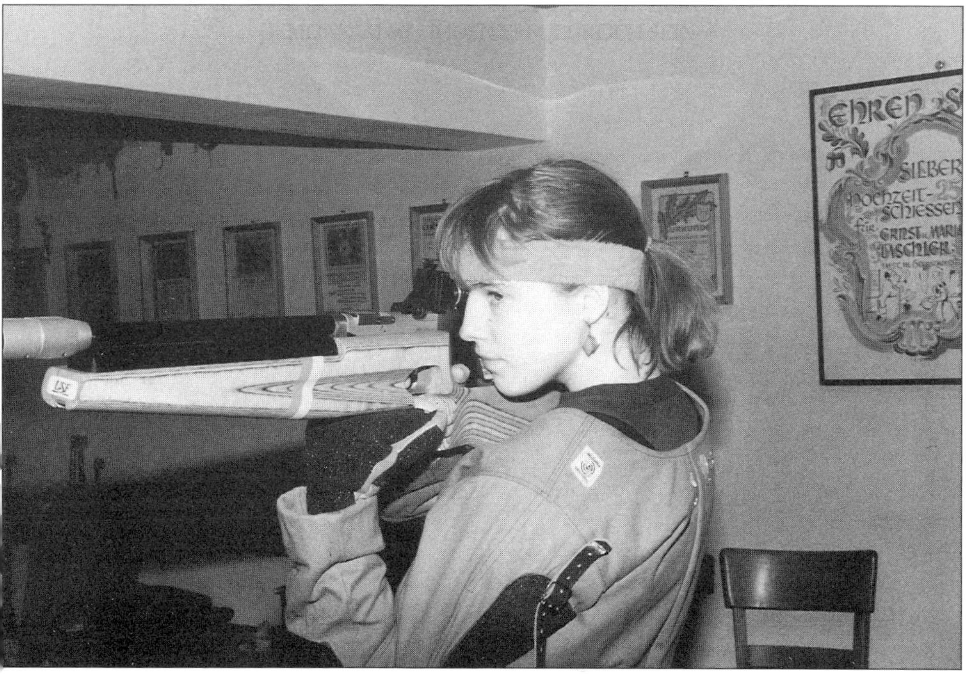


Keine Sorge, auch der Nachwuchs trifft bereits ins Schwarze! Die erst 16 Jahre alte Sylvia Baldessarini wurde bei der Weltmeisterschaft Vierte im Luftgewehr *(Foto Verband)*

**ÖSTERREICHISCHE REKORDE 1987**

| | | | | |
|---|---|---|---|---|
| LUFTGEWEHR | | | | |
| Damen | **Sylvia Baldessarini** | Tirol | 392 Ringe | WM-Budapest, 25.10.87 |
| Mannschaft | **Sylvia Baldessarini/ Michaela Hell/ Dorothée Deuring** | Österreich | 1161 Ringe | WM-Budapest, 25.10.87 |
| LUFTPISTOLE | | | | |
| Damen | **Christine Strahalm** | Steiermark | 383 Ringe | Suhl/DDR, 29.5.87 |
| KLEINKALIBERGEWEHR | | | | |
| 40 kniend | **Lothar Heinrich** | Kärnten | 398 Ringe | München, 23.5.87 |
| 3 × 40 | **Dr. Willi Schrempf** | Steiermark | 1175 Ringe | Budapest, 5.9.87 |
| FREIE PISTOLE | | | | |
| Mannschaft | **Hans Hierzer/ Horst Krasser/ Martin Pfeffer** | Steiermark | 1649 Ringe | Linz, 30.8.87 |
| ARMBRUST | | | | |
| 10 m Damen | **Silvia Liendl** | Steiermark | 388 Ringe | St. Veit/Glan, 29.5.87 |
| 10 m Mannschaft | **Silvia Liendl/ Lotte Marschnig/ Birgit Biowski** | Österreich | 1133 Ringe | Wil/CH, 2.5.87 |
| 30 m Herren kniend | **Alois Fink** | Kärnten | 292 Ringe | Rohrbach/OÖ, 11.7.87 |

Die großen Sprünge sind endlich gelungen! Niki Stajkovic wurde Zweiter bei der Europameisterschaft 1987 vom 3-m-Brett *(Foto Votava)*

# SCHWIMMEN

**VERBAND ÖSTERREICHISCHER SCHWIMMVEREINE** (VÖS),
gegründet 1899
1110 Wien, Simmeringer Hauptstraße 34/1/VII, Telefon 0 22 2 / 74 81 94
Dienstzeit: Montag bis Freitag von 7.30 bis 16 Uhr, Telex 112 867

157 Vereine, 66.095 Mitglieder

Präsident
Hofrat Prof. Anton Weghofer, 1030 Wien, Custozzagasse 8/4,
Telefon privat 0 22 2 / 75 73 81

Geschäftsstelle: Gen.Sekr. Thomas Gangel

Mitglied der
**Fédération Internationale de Natation Amateur** (FINA),
gegründet 1908, 123 Mitgliedsländer

Anschrift
Präsident Robert H. Helmick, 2000 Financial Center Des Moines, Iowa, 50309 USA

und der
**Ligue Européenne de Natation** (LEN), gegründet 1927,
35 Mitgliedsländer
Klaas van de Pol, Breelan 30, 1860 AE Bergen
N.H., Holland

Hofrat Prof. Anton Weghofer ist Vizepräsident der LEN.
Reg.-Rat Dirnweber ist Zweiter Vorsitzender des Wasserball-Board der LEN.
Peter Huber ist Sekretär des Sprung-Board der LEN und Mitglied des Sprung-Board der FINA.
Monika Haslik ist Mitglied des Synchro-Board der LEN.

1987 hat der VÖS an alle Schwimmtrainer einen einheitlichen Trainingsplan unter dem Titel „Dr. HABER-PLAN" ausgesandt. Nachdem einige arrivierte Schwimmer ihre Karriere beendet haben, wird im besonderen auf die Jugendarbeit großer Wert gelegt.

Große Erfolge für den VÖS gab es bei den Europameisterschaften (16.–23. August 1987) in Strasbourg.
Niki Stajkovic errang im Bewerb Kunstspringen (3 m) der Herren den 2. Platz und im Synchronschwimmen errang Alexandra Worisch im Solobewerb ebenfalls EM-Silber.

Aufgrund ihrer internationalen Erfolge wurden Niki Stajkovic und Alexandra Worisch mit dem Goldenen Ehrenzeichen des Verbandes Österreichischer Schwimmvereine ausgezeichnet.

**STAATSMEISTER 1987**

| | | | | |
|---|---|---|---|---|
| **Schwimmen** | Herren | 50 m Kraul | **Markus Opatril** | SCR Innsbruck |
| | | 100 m Kraul | **Markus Opatril** | SCR Innsbruck |
| | | 200 m Kraul | **Markus Opatril** | SCR Innsbruck |
| | | 400 m Kraul | **Klaus Mayr** | Salzburger TV |
| | | 1.500 m Kraul | **Klaus Mayr** | Salzburger TV |
| | | 4 × 100 m Kraul | **SCR Innsbruck** | |
| | | 4 × 200 m Kraul | **SCR Innsbruck** | |
| | | 100 m Rücken | **Werner Zitzmann** | SU Neulengbach |
| | | 200 m Rücken | **Werner Zitzmann** | SU Neulengbach |
| | | 100 m Brust | **Thomas Böhm** | ESV St. Pölten |
| | | 200 m Brust | **Thomas Wagner** | ASV Enns |
| | | 100 m Delphin | **Reinhold Leitner** | Salzburger TV |
| | | 200 m Delphin | **Reinhold Leitner** | Salzburger TV |
| | | 200 m Lagen | **Werner Zitzmann** | SU Neulengbach |
| | | 400 m Lagen | **Reinhold Leitner** | Salzburger TV |
| | | 4 × 100 m Lagen | **ESV St. Pölten** | |

| | | | | |
|---|---|---|---|---|
| **Schwimmen** | Damen | 50 m Kraul | **Judith Draxler** | TUS Feldbach |
| | | 100 m Kraul | **Judith Draxler** | TUS Feldbach |
| | | 200 m Kraul | **Juliane Schmich** | Salzburger TV |
| | | 400 m Kraul | **Alexandra Kompa** | SU Mödling |
| | | 800 m Kraul | **Alexandra Kompa** | SU Mödling |
| | | 4 × 100 m Kraul | **Salzburger TV** | |
| | | 4 × 200 m Kraul | **Salzburger TV** | |
| | | 100 m Rücken | **Judith Draxler** | TUS Feldbach |
| | | 200 m Rücken | **Ingrid Flöck** | AT Graz |
| | | 100 m Brust | **Sandra Edlinger** | ASV Wien |
| | | 200 m Brust | **Sandra Edlinger** | ASV Wien |
| | | 100 m Delphin | **Edith Kühlechner** | TS Wörgl |
| | | 200 m Delphin | **Gudrun Matzelberger** | Salzburger TV |
| | | 200 m Lagen | **Ursula Hopfgartner** | Salzburger TV |
| | | 400 m Lagen | **Sandra Edlinger** | ASV Wien |
| | | 4 × 100 m Lagen | **Salzburger TV** | |
| **Wasserspringen** | Damen | Kunstspringen | **Nicole Kreil** | SU Wien |
| | Herren | | **Erich Pils** | SU St. Pölten |
| | Damen | Turmspringen | **Nicole Kreil** | SU Wien |
| | Herren | | **Andreas Felzmann** | SU Wien |
| **Wasserball** | | A-Liga | **SC Donau Wien** | |
| **Synchronschwimmen** | | Solo | **Alexandra Worisch** | SU Wien |
| | | Duo | **Alexandra Worisch/ Beatrix Müllner** | SU Wien |

## ÖSTERREICHISCHE MEISTER 1987

**Halle**

| | | | | |
|---|---|---|---|---|
| Wasserspringen | Herren | 1 m | Niki Stajkovic | SU Salzburg |
| | | 3 m | Niki Stajkovic | SU Salzburg |
| | Damen | 1 m | Dipl.-Ing. Grete Peschek | SU Wien |
| | | 3 m | Dipl.-Ing. Grete Peschek | SU Wien |
| Schwimmen | Herren | 100 m Kraul | Alexander Pilhatsch | AT Graz |
| | | 200 m Kraul | Stefan Opatril | SCR Innsbruck |
| | | 400 m Kraul | Klaus Mayr | Salzburger TV |
| | | 1.500 m Kraul | Klaus Mayr | Salzburger TV |
| | | 4 × 100 m Kraul | SCR Innsbruck | |
| | | 4 × 200 m Kraul | SCR Innsbruck | |
| | | 100 m Rücken | Werner Zitzmann | SU Neulengbach |
| | | 200 m Rücken | Werner Zitzmann | SU Neulengbach |
| | | 100 m Brust | Thomas Wagner | ASV Enns |
| | | 200 m Brust | Thomas Wagner | ASV Enns |
| | | 100 m Delphin | Christian Schneeberger | SU Salzburg |
| | | 200 m Delphin | Reinhold Leitner | Salzburger TV |
| | | 200 m Lagen | Christian Schneeberger | Salzburger TV |
| | | 400 m Lagen | Christian Schneeberger | Salzburger TV |
| | | 4 × 100 m Lagen | SU Wien | |
| | Damen | 100 m Kraul | Edith Kühlechner | TS Wörgl |
| | | 200 m Kraul | Gudrun Matzelberger | Salzburger TV |
| | | 400 m Kraul | Gudrun Matzelberger | Salzburger TV |
| | | 800 m Kraul | Gudrun Matzelberger | Salzburger TV |
| | | 4 × 100 m Kraul | SU Wien | |
| | | 100 m Rücken | Ingrid Flöck | AT Graz |
| | | 200 m Rücken | Ingrid Flöck | AT Graz |
| | | 100 m Brust | Ursula Hopfgartner | Salzburger TV |
| | | 200 m Brust | Ursula Hopfgartner | Salzburger TV |
| | | 100 m Delphin | Gudrun Matzelberger | Salzburger TV |
| | | 200 m Delphin | Gudrun Matzelberger | Salzburger TV |
| | | 200 m Lagen | Edith Kühlechner | TS Wörgl |
| | | 400 m Lagen | Ingrid Flöck | AT Graz |
| | | 4 × 100 m Lagen | AT Graz | |
| | | 4 × 200 m Kraul | SU Wien | |
| Wasserball | | A-Liga | SC Donau Wien | |

## NACHWUCHS

**Freiluft**

| | | | | |
|---|---|---|---|---|
| Wasserspringen | Kunstspringen | männliche Jugend | Roman Kornfeld | SU Wien |
| | | Schüler | René Pachernegg | Grazer AK |
| | | Knaben | Richard Frece | SU Wien |
| | | weibliche Jugend | Sabine Murth | SU Wien |
| | | Schülerinnen | Andrea Broschek | SU Wien |
| | | Mädchen | Anja Richter | SU Wien |
| | Turmspringen | männliche Jugend | Roman Kornfeld | SU Wien |
| | | Schüler | René Pachernegg | Grazer AK |
| | | Knaben | Richard Frece | SU Wien |
| | | weibliche Jugend | Sabine Murth | SU Wien |
| | | Schülerinnen | Andrea Broschek | SU Wien |
| | | Mädchen | Anja Richter | SU Wien |
| Schwimmen | 100 m Kraul | männliche Jugend | Alexander Brandl | USV Krems |
| | | Schüler | Peter Rothbauer | ASV Wien |
| | | weibliche Jugend | Iris Weilguny | Kapfenberger SV |
| | | Schülerinnen | Ursula Hopfgartner | Salzburger TV |
| | 400 m Kraul | männliche Jugend | Rudolf Wittmann | SU Neulengbach |
| | | Schüler | Peter Rothbauer | ASV Wien |
| | | weibliche Jugend | Alexandra Kompa | SU Mödling |
| | | Schülerinnen | Juliane Schmich | Salzburger TV |
| | 800 m Kraul | weibliche Jugend | Alexandra Kompa | SU Mödling |
| | | Schülerinnen | Juliane Schmich | Salzburger TV |
| | 1.500 m Kraul | männliche Jugend | Rudolf Wittmann | SU Neulengbach |
| | | Schüler | Peter Rothbauer | ASV Wien |
| | 100 m Rücken | männliche Jugend | Christoph Csekö | SC Donau Wien |
| | | Schüler | Michael Raith | ATUS Graz |
| | | weibliche Jugend | Ingrid Flöck | AT Graz |
| | | Schülerinnen | Ursula Hopfgartner | Salzburger TV |
| | 200 m Rücken | männliche Jugend | Christoph Csekö | SC Donau Wien |
| | | Schüler | Michael Raith | ATUS Graz |
| | | weibliche Jugend | Ingrid Flöck | AT Graz |
| | | Schülerinnen | Ursula Hopfgartner | Salzburger TV |
| | 100 m Brust | männliche Jugend | Johann Rieger | SVH Köflach |
| | | Schüler | Andreas Dorr | AT Graz |
| | | weibliche Jugend | Edith Kühlechner | TS Raika Wörgl |
| | | Schülerinnen | Ursula Hopfgartner | Salzburger TV |
| | 200 m Brust | männliche Jugend | Markus Rainisch | Salzburger TV |
| | | Schüler | Andreas Dorr | AT Graz |
| | | weibliche Jugend | Sabine Malina | ASV Wien |
| | | Schülerinnen | Ursula Hopfgartner | Salzburger TV |
| | 100 m Delphin | männliche Jugend | Alexander Brandl | USV Krems |
| | | Schüler | Gerfried Thür | TS Mäser Dornb. |
| | | weibliche Jugend | Edith Kühlechner | TS Raika Wörgl |
| | | Schülerinnen | Ursula Hopfgartner | Salzburger TV |
| | 200 m Delphin | männliche Jugend | Alexander Brandl | USV Krems |
| | | Schüler | Gerfried Thür | TS Mäser Dornb. |
| | | weibliche Jugend | Gudrun Matzelberger | Salzburger TV |
| | | Schülerinnen | Juliane Schmich | Salzburger TV |
| | 200 m Lagen | männliche Jugend | Rudolf Wittmann | SU Neulengbach |
| | | Schüler | Markus Rainer | AT Graz |
| | | weibliche Jugend | Ingrid Flöck | AT Graz |
| | | Schülerinnen | Ursula Hopfgartner | Salzburger TV |
| Synchronschwimmen | Solo | Kinder | Christine Müllner | SU Wien |
| | | Schüler | Francine Zimmer | SU Wien |
| | | Jugend | Beatrix Müllner | SU Wien |
| | Duo | Schüler | Ingrid Haslik/ Rosemarie Reiter | SU Wien |
| | | Jugend | Christina Czeczelits/ Beatrix Müllner | SU Wien |

**ÖSTERREICHISCHE REKORDE / Herren Langbahn,** Stand 1. Jänner 1988

| | | | | |
|---|---|---|---|---|
| 50 m Kraul | **Markus Opatril** | SCR Innsbruck | 0:23,84 | 5.6.87, Monaco |
| 100 m Kraul | **Alexander Pilhatsch** | AT Graz | 0:51,64 | 16.6.84, Graz |
| 200 m Kraul | **Markus Opatril** | SCR Innsbruck | 1:54,80 | 1.8.87, St. Pölten |
| 400 m Kraul | **Klaus Mayr** | Salzburger TV | 4:06,46 | 31.5.87, Wien |
| 800 m Kraul | **Klaus Mayr** | Salzburger TV | 8:39,03 | 21.6.87, Linz |
| 1500 m Kraul | **Klaus Mayr** | Salzburger TV | 16:14,99 | 2.8.87, St. Pölten |
| 100 m Brust | **Thomas Böhm** | ESV St. Pölten | 1:03,51 | 17.8.86, Madrid |
| 200 m Brust | **Thomas Böhm** | ESV St. Pölten | 2:22,09 | 2.8.84, Los Angeles |
| 100 m Schmetterling | **Kurt Dittrich** | SU Wien | 0:56,12 | 11.4.80, Wien |
| 200 m Schmetterling | **Reinhold Leitner** | Salzburger TV | 2:05,93 | 1.8.87, St. Pölten |
| 100 m Rücken | **Reinhold Reither** | SU Wien | 0:59,23 | 27.6.87, Graz |
| 200 m Rücken | **Werner Zitzmann** | SU Neulengbach | 2:07,76 | 31.7.87, St. Pölten |
| 200 m Lagen | **Christian Schneeberger** | SU Salzburg | 2:09,11 | 19.3.83, Wien |
| 4 × 100 m Kraul | **Opatril St./Innerhofer/ Sparer/Opatril M.** | SCR Innsbruck | 3:35,85 | 20.7.85, Wolfsberg |
| 4 × 200 m Kraul | **Sparer/Winkler/Opatril M./ Opatril St.** | SCR Innsbruck | 7:55,54 | 1.8.86, Innsbruck |
| 4 × 100 m Lagen | **Reither/Bauer/Leu/Dittrich** | SU Wien | 3:59,20 | 3.8.86, Innsbruck |

**Nationalstaffeln**

| | | | | |
|---|---|---|---|---|
| 4 × 100 m Kraul | **Opatril St./Opatril M./ Placheta/Pilhatsch** | | 3:27,48 | 16.7.87, Zagreb |
| 4 × 200 m Kraul | **Opatril M./Wallisch/ Placheta/Humpelstetter** | | 7:57,86 | 20.6.87, Linz |
| 4 × 100 m Lagen | **Zitzmann/Böhm/Bauer/ Opatril M.** | | 3:57,15 | 22.6.86, Wien |

**Damen**

| | | | | |
|---|---|---|---|---|
| 50 m Kraul | **Judith Draxler** | TUS Feldbach | 0:27,35 | 31.7.87, St. Pölten |
| 100 m Kraul | **Heidi Koch** | SCR Innsbruck | 0:59,13 | 10.5.80, Wien |
| 200m Kraul | **Brigitte Wanderer** | ASV Wien | 2:07,31 | 9.6.84, Wien |
| 400 m Kraul | **Andrea Strachota** | ASV Wien | 4:25,58 | 24.8.78, Berlin |
| 800 m Kraul | **Monika Bayer** | ASV Wien | 9:06,36 | 19.2.84, Wien |
| 100 m Brust | **Ulrike Bauer** | SU Wien | 1:14,23 | 20.7.84, Kapfenberg |
| 200 m Brust | **Sandra Edlinger** | ASV Wien | 2:41,16 | 11.7.87, Darmstadt |
| 100 m Schmetterling | **Sonja Hausladen** | ASV Wien | 1:02,83 | 10.3.84, Südstadt |
| 200 m Schmetterling | **Sonja Hausladen** | ASV Wien | 2:13,50 | 4.8.84, Los Angeles |
| 100 m Rücken | **Ingrid Flöck** | AT Graz | 1:06,12 | 2.8.86, Innsbruck |
| 200 m Rücken | **Ingrid Flöck** | AT Graz | 2:23,41 | 26.7.86, Berlin |
| 200 m Lagen | **Brigitte Wanderer** | ASV Wien | 2:22,09 | 10.3.83, Südstadt |
| 400 m Lagen | **Sonja Hausladen** | ASV Wien | 4:57,78 | 29.7.84, Los Angeles |
| 4 × 100 m Kraul | **Wanderer C./Behounek/ Hausladen/WandererB.** | ASV Wien | 4:03,23 | 8.8.81, St. Pölten |
| 4 × 200 m Kraul | **Schmich/Matzelberger/ Ebner/Hopfgartner** | STV | 9:04,31 | 31.7.87, St. Pölten |
| 4 × 100 m Lagen | **Bayer/Edlinger/ Hausladen/Wanderer B.** | ASV Wien | 4:31,76 | 11.3.84, Südstadt |

**Nationalstaffeln**

| | | | | |
|---|---|---|---|---|
| 4 × 100 m Kraul | **Koch/Strachota/ Panholzer/Hausladen** | | 4:04,09 | 17.7.78, Südstadt |
| 4 × 200 m Kraul | **Bayer/Wanderer B./ Walenta/Hausladen** | | 8:52,00 | 18.3.84, Linz |
| 4 × 100 m Lagen | **Humpelstetter/Swoboda/ Hausladen/Koch** | | 4:27,75 | 4.6.80, Graz |

**WELTMEISTERSCHAFTEN**

| | | | | | |
|---|---|---|---|---|---|
| 5.–9.8.87 | Junioren | Springen 3 m | 22. Sabine Murth | 18 Länder | 27 Starter |
| Hamar/N | | Springen 1 m | 16. Jürgen Richter | | 26 Starter |

**EUROPAMEISTERSCHAFTEN**

| | | | | | |
|---|---|---|---|---|---|
| 16.–23.8.87 Strasbourg/F | Damen | Synchron/ Solo | 2. Alexandra Worisch | 20 Länder | 72 Starter |
| | Herren | Springen 3 m | 2. Niki Stajkovic | | 25 Starter |
| | | | 10. Erich Pils | | |
| | | Schwimmen/ 100 m Brust | 5. Thomas Böhm | | 30 Starter |
| | | Wasserball | 17. Österreich | | 20 Starter |
| | | | 2. Platz (Gruppe C) | | |
| 23.–26.7.87 Rom/I | Junioren | 100 m Brust | 15. Ursula Hopfgartner | 20 Länder | 30 Starter |
| | | 200 m Brust | 15. Ursula Hopfgartner | | 30 Starter |
| | | 200 m Rücken | 14. Christoph Csekö | | 28 Starter |
| | | Springen 3 m | 12. Sabine Murth | | 18 Starter |
| **Europapokal Wasserspringen** | | | | | |
| 10.–12.4.87 Sofia | Herren | Springen 3 m | 8. Niki Stajkovic | 16 Länder | 30 Starter |
| **Weltpokal Wasserspringen** | | | | | |
| 23.–26.4.87 Amersfoort | Herren | Springen 3 m | 7. Erich Pils | 18 Länder | 40 Starter |
| **Volksbank-Springen** | | | | | |
| 3.–5.7.87 Wien | Herren | Springen 3 m | 3. Niki Stajkovic | 21 Länder | 49 Starter |
| **Turnier der Nationen im Schwimmen** | | | | | |
| 30.–31.5.87 Wien | Herren | 100 m Brust | 2. Thomas Böhm | 15 Länder | 25 Starter |
| | | 50 m Kraul | 3. Markus Opatril | | |
| | | 200 m Rücken | 3. Christian Schwarz | | |
| | | 100 m Rücken | 2. Reinhold Reither | | |
| | | | 3. Werner Zitzmann | | |

Wasserball – kein Sport für Zimperliche *(Foto Verband)*

# SEGELN

**ÖSTERREICHISCHER SEGEL-VERBAND** (ÖSV), gegründet 1946
1040 Wien, Große Neugasse 8, Telefon 0 22 2 / 587 86 88, 587 86 89
Sprech- und Besuchszeit:
Montag bis Freitag von 11 bis 13 Uhr und von 14 bis 17 Uhr

71 Vereine, 13.531 Mitglieder

Präsident
Dr. Manfred Piso, 5310 Mondsee, Marktplatz 2, Telefon 0 62 32 / 22 67

Sekretärinnen:
Ingrid Kanoun, 1080 Wien, Lederergasse 22/16, Telefon 42 70 712
Waltraud Kahrer, 2572 Kaumberg, Markt 6, Telefon 0 27 65-5053
Karin Schobesberger, 1080 Wien, Lederergasse 22/15, Telefon 42 70 633

IYRU

Mitglied der
**International Yacht Racing Union** (IYRU),
gegründet 1907, 91 Länder

Anschrift
60 Knightsbridge, London SW1X 7JX, England,
Tel. 01-235 6221/2,
Telex 915487 IYRU G,
Telefax 01-245 9861

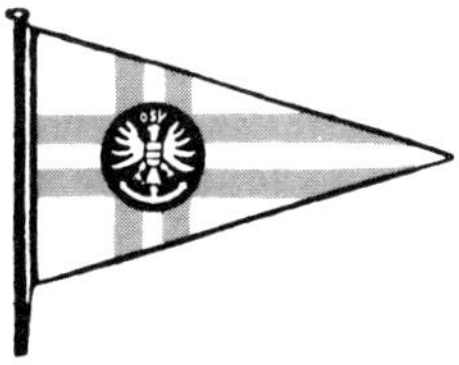

Offizielle Verbandszeitung
„Yachtrevue", zwölfmal jährlich, 46.900 Stück
Chefredakteur
Luis Gazzari im Verlag Orac,
1010 Wien, Graben 17,
Tel. 0 22 2 / 53 4 52

**Organisationsumbau**
Bei der Neuwahl des Präsidiums 1987 wurden einige Funktionen neu besetzt, wodurch eine gewisse Straffung einzelner Referate eintrat.

Im Leistungssport wurde die Betreuung maßgebender Klassen durch spezifische „Spartentrainer" intensiviert. Ebenso erfolgte auch verstärkte direkte Fühlungnahme mit den Spitzenseglern, um deren Probleme besser kennenzulernen. In diesem Zusammenhang wurde von einer Verlängerung des Vertrages mit dem bisherigen Bundestrainer Abstand genommen.

Der Referent für Jugendsegeln legte verstärktes Augenmerk auf die Ausbildung des jüngsten Nachwuchses in der Optimist-Klasse sowie in der Folge auf die Jugendklassen Laser und 420er, welche bereits eine Vorstufe für die olympischen Klassen Finn (als Einmannboot) und 470 (als Zweimannboot) darstellen.

**Schwerpunkte**
Schwerpunkt im Spitzensport war die Vorbereitung auf Entsendung zu den Olympischen Spielen 1988. In den Klassen Starboot, Tornado und Finn sowie in der Surf-Klasse Div. II wurde die Qualifikation für den ÖOC-Kader bereits erbracht.

**Sportliche Erfolge**
In Österreich wurde die WM in der Klasse Yngling auf dem Attersee durchgeführt, die Junior-EM in der Klasse Korsar wurde auf dem Traunsee ausgesegelt.

## STAATSMEISTER 1987

| | | |
|---|---|---|
| Segeln | Soling | **Mag. Michael Farthofer/Dr. Rudolf Matheis/Karl Ferstl** |
| | Drachen | **Albert Strum/Andreas Denk/Johann Steinmayer** |
| | Starboot | **Hubert Raudaschl/Stefan Puxkandl** |
| | Tornado | **Norbert Petschel/Christian Claus** |
| | FD | **Dr. Georg Vogler/Wolfgang Reisinger** |
| | 470 | **Christian Binder/Thomas Volnhofer** |
| | Finn | **Dr. Michael Fischer** |
| | Yngling | **Stefan Frauscher/Peter Farbowski** |
| | Korsar | **Christian Beidl/Eugen Naftz** |
| | Pirat | **Gerhard Vellusig/Michael Lynn** |
| | Dart | **Helmut Vogl/Helga Vogl** |
| | Laser | **Christoph Köhler** |
| Surf | Offene Kl. leicht | **Thomas Wallner** |
| | schwer | **Rudolf Sperl** |

## ÖSTERREICHISCHE MEISTER 1987

| | | |
|---|---|---|
| Segeln | H-Boot | Dr. Othmar Urban/Dr. Michael Urban/ Walter Hofmanninger |
| | Dyas | Dr. Stefan Moser/Dr. Raimund Lensing |
| | Tempest | Gerhard Hödl/Jörg Hampel |

**Jugend**

| | | |
|---|---|---|
| Segeln | Optimist | Günther Volkmann |
| | Laser/Normalrigg | Arno Gsell |
| | 420 | Michael Biack/Andrea Pukl |

## WELTMEISTERSCHAFTEN

| | | | | |
|---|---|---|---|---|
| 20.6.–5.7.87 Kiel/BRD | Tornado | **1. Andreas Hagara/Roman Hagara**<br>5. Norbert Petschel/Christian Claus | 22 Länder | 84 Starter |
| 25.8.–5.9.87 Kingston/Kanada | Div. II (schwer) | **1. Georg Kendler** | 13 Länder | 31 Starter |
| 10.7.–18.7.87 Attersee | Yngling | 5. Heinz Drack/Rudi Mayr/Thomas Auteried<br>6. Dr. Helmut Winkler/Dr. Walter Spängler/ Philipp Weiser | 7 Länder | 55 Starter |

## EUROPAMEISTERSCHAFTEN

| | | | | |
|---|---|---|---|---|
| 20.6.–5.7.87 Kiel/BRD | Starboot | 3. Hubert Raudaschl/Stefan Puxkandl<br>6. Christian Scheinecker/Christian Holler | 20 Länder | 110 Starter |
| 4.6.–14.6.87 Abersooch/England | Tornado | **1. Norbert Petschel/Christian Claus**<br>6. Andreas Hagara/Roman Hagara | 14 Länder | 48 Starter |
| 20.–27.6.87 Kiel/BRD | Div. II (schwer) | 3. Georg Kendler | 16 Länder | 66 Starter |
| 27.–31.7.87 Ebensee/Traunsee | Korsar/ Junioren | **1. Stefan Schurich/Nicolaus Piso**<br>5. Peter Tschada/Michael Göhring | 4 Länder | 45 Starter |
| Juni 87 Lindau/BRD | Prindle 16 | **1. Bernhard Schlechter/Ruth Grahneis** | 6 Länder | 18 Starter |

# SKIBOB

**ÖSTERREICHISCHER SKIBOBVERBAND** (ÖSBV), gegründet 1963
1040 Wien, Prinz-Eugen-Straße 12, Telefon 0 22 2 / 65 23 17 (505 23 17),
Telex 133 132
Dienstzeit: Montag bis Freitag von 9 bis 13 Uhr

65 Vereine, 1809 Mitglieder

Präsident
Ewald Scheuringer, 4724 Neukirchen am Walde
Sekretärin
Gertrud Dluhosch, 1070 Wien, Stollgasse 1 a /5/18, Telefon 0 22 2 / 93 68 154

Mitglied der **Fédération Internationale de Skibob** (FISB),
gegründet 1961,
15 Länder, ca. 10.000 Aktive
Anschrift: D-4100 Duisburg 1, Lutherstraße 27

Dem Präsidium der Fédération Internationale de Skibob gehören nachstehende ÖSBV-Angehörige an:
Kampfrichterchef: Siegfried Almesberger
Rennsportdirektor für Europa: Richard Aistleitner

Die Jugend drängt nach vorne. Markus Moser, 18, aus Salzburg wurde 86/87 Weltcupvierter und dreifacher Jugend-Weltmeister.

Bei der WM gab es 4 Titel in der allgemeinen Klasse und 9 Siege für den Nachwuchs. Auch bei den Senioren dominierten die Österreicher. Erstmals gibt es staatlich geprüfte Skibob-Lehrwarte.

Leider verstarb der Vizepräsident und Generalsekretär Walter Machata und zwar an den Folgen eines Autounfalls auf der Anreise zur WM in die Schweiz.

**STAATSMEISTER 1987**

| | | | |
|---|---|---|---|
| Damen | Abfahrt | **Maria Höller** | SBC Lungötz |
| | Riesenslalom | **Manuela Winter** | SBC Zell am See |
| | Slalom | **Petra Wlezcek** | SBC ASTA Oed |
| | Kombination | **Petra Wlezcek** | SBC ASTA Oed |
| Herren | Abfahrt | **Walter Kroneisl** | SBC Linz |
| | Riesenslalom | **Willi Dimmer** | Polizei SV Salzburg |
| | Slalom | **Othmar Hofmann** | SV Spittal an der Drau |
| | Kombination | **Walter Kroneisl** | SBC Linz |

**ÖSTERREICHISCHE MEISTER 1987**

| | | | |
|---|---|---|---|
| Schüler, weiblich | Abfahrt | Daniela Loipold | SBC Bad Hofgastein |
| | Riesenslalom | Daniela Loipold | SBC Bad Hofgastein |
| | Slalom | Andrea Bergmann | SBC Bad Hofgastein |
| | Kombination | Daniela Loipold | SBC Bad Hofgastein |
| Schüler, männlich | Abfahrt | Klaus Mayrhofer | SBC Steyr |
| | Riesenslalom | Thomas Schilchegger | SBC Lungötz |
| | Slalom | Roland Hütterer | SBC ASTA Oed |
| | Kombination | Thomas Schilchegger | SBC Lungötz |
| Jugend, weiblich | Abfahrt | Heidi Achleitner | SBC Linz |
| | Riesenslalom | Heidi Achleitner | SBC Linz |
| | Slalom | Michaela Stachowitz | SBC Tiroler Oberland |
| | Kombination | Michaela Stachowitz | SBC Tiroler Oberland |
| Jugend, männlich | Abfahrt | Markus Moser | Polizei SV Salzburg |
| | Riesenslalom | Markus Moser | Polizei SV Salzburg |
| | Slalom | Markus Moser | Polizei SV Salzburg |
| | Kombination | Markus Moser | Polizei SV Salzburg |

| | | | |
|---|---|---|---|
| Senioren, weiblich | Abfahrt | Gerhild Schiffkorn | SBC Bad Hofgastein |
| | Riesenslalom | Gerhild Schiffkorn | SBC Bad Hofgastein |
| | Slalom | Gerhild Schiffkorn | SBC Bad Hofgastein |
| | Kombination | Gerhild Schiffkorn | SBC Bad Hofgastein |
| Senioren, männlich | Abfahrt | Erwin Egger | SBC Linz |
| | Riesenslalom | Erwin Egger | SBC Linz |
| | Slalom | Herbert Ober | SV Hollenstein |
| | Kombination | Herbert Ober | SV Hollenstein |

**WELTCUP** Gesamtwertung 1987

| | |
|---|---|
| Damen | **1. Petra Wlezcek** |
| | 2. Maria Höller |
| | 3. Manuela Winter |
| Herren | **1. Willi Dimmer** |
| | 2. Walter Kroneisl |

**WELTMEISTERSCHAFTEN**

| | | | | | |
|---|---|---|---|---|---|
| 15.–22.3.87 Grächen/CH | Damen | Abfahrt | **1. Petra Wlezcek** | 8 Länder | 12 Starter |
| | | | 2. Manuela Winter | | |
| | | | 4. Hanelore Gigler | | |
| | | Riesenslalom | 2. Maria Höller | | 12 Starter |
| | | | 4. Manuela Winter | | |
| | | Slalom | 3. Manuela Winter | | 15 Starter |
| | | Kombination | **1. Manuela Winter** | | |
| | | | 2. Maria Höller | | |
| | Herren | Abfahrt | **1. Walter Kroneisl** | | 32 Starter |
| | | | 4. Gerfried Seeber | | |
| | | Riesenslalom | 4. Michael Hossek | | 32 Starter |
| | | Slalom | **1. Gerhard Wolf** | | 32 Starter |
| | | | 2. Willi Dimmer | | |
| | | | 3. Othmar Hofmann | | |
| | | Kombination | 4. Gerhard Wolf | | |
| | Jugend, männlich | Abfahrt | **1. Markus Moser** | | 14 Starter |
| | | | 4. Werner Peiskar | | |
| | | Riesenslalom | 2. Werner Peiskar | | 14 Starter |
| | | Slalom | **1. Markus Moser** | | 14 Starter |
| | | | 3. Gernot Schandelbauer | | |
| | | Kombination | **1. Markus Moser** | | |
| 12.–15.2.1987 St. Georgen/ St. Lorenzen ob Murau | weibliche Schüler | Abfahrt | 3. Daniela Loipold | 7 Länder | 5 Starter |
| | | Riesenslalom | 3. Daniela Loipold | | |
| | | Slalom | 2. Andrea Bergmann | | 56 Starter |
| | | Kombination | 3. Daniela Loipold | | |
| | männliche Schüler | Abfahrt | **1. Roland Hütterer** | | 17 Starter |
| | | | 2. Klaus Mayrhofer | | |
| | | | 3. Jürgen Omasits | | |
| | | Riesenslalom | **1. Roland Hütterer** | | 17 Starter |
| | | | 2. Thomas Schilchegger | | |
| | | | 3. Klaus Mayrhofer | | |
| | | Slalom | **1. Roland Hütterer** | | 17 Starter |
| | | | 2. Christian Iser | | |
| | | | 3. Dominik Kogler | | |
| | | Kombination | **1. Roland Hütterer** | | |
| | | | 2. Klaus Mayrhofer | | |
| | | | 3. Dominik Kogler | | |
| | weibliche Jugend | Abfahrt | **1. Manuela Winter** | | 13 Starter |
| | | Riesenslalom | **1. Manuela Winter** | | 13 Starter |
| | | | 3. Heidi Achleitner | | |
| | | Slalom | 3. Heidi Achleitner | | 13 Starter |
| | | Kombination | 2. Heidi Achleitner | | 13 Starter |
| | weibliche Senioren | Abfahrt | **1. Gerhild Schiffkorn** | | 7 Starter |
| | | | 2. Ilse Flor | | |
| | | | 3. Rosi Dattler | | 7 Starter |
| | | Riesenslalom | **1. Gerhild Schiffkorn** | | 7 Starter |
| | | | 2. Rosi Dattler | | |
| | | | 3. Ilse Flor | | |
| | | Slalom | **1. Gerhild Schiffkorn** | | 7 Starter |
| | | | 2. Rosi Dattler | | |
| | | | 3. Ilse Flor | | |
| | | Kombination | **1. Gerhild Schiffkorn** | | |
| | | | 2. Rosi Dattler | | |
| | | | 3. Ilse Flor | | |
| | männliche Senioren | Abfahrt | **1. Paul Daxer** | | 28 Starter |
| | | | 2. Erwin Egger | | |
| | | | 3. Hermann Schiffkorn | | |
| | | Riesenslalom | **1. Paul Daxer** | | 28 Starter |
| | | | 2. Erwin Egger | | |
| | | | 3. Herbert Ober | | |
| | | Slalom | **1. Erwin Egger** | | 28 Starter |
| | | | 2. Paul Daxer | | |
| | | Kombination | **1. Paul Daxer** | | |
| | | | 2. Erwin Egger | | |
| | | | 3. Hermann Schiffkorn | | |

# SKILAUF

**ÖSTERREICHISCHER SKIVERBAND** (ÖSV), gegründet 1905
6020 Innsbruck, Olympiastraße 10, Telefon 0 52 22 / 22 1 43 Serie,
Telex 0533876 skiau
Dienstzeit: Montag bis Freitag von 8.15 bis 12 Uhr und von 13 bis 17.15 Uhr

1285 Vereine, 150.707 Mitglieder

Präsident: Arnold Koller, Adresse wie oben
Direktor: Dr. Klaus Leistner, Adresse wie oben

Mitglied des **Internationalen Skiverbandes** (FIS),
gegründet 1924, 21 Länder
Technisches Büro der FIS:
CH-3073 Gümlingen b. Bern, Worbstr. 210, Telex 911109,
Telefon 05 031 / 52 58 15

Der Winter 86/87 zeigte im Hochleistungssport ein unterschiedliches Bild. Nach der guten Saison 85/86 brachte der alpine Skisport trotz deutlicher Verbesserung in einzelnen Bereichen, vor allem in der Technik, und 4 WM-Medaillen (durch Günther Mader, Sylvia Eder und Roswitha Steiner) im gesamten enttäuschende Ergebnisse. Anders die nordischen Sparten: 3 WM-Medaillen (durch Andreas Felder, Ernst Vettori und die Mannschaft) waren die verdiente Krönung guter Leistungen im Sprunglauf. Erfreulich auch die konsequente Aufwärtsentwicklung in den anderen Sparten. Im Langlauf erzielten die Staffel Herren sowie die Damen im Einzel hervorragende Ergebnisse. Die nordischen Kombinierer erreichten bei der WM in Staffel und Einzel fast die Medaillenränge. Im Biathlon formt sich langsam hinter Alfred Eder eine junge Mannschaft.

Bei den Weltmeisterschaften der Grasskiläufer in Japan konnten besonders schöne Erfolge erzielt werden. Insgesamt erreichte die Mannschaft 6 Medaillen. Erstmals ausgetragen wurden inoffizielle Weltmeisterschaften im Firngleiten, die ebenfalls WM-Medaillen für unsere Mannschaft brachten.

Präsidium und Vorstand wurden bei der Länderkonferenz im Juni 87 für die nächsten 3 Jahre neu gewählt. Neben dem Hochleistungssport gilt das Augenmerk des Verbandes dem Ausbau neuer Angebote an die Mitglieder.

**STAATSMEISTER 1987**

| | | | |
|---|---|---|---|
| Nordisch | | Sprunglauf 70 m | **Ernst Vettori** |
| | | Sprunglauf 90 m | **Andreas Felder** |
| | Damen | Langlauf 5 km | **Maria Theurl** |
| | | Langlauf 10 km | **Cornelia Sulzer** |
| | | Langlauf 20 km | **Cornelia Sulzer** |
| | | Langlauf 3 × 5 km | **Tirol** |
| | Herren | Langlauf 15 km | **Markus Gandler** |
| | | Langlauf 30 km | **Alois Stadlober** |
| | | Langlauf 50 km | **Alois Stadlober** |
| | | Langlauf 3 × 10 km | **Tirol** |
| | | Nordische Kombinat. | **Klaus Sulzenbacher** |
| | | Biathlon 10 km | **Alfred Eder** |
| | | Biathlon 20 km | **Alfred Eder** |
| | | Biathlon 3 × 7,5 km | **Salzburg** |
| Freestyle | Herren | Springen | **Thomas Überall** |
| | | Buckelpiste | **Erich Weber** |
| | | Ballett | **Andreas Jauernik** |
| | Damen | Springen | **Andrea Amann** |
| | | Buckelpiste | **René Svardsjö** |
| | | Ballett | **Ingrid Wegmayr** |
| Grasskilauf | Damen | Slalom | **Ingrid Hirschhofer** |
| | | Riesenslalom | **Ingrid Hirschhofer** |
| | Herren | Slalom | **Marcus Peschek** |
| | | Riesentorlauf | **Marcus Peschek** |

| | | | |
|---|---|---|---|
| Alpin | Damen | Super-G | **Sigrid Wolf** |
| | | Abfahrt | **Sylvia Eder** |
| | | Slalom | **Roswitha Steiner** |
| | | Riesenslalom | **Sigrid Wolf** |
| | | Kombination | **Sylvia Eder** |
| | Herren | Abfahrt | **Leonhard Stock** |
| | | Super-G | **Leonhard Stock** |
| | | Slalom | **Rudolf Nierlich** |
| | | Riesenslalom | **Günther Mader** |
| | | Kombination | **Ernst Riedlsperger** |

**ÖSTERREICHISCHE MEISTER 1987**

| | | | |
|---|---|---|---|
| Nordisch | Junioren | Sprunglauf 70 m | Oliver Strohmaier |
| | Jugend | | Marcus Steiner |
| | Junioren | Sprunglauf 90 m | Günter Stranner |
| | Junioren | Langlauf 15 km | Alexander Marent |
| | | Langlauf 30 km | Martin Standmann |
| | | Langlauf 3 × 10 km | Kärnten |
| | Jugend I weiblich | Langlauf 5 km | Maria Messner |
| | Jugend II weiblich | Langlauf 5 km | Elfriede Mühlberger |
| | Jugend I männlich | Langlauf 8 km | Heinz Ranalter |
| | Jugend II männlich | Langlauf 10 km | Andreas Ringhofer |
| | Jugend weiblich | Langlauf 3 × 5 km | |
| | Jugend männlich | Langlauf 3 × 8 km | |
| | Junioren | Nord. Kombination | Bernhard Obsaller |
| | Jugend | | Roland Schmutzer |
| | Junioren | Biathlon 10 km | Klaus Greiderer |
| | | Biathlon 15 km | Klaus Greiderer |
| | | Biathlon 3 × 7,5 km | Tirol |
| Grasski | Jugend männlich | Slalom | Markus Gugg |
| | | Riesenslalom | Markus Gugg |
| Alpin | Jugend männlich | Super-G | Stefan Eberharter |
| | | Abfahrt | Wolfgang Erharter |
| | | Slalom | Ortwin Strolz |
| | | Riesenslalom | Stefan Hoeller |
| | | Kombination | Peter Rzehak |
| | Jugend weiblich | Super-G | Martina Sykora |
| | | Abfahrt | Petra Kronberger |
| | | Slalom | Petra Kronberger |
| | | Riesenslalom | Martina Sykora |
| | | Kombination | Petra Kronberger |

**WELTMEISTERSCHAFTEN**

| | | | | |
|---|---|---|---|---|
| **Alpin** | | | | |
| 25.1.–8.2.87 Crans Montana | Damen | Allgemeine Klasse | Abfahrt | 6. Sylvia Eder |
| | | | Super-G | 5. Sylvia Eder |
| | | | Slalom | 2. Roswitha Steiner |
| | | | | 4. Karin Buder |
| | | | Kombination | 2. Sylvia Eder |
| | Herren | | Super-G | 4. Leonhard Stock |
| | | | | 5. Hubert Strolz |
| | | | Riesenslalom | 4. Hubert Strolz |
| | | | Slalom | 2. Günther Mader |
| | | | Kombination | 3. Günther Mader |
| **Nordisch** | | | | |
| 9.2./22.2.87 Oberstdorf | | Allgemeine Klasse | Springen 90 m | **1. Andreas Felder** |
| | | | | 3. Ernst Vettori |
| | | | Mannschaft | 3. Österreich |
| | | | Kombination | |
| | | | Einzel | 6. Klaus Sulzenbacher |
| | | | Mannschaft | 4. Österreich |
| **Biathlon** | | | | |
| 10.–17.2.87 Lake Placid | | Allgemeine Klasse | Mannschaft | 6. Österreich |

**Grasski**

| | | | | |
|---|---|---|---|---|
| 11.–20.9.87 Japan | Damen | Allgemeine Klasse | Super-G | 3. Sigrid Schweinberger |
| | | | Riesentorlauf | 2. Ingrid Hirschhofer |
| | | | Torlauf | **1. Ingrid Hirschhofer** |
| | | | | 2. Martina Bauknecht |
| | | | Kombination | **1. Ingrid Hirschhofer** |
| | | | | 2. Martina Bauknecht |
| | Herren | | Super-G | 2. Klaus Spinka |
| | | | Riesentorlauf | 3. Marcus Peschek |
| | | | Torlauf | **1. Klaus Spinka** |
| | | | Kombination | 2. Klaus Spinka |

**WELTCUP**

**Alpin**

| | | |
|---|---|---|
| Damen | Gesamtwertung | 9. Sigrid Wolf |
| | Abfahrt | 5. Sigrid Wolf |
| | Super-G | 5. Anita Wachter |
| | Slalom | 6. Roswitha Steiner |
| Herren | Gesamtwertung | 7. Leonhard Stock |
| | Abfahrt | 9. Peter Wirnsberger |
| | Super-G | 5. Leonhard Stock |
| | Slalom | 6. Matthias Berthold |
| | Riesentorlauf | 4. Martin Strolz |
| | Mannschaft | 2. Österreich |

**Nordisch**

| | | |
|---|---|---|
| Sprunglauf | Einzel | 2. Ernst Vettori |
| | | 3. Andreas Felder |
| | Mannschaft | 3. Österreich |
| Langlauf | Mannschaft | 10. Österreich |
| Biathlon | Einzel | 15. Alfred Eder |
| | Mannschaft | 6. Österreich |
| Kombination | Einzel | 8. Klaus Sulzenbacher |
| | Mannschaft | 5. Österreich |

**EUROPACUP**

| | | |
|---|---|---|
| Grasski | Damen | 1. Ingrid Hirschhofer |
| | Herren | 5. Marcus Peschek |
| Sprunglauf | | 2. Adi Hirner |
| | | 3. Paul Erat |

# SPORTKEGELN

**ÖSTERREICHISCHER SPORTKEGLERBUND** (ÖSKB), gegründet 1935
1150 Wien, Huglgasse 13–15/2/2/10, Telefon 0 22 2 / 95 95 91
Dienstzeit:
Dienstag von 17 bis 19 Uhr

519 Vereine, 8159 Mitglieder

Präsident
Alfred Fröhlich, 2201 Seyring, Telefon 0 22 46 / 25 91

Generalsekretär
Johann Winter, 1160 Wien, Ottakringerstraße 139/2, Telefon 0 22 2 / 45 80 34

Mitglied der
**Fédération Internationale de Quilleurs** (FIQ), gegründet 1928, 84 Länder,
10 Millionen Mitglieder

Anschrift
FIQ-Generalsekretär
George Sarahete, Linnustajantie 6/49, 02940 ESPOO 94, Finnland, Telefon (358) 0-594 541

Österreich ist vertreten durch
Ing. Johann Kriha, Sekretär NPA Sektion Asphalt

Offizielle Verbandszeitung
„Der österreichische Sportkegler", 6 × jährlich, 1900 Stück

Das Sportjahr 1987 war eines der erfolgreichsten.

Bei den Bowlingdamen konnte erstmals eine WM-Medaille errungen werden. Auch der männliche Nachwuchs (Junioren) schlug sich bei der Sportkegler-WM sehr gut.

Die Bundesliga hat die Mängel des ersten Probejahres behoben.

Die Nachwuchsarbeit wird aufgrund der Erfolge noch mehr intensiviert, denn sie sind die Träger der Zukunft.

Österreich wurde mit der Ausrichtung der XVIII. Weltmeisterschaften im Sportkegeln im Jahre 1990 beauftragt. Austragungsort wird Innsbruck sein.

**STAATSMEISTER 1987**

| | | | | |
|---|---|---|---|---|
| Asphalt | Damen | Mannschaft | **BBSV Wien** | |
| | Herren | Mannschaft | **BBSV Wien** | |
| Bowling | Damen | 5er-Mannschaft | **BC Split-Teleges** | |
| | | 3er-Mannschaft | **BC Split-Teleges** | |
| | Herren | 5er-Mannschaft | **BC Etoile 1** | |
| | | 3er-Mannschaft | **WBC** | |
| Asphalt | Damen | Paar | **Hannelore Schubert/Gabriele Tusch** | BBSV Wien |
| | Herren | Paar | **Andreas Dobias/Gerhard Pracser** | BBSV Wien |
| Bowling | Damen | Paar | **Christine Felcmann/Hilde Reitermaier** | BC Simmering |
| | Herren | Paar | **Johann Hlavacek/Heinz Swatschina** | BC Diamonds |
| | | Mixed | **Renate Pekarek/Manfred Panzenböck** | BC Split-Teleges |
| Asphalt | Damen | Einzel | **Eleonore Niedergesess** | BSV Glanzstoff St. Pölten |
| | Herren | Einzel | **Peter Pezel** | KSV Siemens 2 |
| Bowling | Damen | Einzel | **Anna Mokry** | BC Etoile |
| | Herren | Einzel | **Walter Rieger** | BC Strike & Spare |

**ÖSTERREICHISCHE MEISTER 1987**

| | | | |
|---|---|---|---|
| Asphalt | weibl. Jugend | Karin Hruska | KCS Woka-Insta-Bloc |
| | weibl. Junioren | Birgit Stöckl | LC Tirol |
| | männl. Schüler | Matthias Eigl | KSK Stammersdorf |
| | männl. Jugend | Peter Pelzlbauer | KCS Woka-Insta-Bloc |
| | männl. Junioren | Thomas Löscher | KSV Gaswerk |
| | Damen Senioren | Elfriede Schiffmann | BSV Voith St. Pölten |
| | Herren Senioren | Stefan Roider | KC Salzburg |
| Bowling | weibl. Jugend | Christine Felcmann jun. | BC Simmering |
| | männl. Jugend | Dieter Frisch | 1. Österr. Bowlingclub |
| | männl. Junioren | Thomas Uttner | BC Jim Beam |
| | Herren Senioren | Heinrich Rischka | BT Austria |

**WELTMEISTERSCHAFTEN**

**Bowling**

| | | | |
|---|---|---|---|
| 2.–15.6.87<br>Helsinki/F | Damen-Doppel | 3. Hilde Reitermaier/Christine Felcmann | 44 Länder |

**Sportkegeln**

| | | | |
|---|---|---|---|
| 24.–30.5.87<br>Ingelheim/BRD | Herren-<br>Mannschaft | 3. Christian Kozak/Wolfgang Boran/<br>Andreas Profunser/Erich Ondras/<br>Wolfgang Wilhalm/Thomas Löscher/<br>Gerhard Wolttran | 8 Länder |
| | Einzel | 3. Thomas Löscher | |

# SQUASH

**ÖSTERREICHISCHER SQUASH RACKETS VERBAND,** gegründet 1979
1110 Wien, Kaiserebersdorferstraße 86/3/64, Telefon 76 68 262

48 Vereine, 2855 Mitglieder

Präsident
Min.-Rat Dr. Robert Köck, Verbandsanschrift
Sekretär
Gabriele Truley, Verbandsanschrift

Mitglied der
**European Squash Rackets Federation** (ESRF),
gegründet 1973, 24 Länder

**International Squash Rackets Federation** (ISFR),
gegründet 1967, 62 Länder

Das „Ereignis" 1987 war die Durchführung der Mannschafts-EM in Wien.

Große Medienwirksamkeit und ein sehr guter 11. Platz bei den Herren brachten einen großen organisatorischen und sportlichen Erfolg.

**STAATSMEISTER 1987**

| | | | |
|---|---|---|---|
| Einzel | Herren | **Michael Haselwanter** | Tirol |
| | Damen | **Heike Resler** | Salzburg |
| Mannschaft | Herren | **EURO Squash Club 19** | |
| | Damen | **Happy Squash Salzburg** | |

**EUROPAMEISTERSCHAFTEN**

| | | | |
|---|---|---|---|
| November 87<br>Andorra | Championat: EM-Einzel | 9. Michael Haselwanter | 21 Starter |

Sektion beim Karatebund

# TAEKWONDO

**ÖSTERREICHISCHER TAEKWONDO VERBAND**
Geschäftsstelle: 6020 Innsbruck, Körnerstraße 18
66 Vereine, 5.200 Mitglieder

Mitglied der
**Europäischen Taekwondo Union** (ETU), gegründet 1973
und der
**World Taekwondo Federation** (WTF)
Präsident
Dr. Georg Matuszek, 6250 Breitenbach 207
Generalsekretär
Dr. Günter Wellinger, 6807 Tisis, Letzestraße 20a

Der Österreichische Taekwondo Verband wird nun von einem Fachmann aus dem Marketing Management, einem Juristen und sonstigen hochqualifizierten Mitarbeitern geleitet, die größtenteils selbst im Leistungssport tätig waren und sich dann als Trainer und internationale Referees profilierten. Aus dieser fachlichen Kombination erhofft sich der ÖTDV eine positive Entwicklung.

Im Sommer wurde die Grundsatzphilosophie des neuen Präsidiums schriftlich festgelegt und das Projekt für die WM im Oktober 1987 in Angriff genommen.

Im Herbst wurde die Strategie für 1988 ausgearbeitet, die sich auf zwei Perioden konzentriert: im Frühjahr die EM in Ankara und im Sommer die Olympischen Spiele in Seoul.

Taekwondo ist Demonstrationssport bei den Olympischen Spielen 1988; Österreich wurde aufgrund der sportlichen Erfolge offiziell eingeladen. Die Entscheidung für eine Entsendung liegt beim ÖOC.

**STAATSMEISTER 1987**

| | | | |
|---|---|---|---|
| Damen | bis 51 kg | **Regina Singer** | Taekwondo Verein Völs |
| | bis 55 kg | **Veronika Six** | Taekwondo Schule Lee Innsbruck 1966 |
| | bis 60 kg | **Judith Söllradl** | Taekwondo Verein Wörgl |
| | bis 65 kg | **Brigitte Hell** | Sportschule Reza Innsbruck |
| | über 70 kg | **Christine Six** | Taekwondo Schule Lee Innsbruck 1966 |
| Herren | bis 54 kg | **Thomas Mayr** | Taekwondo Sektion SV Reichenau |
| | bis 58 kg | **Franz Seyer** | Taekwondo Verein Tragwein |
| | bis 64 kg | **Fred Edenhauser** | Taekwondo St. Johann i. Tirol |
| | bis 70 kg | **Günter Foidl** | Taekwondo St. Johann i. Tirol |
| | bis 76 kg | **Kuno Hufnagl** | Taekwondo Salzburg |
| | bis 83 kg | **Johann Lindner** | Taekwondo Salzburg |
| | über 83 kg | **Franz Stöllberger** | Taekwondo Verein Salzburg |

**ÖSTERREICHISCHE MEISTER 1987**

| | | | |
|---|---|---|---|
| Junioren | bis 54 kg | Frank Pfeiffer | Taekwondo Verein Wörgl |
| | bis 58 kg | Gerhard Netzer | Taekwondo Verein Landeck |
| | bis 64 kg | Gerhard Pitzker | Taekwondo Verein Seefeld |
| | bis 70 kg | Gerhard Peskoller | Dojang Innsbruck |
| | bis 76 kg | Reza Iranneyad | Sportschule Reza Innsbruck |
| | über 76 kg | Norbert Herz | Hanyuk Taekwondo Club |

**WELTMEISTERSCHAFTEN**

| | | | | | | |
|---|---|---|---|---|---|---|
| 7.–11.10.1987 | | | | | | |
| 57 Länder | Herren | Welter | 5. Helmut Köck | Damen | Welter | 5. Alexandra Matthäu |
| | Damen | Fly | 5. Regina Singer | | Middle | 5. Michaela Huber |
| | | Feather | 5. Veronika Six | | Heavy | 5. Christine Six |
| | | Light | 5. Judith Söllradl | | | |

**WELTCUP**

| | | | | |
|---|---|---|---|---|
| 15.–17.5.87, Helsinki/Finnl. | Herren | Welter | 2. Helmut Köck | 17 Länder |

# TANZEN

**ÖSTERREICHISCHER TANZSPORT-VERBAND** (ÖTSV), gegründet 1955
Dr. Karlheinz Demel, Präsident des Arbeits- und Sozialgerichtes Wien
1082 Wien, Wickenburggasse 8, Telefon 48 902/2500

59 Vereine, 2861 Mitglieder

Präsident
Dr. Karlheinz Demel, Adresse wie oben

Mitglied der
**International Council of Amateur-Dancers** (I.C.A.D.),
gegründet 1957
28 Mitglieder aus 27 Ländern

Offizielle Verbandszeitung
„ÖTSV-Information-Aktuell", monatlich

Entsendung österreichischer Paare zu großen internationalen Konkurrenzen, Organisation von internationalen Großsportveranstaltungen und Tanzturnieren, Trainerausbildung, Fortbildung mit Spitzentrainern aus England in der Standard- und Lateindisziplin sowie die Nachwuchsförderung bildeten die Verbandsschwerpunkte 1987.

**STAATSMEISTER 1987**

| | | |
|---|---|---|
| Lateinamerikanische Tänze | **Herbert Schöpf – Beatrix Dander** | Gold-Weiß-Innsbruck |
| Standardtänze | **Manfred Stiglitz – Sylvia Hahn** | Schwarz-Weiß-Wien |
| Kombination | **Peter Dobner – Christina Dobner** | Schwarz-Weiß-Wien |

**ÖSTERREICHISCHE MEISTER 1987**

**Klassensieger**

Allgemeine Klasse Einzel

| | | | |
|---|---|---|---|
| Standard | Klasse D | Wolfgang Steinböck – Daniela Leucht | Studio XIV-Wien |
| | Klasse C | Franz Ottermayer – Regina Ottermayer | Casino-Wien |
| | Klasse B | Claudius Smirzitz – Lillian Kotterer | Modena-Wien |
| | Klasse A | Herbert Unger – Andrea Steiner | Studio XIV-Wien |
| Lateinamerikanische Tänze | Klasse D | Peter Siglreithmaier – Regine Probst | Blau-Gold-Mozart |
| | Klasse C | Robert Müller – Christa Dworak | Schwarz-Weiß-Wien |
| | Klasse B | Dieter Steinmassl – Silvia Thanner | Gold-Weiß-Innsbruck |
| | Klasse A | Eduard Pümpel – Johanna Handl | Gold-Weiß-Innsbruck |

**WELTMEISTERSCHAFTEN**

| | | | | |
|---|---|---|---|---|
| 28.3.1987 Helsinki | Standard | 7. Manfred Stiglitz – Sylvia Hahn | 21 Länder | 39 Paare |
| 28.11.1987 Berlin-West | Kombination | 8. Peter Dobner – Christina Dobner | 24 Länder | 24 Paare |

**EUROPAMEISTERSCHAFTEN**

| | | | | |
|---|---|---|---|---|
| 28.2.1987 Ljubljana/Jug. | Standard | 5. Manfred Stiglitz – Sylvia Hahn | 17 Länder | 29 Paare |
| 6.6.1987 Graz | Kombination | 5. Manfred Stiglitz – Sylvia Hahn | 16 Länder | 16 Paare |

1

AUSTRIA 3 · TBWA

2

3

**WELTCUP**

| | | | |
|---|---|---|---|
| 16.5.1987<br>Münster | Standard | 4. Peter Dobner – Christina Dobner | 14 Paare |
| 3.10.1987<br>Innsbruck | Latein | 6. Herbert Schöpf – Beatrix Dander | 20 Paare |
| 21.3.1987<br>Antwerpen | Kombination | 6. Manfred Stiglitz – Sylvia Hahn | 16 Paare |

**EUROPACUP**

| | | | |
|---|---|---|---|
| 31.10.1987<br>Wien | Standard | 6. Manfred Stiglitz – Sylvia Hahn | 15 Paare |
| 10.10.1987<br>Vhegel/NL | Latein | 4. Wolfgang Dietachmayr – Andrea Schinkinger | 11 Paare |
| 17.10.1987<br>Krakau, Polen | Kombination | 5. Peter Dobner – Christina Dobner | 13 Paare |

# TAUCHEN

**TAUCHSPORTVERBAND ÖSTERREICHS** (TSVÖ), gegründet 1967
9020 Klagenfurt, Wiener Gasse 10, Telefon 04 63 / 51 35 91
Dienstzeit:
jeden Montag und Dienstag von 17.30 bis 19 Uhr

54 Vereine, 3110 Mitglieder

Präsident
Johann Dworak, 1150 Wien, Gablenzgasse 41/10/9, Telefon 0 22 2 / 92 91 113

Mitglied der
**Confédération Mondiale des Activités Subaquatiques** (CMAS),
gegründet 1959, 65 Länder

Anschrift
F-75 Paris 8, 34, rue du Colisee, Telefon 35 92 215

Ing. Franz Medlitsch ist als Präsident der Commission d'orientation subaquatique im Comité Sportif der CMAS tätig.
Hans Dworak ist Generalsekretär dieser Kommission.

Offizielle Verbandszeitung
„Aquanaut", U.-H.-Dillier-Verlag, CH-9500 Wil, Schweiz

Die Sportler haben 1987 an allen Titelkämpfen teilgenommen.

Beim Europacup im Orientierungstauchen konnte Martin Glozik vom HSV Wien die Individualwertung gewinnen – der HSV Wien siegte in der Klubwertung.

Durch den Einsatz neuer Trainingsmethoden und neuer Flossenmaterialien konnten die Rekorde im Streckentauchen wesentlich verbessert werden.

**STAATSMEISTER 1987**

| | | | |
|---|---|---|---|
| Flossenschwimmen | 100 m | **Mario Moritz** | EKUS Klagenfurt |
| | 200 m | **Stephan Part** | 1. LTC |
| | 400 m | **Karl Kastner** | EKUS Klagenfurt |
| | 800 m | **Rudolf Kastner** | EKUS Klagenfurt |
| | 1500 m | **Karl Kastner** | EKUS Klagenfurt |
| | 4 × 100 m | **STC Graz** | |
| | 4 × 200 m | **EKUS Klagenfurt** | |
| Streckentauchen | 50 m | **Wolfgang Bauer** | HSV-Wien |
| | 100 m | **Martin Glozik** | HSV-Wien |
| | 400 m | **Martin Glozik** | HSV-Wien |
| | 800 m | **Martin Glozik** | HSV-Wien |
| Orientierungstauchen | 5-Punkte-Kurs | **Martin Glozik** | HSV-Wien |
| | M-Kurs Herren | **Andreas Weichberger** | HSV-Wien |
| | Sternbewerb | **Martin Glozik** | HSV-Wien |
| | Kombination | **Jörg Schmidt** | STC Graz |
| | Monk-Mannschaft | **Robert Röhrer** | STC Graz |
| | | **Jörg Schmidt** | STC Graz |
| | Mannschaft | **HSV-Wien** | |
| UW-Rugby | | **Taucherclub** | Salzburg |

**ÖSTERREICHISCHE MEISTER 1987**

| | | | |
|---|---|---|---|
| Damen | | | |
| Flossenschwimmen | 100 m | Ulrike Bauer | HSV-Wien |
| | 200 m | Petra Schober | 1. LTC |
| | 400 m | Petra Schober | 1. LTC |
| | 800 m | Petra Schober | 1. LTC |
| | 1500 m | Dagmar Strobel | UWSC Graz |
| | 4 × 100 m | STC Graz | |
| | 4 × 200 m | STC Graz | |
| Streckentauchen | 25 m | Susanne Mayerhofer | UWSC Graz |
| | 100 m | Petra Schober | 1. LTC |
| | 400 m | Petra Schober | 1. LTC |
| Orientierungstauchen | 5-Punkte-Kurs | Dagmar Strobel | UWSC Graz |
| | M-Kurs | Ingrid Gisel | HSV-Wien |
| | Kombination | Ingrid Gisel | HSV-Wien |

**WELTMEISTERSCHAFTEN**

| | | | | |
|---|---|---|---|---|
| 3.–10.8.87 Leningrad | Orientierungstauchen Monk Herren | 5. Martin Glozik/ Andreas Weichberger | 15 Länder | 30 Starter |
| 27.–31.5.87 Zürich | Unterwasserrugby | 5. Österreich | 7 Länder | |

**EUROPACUP**

| | | | |
|---|---|---|---|
| Orientierungstauchen | Individualwertung | **1. Martin Glozik** | 15 Länder |
| | | 2. Fritz Grossauer | |
| | Klubwertung | **1. HSV-Wien** | |
| | Nationenwertung | 2. Österreich | |

# TENNIS

**ÖSTERREICHISCHER TENNISVERBAND** (ÖTV), gegründet 1902
1030 Wien, Hainburger Straße 36/4, Telefon 0 22 2 / 75 33 45
Dienstzeit:
Montag bis Donnerstag von 8 bis 16.30 Uhr, Freitag von 8 bis 14 Uhr
1301 Vereine, 120.087 Mitglieder

Präsident
Dr. Theodor Zeh, 1020 Wien, Ausstellungsstraße 3, Tel. 0 22 2 / 63 66 91, Kl. 338
Generalsekretär: Peter Nader

Mitglied der **International Tennis Federation** (ITF), gegründet 1913
Anschrift: Palliser Road, Barons Court, London W 14 9EN,
116 Mitgliedsländer

und der **Europäischen Tennis-Association** (ETA), gegründet 31.5.1975
Anschrift: Dornacherstraße 250, CH-4018 Basel,
28 Mitgliedsländer

Österreichs Vertreter in den internationalen Verbänden, Dr. Theodor Zeh, ist Mitglied des Olympia-Comitees der ITF.
Dr. Walter Spieß ist Europastellvertreter des Welttennisverbandes für Senioren.

Offizielle Verbandszeitung „Tennis", 60.000 Stück, zehnmal jährlich
Verlag Brigitte Brungs, Erlachgasse 65, 1100 Wien

Der Vertrag mit Bundestrainer Nikola Spear wurde nicht verlängert, an seine Stelle trat Alfred Tesar, bislang Trainer beim Niederösterreichischen Tennisverband.

Die European Team Championships II. Division (Nachfolgebewerb des Kings-Cups) wurden erstmals in Österreich ausgetragen. Das ÖTV-Team konnte sich nach einer Niederlage gegen Finnland nicht für die I. Division qualifizieren.

Im Davis-Cup stand Österreich wieder im Finale der Europazone B und scheiterte dort knapp gegen Dänemark.

Die Spitzenplacierungen in der Weltrangliste konnten sowohl bei den Damen als auch Herren leicht verbessert bzw. gehalten werden. Zur Zeit werden 22 Herren und 11 Damen in der Weltrangliste geführt.

Beim Federation-Cup scheiterten Österreichs Damen in der ersten Runde gegen Frankreich.

**STAATSMEISTER 1987**

| | | | | |
|---|---|---|---|---|
| Freiluft | Herren | Einzel | **Thomas Muster** | STTV |
| | Damen | Einzel | **Barbara Paulus** | NÖTV |
| | Herren | Doppel | **Gerald Mild/Horst Skoff** | STV/KTV |
| | Herren-Mannschaft | | **BMTC Die Niederösterreichische** | |
| | Damen-Mannschaft | | **STC-Porsche Hypo** | |

**ÖSTERREICHISCHE MEISTER 1987**

| | | | | |
|---|---|---|---|---|
| Halle | | | | |
| Allg. Kl. | Herren | Einzel | Gerald Mild | STV |
| | Damen | Einzel | Judith Pölzl | STV |
| Jugend D | männlich | Einzel | Herbert Wiltschnig | KTV |
| | weiblich | | Sabine Haas | STTV |
| Jugend C | männlich | | Reinhard Wawra | NÖTV |
| | weiblich | | Ulrike Priller | NÖTV |
| Jugend B | männlich | | Andreas Dundalek | NÖTV |
| | weiblich | | Mirijam Schweda | WTV |

# Balsam-Produkte für moderne Tennisanlagen – Gewähr für hohe Qualität, Zuverlässigkeit und Funktionalität.

Wienerberger Tennismehl.
„Beliebt. Bewährt. Und begehrt."

**baspo GRASS**

**Sandgefüllter Tennis-kunstrasen mit idealen Spieleigenschaften.**

**textenn**

**Textiler Belag mit hervorragenden Gleiteigenschaften für den Hallenbereich**

**Spurtan**

**Kunststoffbeläge der Spitzenklasse für die Spitzenklasse**

**ProfiDrain**

**Kombination aus Linierung und funktioneller Entwässerung**

**baspo Tennis Ausstattung**

**Komplettes Programm für Ausstattung und Einrichtung von Tennisanlagen**

**Neben der großen Auswahl an Tennisbelägen und Zubehör bieten wir Ihnen unser umfassendes Know-how bei Planung, Ausschreibung und Einbau.**

**Balsam**

Sport Felsinger
Asphalt Felsinger
Wildpretstraße 11 · A-1110 Wien
Telefon (0222) 761658
Telex 133236

2-450-31

Gute Schläge brachten Erfolg. Thomas Muster auf dem Weg in die Weltelite *(Foto Sündhofer)*

| | | | | |
|---|---|---|---|---|
| Jugend A | männlich | | Thomas Prerovsky | STTV |
| | weiblich | | Petra Ritter | WTV |
| Jungsenioren | | Einzel | Peter Feigl | WTV |
| Senioren I | | | Peter Pokorny | STTV |
| Senioren II | | | Julius Weissegger | KTV |
| Senioren III | | | Oskar Jirkowsky | NÖTV |
| Senioren IV | | | Mischa Stachovitsch | STV |
| Seniorinnen I | | | Waltraud Weiss | KTV |

| | | | | |
|---|---|---|---|---|
| **Head-Cup** | | | | |
| Kitzbühel | 3.– 9. 8.87 | Damen-Einzel | **1. Petra Huber**<br>2. Judith Wiesner | |
| **CA-Tennis-Trophy** | | | | |
| Wien | 19.–25.10.87 | Semifinale: | Thomas Muster | |
| **Europa-Cup** (Mädchen) | | | | |
| Belgien | 10.–12. 7.87 | bis 14 Jahre | Mannschaft | 2. Österreich |
| **Cup del Sol** (Burschen) | | | | |
| Spanien | 10.–12. 7.87 | bis 14 Jahre | Mannschaft | 2. Österreich |
| **EM** | | | | |
| Lissabon | 20.–26. 7.87 | bis 14 Jahre | Einzel | **1. Reinhard Wawra** |

# TISCHTENNIS

**ÖSTERREICHISCHER TISCHTENNIS-VERBAND** (ÖTTV), gegr. 1923
1040 Wien, Prinz-Eugen-Straße 12, Telefon 0 22 2 / 65 28 05, Telex 133 132
Dienstzeit: Montag bis Freitag von 10 bis 16 Uhr

590 Vereine, 22.283 Mitglieder

Präsident
Dr. Rudolf Weinmann, Hochstraße 135, 2380 Perchtoldsdorf,
Telefon 0 22 2/ 86 92 54

Generalsekretär
Rudolf Sporrer, 1210 Wien, Gerasdorferstraße 55/107/2, Telefon 0 22 2 / 39 70 00

Mitglied der
**International Table Tennis Fédération** (ITTF),
gegründet 1926, 131 Länder
Anschrift: 53 London Road, St. Leonards-on-Sea,
East Sussex TN 37 6 AY, England,
Telefon 00 44 42 44 30 971

und der **European Table Tennis Union** (ETTU),
gegründet 1957, 34 Länder
Anschrift: 43 Knowsley Road, Smithills, Bolton, England,
Tel. 00 44 204 42223

Gen. Sekr. Sporrer ist Mitglied des Präsidiums der ETTU und Vorsitzender des Technischen Komitees.

Mit Dr. Rudolf Weinmann hat ein früherer Spitzenspieler die Führung des Verbandes übernommen. Hofrat Dr. Karl Smekal hat nach 20jähriger umsichtiger Führung nicht mehr kandidiert. Das Hauptaugenmerk gilt nun einer wirtschaftlichen Besserstellung des ÖTTV und einer Forcierung des Spitzensports.

Im Leistungszentrum Stockerau konnte mit Beginn des Schuljahres 1987/88 ein Talentförderungsprojekt verwirklicht werden. 12 der besten Jugendlichen aus dem gesamten Bundesgebiet wohnen nun in Stockerau und besuchen dort auch die Schule. Sie haben damit die Möglichkeit, ein durchgehendes und intensives Trainingsprogramm gemeinsam mit der österreichischen Nationalmannschaft zu absolvieren.

Die Vergabe des Olympischen Qualifikationsturnieres im Herren-Doppel an Wien bedeutete eine große Auszeichnung.

**STAATSMEISTER 1987**

| | | | |
|---|---|---|---|
| Herren | Mannschaft | **TTC CA Stockerau** | |
| Damen | Mannschaft | **SV Schwechat** | |
| Herren | Einzel | **Stanislaw Fraczyk** | TTC CA Stockerau |
| Damen | Einzel | **Elisabeth Maier** | ATUS Judenburg Sparkasse |
| Herren | Doppel | **Stanislaw Fraczyk/ Zbigniew Fraczyk** | TTC CA Stockerau |
| Damen | Doppel | **Michaela Zillner/ Sabine Schell** | SV Semperit Traiskirchen/ ASVÖ Raika Unzmarkt-Frauenburg |
| Mixed | Doppel | **Stanislaw Fraczyk/ Elisabeth Maier** | TTC CA Stockerau/ ATUS Judenburg Sparkasse |

## ÖSTERREICHISCHE MEISTER 1987

| | | | | |
|---|---|---|---|---|
| Senioren | Herren | Einzel ab 40 Jahre | Anton Hold | Don Bosco Graz |
| | Damen | Einzel ab 35 | Elisabeth Deistler | vereinslos |
| | Herren | Doppel ab 40 | Anton Hold/Michael Friedrich | Don Bosco Graz/Atus Graz |
| | Damen | Doppel ab 35 | Elisabeth Klemetsch/<br>Aranka Puymann | TTS Globus Volksstimme<br>UTTC Toyota Hörbranz |
| | Mixed | ab 40 bzw. 35 | Anton Hold/<br>Dr. Traude Pietsch | Don Bosco Graz/<br>Union Sefra Korneuburg |
| Junioren | Bundesländerbewerb männlich | | Niederösterreich | |
| | Bundesländerbewerb weiblich | | Oberösterreich | |
| | männlich | Einzel | Martin Zillner | TTC Casino Baden AC |
| | weiblich | Einzel | Andrea Krauskopf | SV Schwechat |
| Junioren | männlich | Doppel | Hannes Seyer/<br>Walter Bauer | DSG Union Waldegg Linz/<br>TTC Raiffeisen Langenlois |
| | weiblich | Doppel | Andrea Krauskopf/<br>Petra Kastner | SV Schwechat/<br>SKVS Flötzersteig |
| | | Mixed | Hannes Seyer/<br>Martina Kagseder | DSG Union Waldegg Linz/<br>Askö Linz Froschberg |
| Jugend | Staatsliga | männlich | NFTTV Kludi Hornstein | |
| | | weiblich | UTTC Toyota Hörbranz | |
| | Bundesländerbewerb männlich | | Wien | |
| | Bundesländerbewerb weiblich | | Niederösterreich | |
| | männlich | Mannschaft | | |
| | männlich | Einzel | Manfred Gsodam | ATUS Judenburg Sparkasse |
| | weiblich | Einzel | Michaela Zillner | SV Semperit Traiskirchen |
| | männlich | Doppel | Harald Schlager/Werner Schlager | NF TTV Kludi Hornstein |
| | | Mixed | Harald Schlager/<br>Gerlinde Kaul | NF TTV Kludi Hornstein/<br>UTTC Toyota Hörbranz |
| Schüler | Bundesländerbewerb männlich | | Wien | |
| | Bundesländerbewerb weiblich | | Niederösterreich | |
| | männlich | Einzel | Werner Schlager | TTV NF Kludi Hornstein |
| | weiblich | Einzel | Petra Fichtinger | Union Raika Oberndorf |
| | männlich | Doppel | Werner Schlager/<br>Karl Jindrak | TTV NF Kludi Hornstein/<br>SV Schwechat |
| | weiblich | Doppel | Gerhard Fichtinger/<br>Michaela Etlinger | Union Raika Oberndorf |
| | | Mixed | Gerhard Fichtinger/<br>Petra Fichtinger | Union Raika Oberndorf |

## WELTMEISTERSCHAFTEN

| | | | |
|---|---|---|---|
| 18.2.–1.3.87 | Herren | 15. Österreich | 68 Länder |
| New Delhi | Damen | 31. Österreich | |

## EUROPAMEISTERSCHAFTEN

| | | | | |
|---|---|---|---|---|
| 17.–27.7.87 | Jugend | männlich | 13. Österreich | 25 Länder |
| Athen | Jugend | weiblich | 14. Österreich | |
| | Schüler | männlich | 9. Österreich | |
| | Schüler | weiblich | 10. Österreich | |

## EUROPAPOKAL

| | | | |
|---|---|---|---|
| Meister/ Herren | Koo Vee (FIN) | – TTC CA Stockerau | 0:5 |
| | STK Unirea Uzdin (YUG) | – TTC CA Stockerau | 1:5 |
| | Vitkovice Ostrava (TCH) | – TTC CA Stockerau | 5:4 |
| Damen | SV Schwechat | – TTC Corenne (BEL) | 5:2 |
| | Tolnai Voros Logogo (HUN) | – SV Schwechat | 0:5 |

**ETTU-CUP**

| | | | |
|---|---|---|---|
| Herren | Askö Komperdell | – BTK Vigby (DEN) | 5:2 |
| | USV Holz-Steiner Wolkersdorf | – Circolo TT Parma (ITA) | 5:1 |
| | TT La Tronche (Grenoble) (FRA) | – Askö Komperdell | 5:2 |
| | Pilgrims Plymouth (ENG) | – USV Holz-Steiner Wolkersdorf | 5:4 |
| | TTC Raiffeisen Kuchl | – Olympia Ljublijana (YUG) | 5:2 |
| | TTC Raiffeisen Langenlois | – CDF Estrela Amadora (POR) | 5:2 |
| | TTC Raiffeisen Langenlois | – S.S.S.S. Tours (FRA) | 5:2 |
| | De Blaeuwe Werelt (HOL) | – TTC Raiffeisen Kuchl | 3:5 |
| | TTC Raiffeisen Kuchl | – Levallois UTT (FRA) | 2:5 |
| | TTC Raiffeisen Langenlois | – Borussia Düsseldorf (FRG) | 1:5 |
| Damen | WAT Mac Donalds | – A.S. Mulhouse (FRA) | 5:3 |
| | A.O. Telamon Salaminas (GRE) | – UTTC Toyota Hörbranz | 5:4 |
| | Olympiakos Piräus (GRE) | – WAT Mac Donalds | W.O. |
| | WAT Mac Donalds | – Kaniza Bütorygar (HUN) | 0:5 |

Das erfolgreiche Doppel – Bär und Ding Yi *(Foto Sündhofer)*

# TURNEN

**ÖSTERREICHISCHER FACHVERBAND FÜR TURNEN** (ÖFT),
gegründet 1946, Telex 133 132 a sport - Off: Turnen
1040 Wien, Schwarzenbergplatz 10/3, Telefon 0 22 2 / 65 51 79 und 65 63 51
Dienstzeit:
Montag bis Freitag 9 bis 13 Uhr, Dienstag und Donnerstag 14 bis 18 Uhr

602 Vereine, 163.978 Mitglieder

Sekretärin: Liliane Urpani

Präsident
Mag. Rudolf Otepka, 1130 Wien, Geylinggasse 35/8,
Telefon 0 22 2 / 82 39 595

Mitglied der
**Fédération Internationale de Gymnastique** (FIG),
gegründet 1881, 88 Nationen

Anschrift
CH-3250 Lyss, Juraweg 12, Schweiz,
Tel. 05 0 32 / 84 19 60
Telex 934961 FIG CH

Die Weltmeisterschaft/Rhythmische Sportgymnastik war für Österreich erfolgreich: Mannschaft Ballübung, 7. Platz.

Zur Weltmeisterschaft/Gerätturnen konnte eine Herrenmannschaft entsendet werden.

Die 40-Jahr-Feier wurde im Universitätssportzentrum mit einem Festakt und einem Schauturnen unter dem Motto „Von der Breite bis zur Spitze" feierlich begangen.

**STAATSMEISTER 1987**

| | | | | |
|---|---|---|---|---|
| Gerätturnen | Herren | Olymp. Zwölfkampf | **Jürgen Frick** | Union West Wien |
| | | Boden | **Dieter Egermann** | TV Penzing Hietzing |
| | | Seitpferd | **Reinhard Blum** | TS Fussach |
| | | Ringe | **Jürgen Frick** | Union West Wien |
| | | Pferdsprung | **Reinhard Blum** | TS Fussach |
| | | Barren | **Michael Katter** | ATG Graz |
| | | Reck | **Dieter Egermann** | TV Penzing Hietzing |
| | Damen | Olymp. Achtkampf | **Sandra Bösch** | TS Lustenau |
| | | Sprung | **Sandra Bösch** | TS Lustenau |
| | | Stufenbarren | **Sandra Bösch** | TS Lustenau |
| | | Schwebebalken | **Birgit Schier** | TS Kapfenbegr |
| | | Boden | **Sandra Bösch** | TS Lustenau |
| Rhythmische Sportgymnastik | | Vierkampf | **Elisabeth Bergmann** | Union West Wien |
| | | Seil | **Elisabeth Bergmann** | Union West Wien |
| | | Reifen | **Elisabeth Bergmann** | Union West Wien |
| | | Keulen | **Elisabeth Bergmann** | Union West Wien |
| | | Band | **Elisabeth Bergmann** | Union West Wien |
| | | Gruppenbewerb | **LV Wien** | |

**ÖSTERREICHISCHE MEISTER 1987**

| | | | | |
|---|---|---|---|---|
| Gerätturnen | Jugend männl. | Gerätezwölfkampf | Martin Staudacher | TS Fussach |
| | Jugend weibl. | Gerätevierkampf | Julitta Lins | TS Satteins |
| | Schüler männl. | Gerätesechskampf | Thomas Zimmermann | TS Röthis |
| | Schüler weibl. | Gerätevierkampf | Karin Bachmann | TS Röthis |
| Rhythmische Sportgymnastik | | Jugend Vierkampf | Ellen Schaffer | Union West Wien |
| | | Schüler Vierkampf | Claudia Vorisek | ATV Wr. Neustadt |

Elisabeth Bergmann ist derzeit in Österreich ohne Konkurrenz *(Foto Verband)*

## VERSEHRTEN-SPORT

**ÖSTERREICHISCHER VERSEHRTENSPORTVERBAND** (ÖVSV), gegründet 1958
1200 Wien, Brigittenauer Lände 42, Telefon 33 61 34

36 Vereine, 3443 Mitglieder

Präsident: Ernst Wolfram Marboe, 1200 Wien, Brigittenauer Lände 42
Sportwart: Dipl.-Sportlehrer Oswald Kneissl, 1070 Wien, Stollgasse 1C, Telefon 93 18 342

Mitglied der
**International Stoke Mandeville Games Federation** (ISMGF), gegründet 1952 für die Rollstuhlsportler, 54 Länder

**International Sports Organisations for the Disabled** (ISOD), gegründet 1960 für die Amputiertensportler, 44 Länder

**International Blind Sports Association** (IBSA), gegründet 1981 für die Blindensportler, 87 Länder

**Cerebral Palsy International Sports and Recreation Association** (CP-ISRA), gegründet 1979 für die Spastikersportler, 38 Länder

---

Der ehemalige Präsident, Generaldirektor Wilhelm Thiel, wurde zum Ehrenpräsident ernannt.

An den Olympischen Sommerspielen mit Behinderten-Vorführbewerben wird auch ein Team aus Österreich teilnehmen.

---

**ÖSTERREICHISCHE MEISTER 1987**

**ROLLSTUHL**

| | | | |
|---|---|---|---|
| **Bogenschießen** | Paraplegiker | Leopold Seybert | Wien |
| | Tetraplegiker | Gerhard Frank | Niederösterreich |
| **Luftwaffenschiessen** | | | |
| Luftpistole | | Oscar Kreuzer | Niederösterreich |
| Luftgewehr | Dreistellung | Günther Sponner | Oberösterreich |
| | olympic | H. Aufschnaiter | Tirol |
| | stehend | Werner Müller | Tirol |
| | kniend | H. Aufschnaiter | Tirol |
| **Leichtathletik** | | | |
| Tetra-Damen | Kugel und Keule | L. Falmbiegl | Niederösterreich |
| | 100 m, 200 m | Inge Salomo | Oberösterreich |
| Tetra-Herren | Diskus | Gerhard Scharf | Niederösterreich |
| | Speer/Keule | Gerhard Frank | Niederösterreich |
| | 100 m, 200 m, 400 m | Chr. Etzlstorfer | Oberösterreich |
| | 800 m | Gottfried Karrer | Niederösterreich |
| Para-Herren | Kugel/Diskus | Luis Grieb | Wien |
| | Speer, 1500 m | Walter Pfaller | Salzburg |
| | 100 m | Wolfgang Glaser | Oberösterreich |
| | 200 m, 400 m, 800 m | Josef Loisinger | Oberösterreich |
| | 5000 m | Peter Lenz | Kärnten |
| Herren-Tetra | 5-Kampf | Chr. Etzlstorfer | Oberösterreich |
| Herren-Para | | Walter Pfaller | Salzburg |

**Tischtennis**

| | | | |
|---|---|---|---|
| Damen | | Hildegard Fetz | Vorarlberg |
| Herren | 1a + 1b | Rudolf Hajek | Niederösterreich |
| | 1c | Peter Wolf | Wien |
| | 2 | Manfred Dollmann | Niederösterreich |
| | 3 | S. Smarrazzo | Tirol |
| | 4 | Otto Kastner | Oberösterreich |
| Herren-Doppel | | Dollmann/Sutter | Niederöster./Salzburg |
| Damen-Doppel | | Kirchmair/Fetz | Tirol/Vorarlberg |
| Mixed-Doppel | | Kirchmair/Smarrazzo | Tirol |

**Wintersport**

| | | | | |
|---|---|---|---|---|
| Langlauf und Monoski | Riesentorlauf und Slalom | Klasse 6 | Paul Bluschke | Wien |
| | LL 5 km und 10 km Kl. VIII/Para II | | Siegwald Mussger | Wien |

**Schwimmen**

| | | | |
|---|---|---|---|
| 50 m Freistil | Q 1b | Walter Sailer | Steiermark |
| 25 m Rücken | Q 1b | Gerhard Frank | Niederösterreich |

**Basketball** VSV Salzburg

**Weltspiele der Rollstuhlfahrer**

| | | | | | |
|---|---|---|---|---|---|
| 25.7.–2.8.87 | Paraplegiker | LA-5-Kampf | **1. Walter Pfaller** | 37 Länder | 4 Starter |
| Stoke/England | | Speer | **1. Walter Pfaller** | | 8 Starter |
| | | 5-Kampf | **1. J. Loisinger** | | 7 Starter |

**WM-Bogenschießen**

| | | | | |
|---|---|---|---|---|
| 23.–31.5.87 | Tetraplegiker | Doppel-short-metric | **1. Gerhard Frank** | 6 Länder |
| Hershey/USA | | | | |

**Europa-Spiele**

| | | | | |
|---|---|---|---|---|
| 4.–10.7.87, Paris | Cerebralparetiker | Diskus | **1. Anton Scheiber** | 6 Starter |

## VOLKSWANDERN

**ÖSTERREICHISCHER VOLKSSPORTVERBAND IM INTERNATIONALEN VOLKSSPORTVERBAND**

302 Vereine

Präsident
Maximilian Bräuml, 4600 Wels, Edelweißstraße 25, Telefon 0 72 42 / 38 5 84
Geschäftsstelle: 4600 Wels, Kuhnstraße 16, Telefon 0 72 42 / 21 2 40

Europacup der Meister: Sokol gegen Leysin (Schweiz). Vecernik (12) bei einem Smash
*(Foto Henzler)*

# VOLLEYBALL

**ÖSTERREICHISCHER VOLLEYBALLVERBAND (ÖVV),** gegründet 1953
1040 Wien, Prinz-Eugen-Straße 12, Telefon 0 22 2 / 65 74 42, Telex 133 132 sport a
Bürozeiten: Montag bis Freitag 8.00 bis 16.30 Uhr

270 Vereine, 15.533 Mitglieder

Präsident
NR Abg. Arnold Grabner, 2700 Wr. Neustadt, Kollonitschgasse 6

Generalsekretär
Karl Hanzl, 1100 Wien, Wielandgasse 12

Mitglied der **Fédération Internationale de Volleyball** (FIVB), gegründet 1946, 166 Länder, 120 Millionen Mitglieder
Anschrift
Place Chauderon 7, CH-1003 Lausanne,
Telefon 021 / 20 89 32

und der **Confédération Européenne de Volleyball** (CEV), gegründet 1960, 36 Länder
Anschrift
Bld. du Jubilé 16, Bte 10, B-1210 Bruxelles,
Telefon 0032 / 2 / 426 77 49

Generalsekretär Karl Hanzl ist Präsident der Finanzkommission des Europäischen Volleyballverbandes.

Offizielle Verbandszeitung
„Volleyballmagazin", Mitteilungsblatt des ÖVV, erscheint achtmal jährlich
Chefredakteur
Karl Hanzl, 1040 Wien, Prinz-Eugen-Straße 12, Telefon 0 2 22 / 65 74 42

Der Verband verstärkte seine Aktivitäten im Bereich des Spitzen- und Breitensportes: Erstmals wurde der „Tag des Volleyballs" abgehalten, wobei trotz Regen über 100 Volleyballveranstaltungen zur Durchführung kamen.

Mit großem Erfolg wurde der Bundesjugendbewerb für Landesauswahlen reaktiviert.

Auf dem Jugendsektor gab es ein Rekordnennergebnis für die Meisterschaften. In 6 Kategorien nahmen 48 Landessieger daran teil.

Im Bereich des Spitzensports wurde die Konzeption bis 1995 erstellt. Die nächsten Schwerpunkte sind:

1988 – EM-Qualifikation der Juniorinnen in Österreich
1989 – EM-Qualifikation der Damen oder Herren in Österreich
1990 – EM der Juniorinnen in Österreich
1991 – EM-Qualifikation der Damen oder Herren in Österreich
1993 – EM der Herren in Österreich
1995 – EM der Damen in Österreich

Der Teamkaderumbau in Richtung der Europameisterschaften 1993/1995 wurde begonnen.

**STAATSMEISTER 1987**

| | |
|---|---|
| Damen | **Post SV Wien-PSK** |
| Herren | **TJ Sokol V Wien** |

**ÖSTERREICHISCHE MEISTER 1987**

| | |
|---|---|
| Junioren männlich | TJ Sokol V Wien |
| Junioren weiblich | Post SV Wien-PSK |
| Jugend männlich | TJ Sokol V Wien |
| Jugend weiblich | Post SV Wien-PSK |
| Schüler männlich | TJ Sokol V Wien |
| Schüler weiblich | ASKÖ Linz Steg |
| Bundesjuniorenbewerb männlich | Wien |
| Bundesjuniorenbewerb weiblich | Wien |
| Schülerliga | BG BRG Linz Urfahr |

**CUPSIEGER 1987**

| | |
|---|---|
| Damen | Post SV Wien-PSK |
| Herren | TJ Sokol V Wien |

**EUROPACUP 1987/88 — 1. Runde**

| | | | | |
|---|---|---|---|---|
| **Meisterbewerb** | Herren | Livingston – TJS Sokol MÖMA | 0:3, 1:3 | Sokol aufgestiegen |
| | Damen | Post PSK Wien – Avero OS | 0:3, 0:3 | Post ausgeschieden |
| **Cup der Pokalsieger** | Herren | Nicosia – WAT Inform Kagran | 0:3, 1:3 | Kagran aufgestiegen |
| | Damen | VTC Guntramsdorf – Clamart | 3:0, 3:2 | Guntramsd. aufgestiegen |
| **CEV-Cup** | Herren | SpG U. Linz West/Enns – Petrarca | 0:3, 0:3 | Linz ausgeschieden |
| | | Maaseik – Club A. Tyrolia | 3:0, 3:0 | Tyrolia ausgeschieden |
| | Damen | Beer-Sheva – SC Wüstenrot Salzburg | 0:3, 0:3 | Salzburg aufgestiegen |
| **2. Runde** | | | | |
| **Meisterbewerb** | Herren | TJS Sokol MÖMA – VBC Leysin | 1:3, 1:3 | Sokol ausgeschieden |
| **Cup der Pokalsieger** | Herren | WAT Inform Kagran – Roter Stern Prag | 0:3, 2:3 | Kagran ausgeschieden |
| | Damen | ZSKA Moskau – VTC Guntramsdorf | 3:0, 3:0 | Guntramsd. ausgeschieden |
| **CEV-Cup** | Damen | SC Wüstenrot Salzburg – VC Schwerte | 2:3, 1:3 | Salzb. ausgeschieden |

**DONAUPOKAL 1987**

| | |
|---|---|
| Herren | 4. TJS Sokol MÖMA |
| | 5. WAT Inform Kagran |
| Damen | **1. Post SV Wien-PSK** |
| | 6. Union West Wien |

**SPRINGCUP**

| | | | |
|---|---|---|---|
| 13.–19.4.87 Schweiz | Herren | 13. Österreich | 18 Länder |
| 13.–19.4.87 Schweden | Damen | 10. Österreich | 18 Länder |

**EM-QUALIFIKATION**

| | | | |
|---|---|---|---|
| 20.–24.5.87 Ungarn | Herren | 5. Österreich | 5 Länder |
| 20.–24.5.87 Türkei | Damen | 5. Österreich | 5 Länder |

## WASSER-RETTUNG

**ÖSTERREICHISCHE WASSER-RETTUNG,** wiedergegründet 1957
1040 Wien, Prinz-Eugen-Straße 12, Haus des Sports, Telefon 0 22 2 / 65 52 163
Dienstzeit: Dienstag und Freitag von 18 bis 20 Uhr

13.609 Mitglieder

Präsident
Dr. Friedrich Kernstock, 1180 Wien, Naafgasse 23

Geschäftsführender Vizepräsident
Gerhard Stipani, 3013 Preßbaum, Badgasse 13, Telefon 0 22 33 / 32 15

Mitglied der
**Fédération Internationale de Sauvetage Aquatique** (FIS),
gegründet 1910
Anschrift: D-4300 Essen I, Alfredstraße 73

und der
**World Life Saving Society**
Anschrift: 166 East Coast Road Takatuna, Auckland City 10, New Zealand

Gerhard Stipani ist Vizepräsident der FIS, Verbindungsoffizier zur World Life Saving Society sowie Mitglied der Internationalen Kommission für Ausbildungsfragen und Technische Angelegenheiten.

## WASSERSKILAUF

**ÖSTERREICHISCHER WASSERSKIVERBAND** (ÖWSV), gegründet 1951
5201 Seekirchen, Schöngumprechting 66 / Postfach 41
Tel. 0 62 12 / 64 05; Telex 6-33151 ticom

31 Vereine / 2880 Mitglieder

Präsident: Brigitte Felder, 1070 Wien, Mariahilfer Straße 82

Geschäftsführer und Kassier
Franz Kuhn, 5201 Seekirchen, Schöngumprechting 66 / Postfach 41
Tel. 0 62 12 / 64 05; Telex 6-33151 ticom

Mitglied der **Union Mondiale de Ski Nautique** (UMSN),
gegründet 1955
Präsident Isidro Oliveras, Caspe 31,
Telefon 03 / 30 18 950, Barcelona 10, Spanien
48 Mitgliedsländer

Großartige Erfolge der Jugend und Junioren prägten das Sportjahr 1987. Österreich errang 6 Medaillen und erreichte in der Nationenwertung unter 18 Ländern den 3. Platz.

Aber auch in der allgemeinen Klasse wurde mit 3 EM-Titeln und weiteren 4 Medaillen das gesetzte Plansoll erreicht.

**STAATSMEISTER 1987**

Klassische Disziplinen/Tournament

| | | | |
|---|---|---|---|
| Damen | Slalom | **Claudia Gusenbauer** | MYC Nibelungen Linz |
| | Figuren | **Claudia Gusenbauer** | MYC Nibelungen Linz |
| | Springen | **Britta Grebe** | WSC Union Traunsee |
| | Kombination | **Claudia Gusenbauer** | MYC Nibelungen Linz |
| Herren | Slalom | **Franz Oberleitner** | WSC Union Traunsee |
| | Figuren | **Franz Oberleitner** | WSC Union Traunsee |
| | Springen | **Franz Oberleitner** | WSC Union Traunsee |
| | Kombination | **Franz Oberleitner** | WSC Union Traunsee |
| Wasserskirennen Herren | | **Karl-Heinz Lehner** | ÖAMTC Amstetten |

Barfuß-Wasserskilauf

| | | | |
|---|---|---|---|
| Herren | Slalom | **Josef Kaisergruber** | 1. Österr. Barfuß-WSC |
| | Figuren | **Georg Wimmer** | 1. Österr. Barfuß-WSC |
| | Springen | **Arno Breitler** | 1. Österr. Barfuß-WSC |
| | Kombination | **Alois Roderbauer** | 1. Österr. Barfuß-WSC |

Teleski (Wasserski an der Seilbahn)

| | | | |
|---|---|---|---|
| Allgemeine Klasse Herren | Slalom | **Thomas Kapun** | WSC Schwarzlsee |
| | Figuren | **Josef Krenn** | WSC Feldkirchen |
| | Springen | **Franz Oberleitner** | Union WSC Traunsee |
| | Kombination | **Manfred Hintringer** | WSC Feldkirchen |

**ÖSTERREICHISCHE MEISTER 1987** (Klassische Disziplinen/Tournament)

| | | | | |
|---|---|---|---|---|
| Mannschaften | | | WSC Union Traunsee | |
| Junioren | weiblich | Slalom | Christiane Madritsch | WSC Ossiachersee |
| | | Figuren | Christiane Madritsch | WSC Ossiachersee |
| | | Springen | Gudrun Tölderer | WSC Seeboden |
| | | Kombination | Christiane Madritsch | WSC Ossiachersee |
| Junioren | männlich | Slalom | Karl Ahammer | WSC Union Traunsee |
| | | Figuren | Karl Ahammer | WSC Union Traunsee |
| | | Springen | Karl Ahammer | WSC Union Traunsee |
| | | Kombination | Karl Ahammer | WSC Union Traunsee |
| Jugend | weiblich | Slalom | Nina Schullin | UWSC Hublot Pörtschach |
| | | Figuren | Nina Schullin | UWSC Hublot Pörtschach |
| | | Springen | Gudrun Ibler | WSC Seeboden |
| | | Kombination | Nina Schullin | UWSC Hublot Pörtschach |
| Jugend | männlich | Slalom | René Gschiel | WSC Seewalchen |
| | | Figuren | Jörg Gusenbauer | MYC Nibelungen Linz |
| | | Springen | Oliver Neumann | UWSC Hublot Pörtschach |
| | | Kombination | René Gschiel | WSC Seewalchen |
| Schüler | weiblich | Slalom | Alice Egger | UWSC Hublot Pörtschach |
| | | Figuren | Alice Egger | UWSC Hublot Pörtschach |
| | | Kombination | Alice Egger | UWSC Hublot Pörtschach |
| Schüler | männlich | Slalom | Michael Pontasch | UWSC Hublot Pörtschach |
| | | Figuren | Roland Tölderer | WSC Seeboden |
| | | Kombination | Michael Pontasch | UWSC Hublot Pörtschach |
| Senioren ab 35 Jahre | Herren I | Slalom | Dieter Hausamann | Int. Wiener WSC |
| | | Figuren | Helmut Seidler | Int. Wiener WSC |
| | | Springen | Herwig Petodnig | WSC Union Traunsee |
| | | Kombination | Herwig Petodnig | WSC Union Traunsee |
| Senioren ab 45 Jahre | Herren II | Slalom | Alfred Gusenbauer | MYC Nibelungen Linz |

Teleski (Wasserski an der Seilbahn)

| | | | | |
|---|---|---|---|---|
| Jugend | männlich | Slalom | Alfred Pallisch | WSC Asten-Ausee |
| | | Figuren | Herbert Aichinger | WSC Asten-Ausee |
| | | Springen | Herbert Aichinger | WSC Asten-Ausee |
| | | Kombination | Herbert Aichinger | WSC Asten-Ausee |

**EUROPAMEISTERSCHAFTEN**

**Tournament**

| | | | | | |
|---|---|---|---|---|---|
| 5.–9.8.87 | Allgemeine Klasse | Mannschaft | 5. Österreich | 15 Länder | 40 Starter |
| Marignane/F | | Springen | 2. Franz Oberleitner | | 41 Starter |
| | | | 3. Britta Grebe | | 24 Starter |
| | | | 5. Christian Swoboda | | 41 Starter |
| | | | 5. Claudia Gusenbauer | | 24 Starter |
| | | Slalom | 6. Franz Oberleitner | | 42 Starter |
| | | | 4. Claudia Gusenbauer | | 25 Starter |
| | | Figuren | 6. Claudia Gusenbauer | | 23 Starter |
| | | Kombination | 4. Franz Oberleitner | | 40 Starter |
| | | | 6. Claudia Gusenbauer | | 23 Starter |
| 27. – 30.8.87 | Junioren | Springen | 2. Karl Ahammer | 18 Länder | 37 Starter |
| Lincoln/GB | | Slalom | 3. Karl Ahammer | | 39 Starter |
| | | | 2. Christiane Madritsch | | 20 Starter |
| | | Kombination | 3. Karl Ahammer | | 36 Starter |
| 27. – 30.8.87 | Jugend | Slalom | 6. René Geschiel | 18 Länder | 26 Starter |
| Lincoln/GB | | Figuren | 5. René Gschiel | | 26 Starter |
| | | Springen | 2. Oliver Neumann | | 25 Starter |
| | | | 4. René Gschiel | | 25 Starter |
| | | Kombination | 2. René Gschiel | | 25 Starter |
| | Junioren | Mannschaft | 3. Österreich | | |
| | Jugend | | 3. Österreich | | |
| 1./2.8.87 | Senioren I | Springen | **1. Herwig Petodnig** | 11 Länder | 21 Starter |
| Tallington/GB | | | 5. Heinz Begovich | | 21 Starter |
| | Senioren II | Slalom | 4. Alfred Gusenbauer | | 18 Starter |
| | | | 6. Elmar Metzler | | 18 Starter |

**Teleski**

| | | | | | |
|---|---|---|---|---|---|
| 25./26.7.87 | Allgemeine Klasse | Mannschaft | 2. Österreich | 10 Länder | |
| Asten/OÖ | | Slalom | 5. Reinhard Kleesadl | | 23 Starter |
| | | Springen | **1. Britta Grebe** | | 14 Starter |
| | | | **1. Christian Swoboda** | | 22 Starter |
| | | | 2. Franz Oberleitner | | |
| | | | 3. Manfred Hintringer | | |

**Barfuß**

| | | | | | |
|---|---|---|---|---|---|
| 30.7.–2.8.87 | Allgemeine Klasse | Mannschaft | 4. Österreich | 10 Länder | |
| Maurik/NL | | Slalom | 4. Robert Teurezbacher | | 35 Starter |
| | | Springen | 4. Robert Teurezbacher | | 35 Starter |
| | | Kombination | 2. Robert Teurezbacher | | 32 Starter |

**EUROPACUP – Tournament**

| | | | | |
|---|---|---|---|---|
| 15./16.8.87 | Allgemeine Klasse | Slalom | 3. Österreich | 24 Länder |
| Handel/NL | | Springen | **1. Österreich** | |
| | | Gesamtwertung | 3. Österreich | |

## ZILLENSPORT

**ÖSTERREICHISCHER ZILLENSPORTVERBAND,** gegründet 1978
3500 Krems, Heinemannstraße 4, Telefon 0 27 32 / 55 22/26

308 Vereine, 3.430 Mitglieder

Präsident
OSR Dir. Wilhelm Röder

## SPORT-BEHÖRDEN

**BUNDESMINISTERIUM FÜR UNTERRICHT, KUNST UND SPORT**
Sektion V (Sektionschef Dr. Johann Altenhuber)
Gruppe V/A – Außerschulischer Sport
1041 Wien, Prinz-Eugen-Straße 12, Telefon 0 22 2 / 65 37 42 / 12
Leiter: Min.-Rat Mag. Baldur Preiml, Telefon 50 53 742

Abteilung V/2 (Allg. Sportförderung)
Leiter: Ob.-Rat Dr. Erich Irschik

Abteilung V/3 (Bundessporteinrichtungen)
Leiter: Min.-Rat Mag. Dr. Peter Wychera

Abteilung V/4 (Sportlehrwesen und Leistungsabzeichen)
Leiter: Min.-Rat Mag. Werner Czisek

Abteilung V/5 (Trainerwesen und Ehrenzeichen)
Leiter: Min.-Rat Herbert Wiedermann

Abteilung V/1 – Leibeserziehung (Schulsport)
1010 Wien, Minoritenplatz 5, Telefon 0 22 2 / 53 120 / 22 86
Leiter: Min.-Rat Mag. Dr. Hermann Andrecs

**BUNDESMINISTERIUM FÜR GESUNDHEIT UND ÖFFENTLICHEN DIENST**
Abteilung II/6 – Gesundheitliche Angelegenheiten des Sportes
1010 Wien, Stubenring 1, Telefon 0 22 2 / 75 00 / DW 63 91

**BUNDESMINISTERIUM FÜR LANDESVERTEIDIGUNG**
Armeekommando, Abt. G3, Referat Körperausbildung und Sport
1140 Wien, Hütteldorfer Straße 126, Telefon 92 66 51, Telex 132 080
Dienstzeit: Montag bis Freitag von 8 bis 16 Uhr

**BUNDESMINISTERIUM FÜR INNERES**
Abteilung 22 – Vereins- und Versammlungswesen
1010 Wien, Am Hof 4, Telefon 0 22 2 / 63 37 31

## SPORTEINRICHTUNGEN DES BUNDES

| | | | |
|---|---|---|---|
| **Bundessportschulen** | Hintermoos | 5761 Maria Alm bei Saalfelden<br>Tel. 0 65 84 / 7561 oder 7598 | Leiter: Prof. Mag. Bertl Auer |
| | Obertraun | 4831 Obertraun<br>Tel. 0 61 31 / 239 oder 411 | Leiter: ASekr. Peter Scheutz |
| | Schielleiten | 8223 Stubenberg<br>Tel. 0 31 76 / 211 oder 342 | Leiter: Ob.-Rat Dr. Frank Schleicher |
| | Spitzerberg | 2405 Bad Deutsch-Altenburg<br>Tel. 0 21 65 / 22 49-0 | Leiter: Erich Gindl |
| **Bundessportheime** | Blattgasse | 1030 Wien, Blattgasse 6<br>Tel. 0 22 2 / 72 43 73 | Leiter: ORev. Herbert Lindner |
| | Faaker See | 9583 Faak am See, Halbinselstr. 14<br>Tel. 0 42 54 / 21 20 | Leiter: Johann Nadrag |
| | Kitzsteinhorn | 5710 Kaprun<br>Tel. 0 65 47 / 85 10 | Leiter: Bartl Neumayer |
| | Obergurgl | 6456 Obergurgl<br>Tel. 0 52 56 / 204, 212 | Leiter: Prof. Mag. Wolfgang Aste |
| | St. Christoph | 6580 St. Anton am Arlberg<br>Tel. 0 54 46 / 26 27 | Leiter: Prof. OStR. Mag. Franz Hoppichler |

| | | | |
|---|---|---|---|
| **Bundessportzentrum** | Südstadt | 2344 Maria Enzersdorf, Johann-Steinböck-Straße 5 Tel. 0 22 36 / 26 8 33 – 35 | Leiter: O.-Rat Dr. Rudolf Thuri |
| **Haus des Sports** | Wien | 1040 Wien, Prinz-Eugen-Straße 12 Tel. 0 22 2 / 65 37 42 – 46 (50 53 742) | Leiter: ARat. Peter Landsiedl |
| **Bundesstadion** | Liebenau | 8041 Graz-Liebenau, Liebenauer Hauptstraße 2 – 4 Tel. 0 31 6 / 41 5 31, 41 5 32 | Leiter: Rudolf Harkamp |
| **Bundesschullandheime** | Mariazell | 8630 Mariazell, Erzherzog-Johann-Weg 2 Tel. 0 38 82 / 21 65 | Leiter: Reg.-Rat ADir. Adolf Buchberger |
| | Raach | 2640 Gloggnitz Tel. 0 26 62 / 33 15 | Leiter: Heide Fehrer |
| | Radstadt | 5550 Radstadt, Schloß Tandalier Tel. 0 64 52 / 348 | Leiter: AR Alois Kleindienst |
| | Saalbach | 5754 Hinterglemm 38 Tel. 0 65 41 / 303 | Leiter: SOL Franz Ecker |

**BUNDESANSTALTEN FÜR LEIBESERZIEHUNG**

| | | |
|---|---|---|
| Wien | 1150 Wien, Auf der Schmelz 6 Tel. 0 22 2 / 92 26 61 – 65 | Dir. Hofrat Mag. Franz Novak |
| Graz | 8010 Graz, Engelgasse 56 Tel. 0 31 6 / 37 9 80 | Dir. Mag. Dr. Helmut Aigelsreiter |
| Innsbruck | 6020 Innsbruck, Fürstenweg 185 Tel. 0 52 22 / 81 3 66 | Dir. Mag. Günther Pajek |
| Linz | 4020 Linz, Auf der Gugl 30 Tel. 0 73 2 / 52 3 22 | Dir. Mag. Manfred Leitner |

**UNIVERSITÄTS-SPORTINSTITUTE**

| | | |
|---|---|---|
| Graz | 8010 Graz, Universitätsplatz 3 Tel. 0 31 22 / 380-0 | Dir. Mag. Eckart Erhold |
| Innsbruck | 6020 Innsbruck, Fürstenweg 185 Tel. 0 52 22 / 724/65 40 | Dir. Mag. Elmar Pipp |
| Linz | 4045 Linz, Julius-Raab-Straße 10 Tel. 0 73 2 / 24 680 / DW 619 | Dir. Mag. Peter Huber |
| Salzburg | 5020 Salzburg, Residenzplatz 1 Tel. 0 62 22 / 80 44/608 | Dir. Mag. Albert Morocutti |
| Wien | 1150 Wien, Auf der Schmelz 6 Tel. 0 22 2 / 92 26 61/36 | Dir. Mag. Franz Schmette |
| Leoben | 8700 Leoben, Franz-Josef-Str. 18 Tel. 0 38 42 / 42 5 55 / 467 | Dir. Mag. Dr. Udo Grollitsch |
| Klagenfurt | 9020 Klagenfurt, Universitätsstr. 67 Tel. 0 42 22 / 53 17 | Dir. Mag. Rudolf Peyker |

**ZENTRALER HOCHSCHULSPORTAUSSCHUSS**

| | | |
|---|---|---|
| Sekretariat | 1150 Wien, Auf der Schmelz 6 Tel. 0 22 2 / 92 26 61/39 | Amtsrat Gustav Posch |

**ÖSTERREICHISCHE SPORTWISSENSCHAFTLICHE GESELLSCHAFT**

| | | |
|---|---|---|
| Salzburg | 5020 Salzburg, Mühlbacherhofw. 6 Tel. 06 2 22/84 45 11/491 oder 492 6020 Innsbruck, Fürstenweg 185 Tel. 0 52 22 / 72 40 | Obmann: Univ.-Prof. Dr. Elmar Kornexl |

# SCHULSPORT

**BMUKS** – Abteilung V/1 Leibeserziehung und Schulsport
Leiter Min.-Rat Dr. Hermann Andrecs, Telefon 53 120/22 86
**BMUKS** – Referat V/1c, Schulsport
Postadresse: Postfach 65, 1014 Wien
Sitz: Freyung 1, 1014 Wien
Min.-Rat Mag. Norbert Bayer, Telefon 53 120/22 94
Reg.-Rat Lieselotte Ecker, Telefon 53 120/22 88

Mitglied der
**Internationalen Schulsport Föderation**
Mag. Norbert Bayer ist General-Sekretär

## SIEGER DER SCHUL-BUNDESMEISTERSCHAFTEN 1987

| | | | |
|---|---|---|---|
| **Fußball** | Jg. 1969 u. j. | Schüler | BHAK BHASCH Innsbruck, Tirol |
| **Vielseitigkeitsbewerb für Schulklassen** | 6. Schulstufe | Schülerinnen/ Schüler | HS Altenmarkt, Salzburg |
| **Handball** | Jg. 1970 u. j. | Schülerinnen | BG Wien 16 |
| | | Schüler | BG Klagenfurt |
| **Schülerliga-Fußball** | Jg. 1.8.74 | Schüler | BG/BRG Wien 2, Wohlmutstraße |
| **Technik-Fünfkampf der SL-Fußball** | | | BG Traun, Oberösterreich |
| **Schülerliga-Volleyball** | Jg. 1.8.1972 | Schülerinnen | BG BRG Linz-Urfahr, OÖ. |
| **Bundesskiwettkämpfe** | | | |
| Mannschaftswertung | Alpine Bewerbe | | |
| | Jg. 73/74 | Schülerinnen | HS Zell am See, Salzburg |
| | | Schüler | HS Au, Vorarlberg |
| | Jg. 73/74 | Schülerinnen | SHS Neustift i. St., Tirol |
| | Wertung Ski-HS | Schüler | SHS Badgastein, Salzburg |
| | Jg. 71/72 | Schülerinnen | BHAK Villach, Kärnten |
| | | Schüler | HTBLA Hallein, Salzburg |
| **Langlauf-Cup** | | | |
| Mannschaftswertung | Nordische Bewerbe | | |
| | Jg. 73/74 | Schülerinnen | HIB Saalfelden, Salzburg |
| | | Schüler | SHS Saalfelden-Markt, Salzburg |
| | Jg. 71/72 | Schülerinnen | HBLA Saalfelden, Salzburg |
| | | Schüler | Internatsschule Stams, Tirol |
| **Cross-Country** | Breitenbewerb | Schulwertung | Stifts G Kremsmünster, OÖ. |
| | „Alle Schüler laufen" | 100% | HS Moosburg, Kärnten |
| | | | SHS Saalfelden, Salzburg |
| | | | HS Expositur Grünbach, OÖ. |
| **Leichtathletik-Schulcup** | | | |
| Mannschaftswertung | Jg. 70 u. j. | Schülerinnen | BG BRG Dornbirn, Vorarlberg |
| | | Schüler | BG BRG Wien 14 |
| **Schulschwimmcup (Fernwettkampf)** | | | |
| Freistil 8 × 25 m | Jg. 75/76 | Schülerinnen | HS 1 Feldbach, Steiermark |
| | | Schüler | BG BRG Graz, Kirchengasse, Stmk. |
| Freistil 8 × 50 m | Jg. 73/74 | Schülerinnen | HS Korneuburg 2, Niederösterreich |
| | | Schüler | BG BRG, Graz, Lichtenfels, Stmk. |
| Rettungsschwimmstaffel | Jg. 73/74 | Schülerinnen | BG BRG Graz, Lichtenfels, Stmk. |
| | | Schüler | BG BRG Graz, Lichtenfels, Stmk. |
| Kombination (8 × 50 m RS) | Jg. 73/74 | Schülerinnen | HS Korneuburg 2, Niederösterreich |
| | | Schüler | BG BRG Graz, Lichtenfels, Stmk. |
| Freistil 8 × 50 m | Jg. 72 u. ä. | Schülerinnen | Priv. GRG Wien 7, Kenyongasse |
| | | Schüler | HTBLA I Linz, Oberösterreich |
| Rettungsschwimmstaffel | Jg. 72 u. ä. | Schülerinnen | BG Krems, Niederösterreich |
| | | Schüler | HTBLA I Linz, Oberösterreich |
| Kombination (8 × 50 m RS) | Jg. 72 u. ä. | Schülerinnen | BG BRG Graz, Lichtenfels, Stmk. |
| | | Schüler | HTBLA I Linz, Oberösterreich |

Der Schulschwimmcup wurde zum 1. Mal als Fernwettkampf auf Bundesebene ausgetragen.
1394 Schulmannschaften nahmen teil.

**Folgende Bundessieger nahmen an den internationalen Schulwettkämpfen als Vertreter Österreichs teil:**

| | | | |
|---|---|---|---|
| **ISF-Nordische Bewerbe** | | | |
| Admont/Österreich | Jg. 73/74 | Schülerinnen | **1. HIB Saalfelden** |
| | | Schüler | **1. SHS Saalfelden-Markt** |
| | Jg. 71/72 | Schülerinnen | 3. HBLA Saalfelden |
| | | Schüler | **1. Internatsschule Stams** |
| **ISF-Basketball** | | | |
| Jerusalem/Israel | Jg. 1969 u. j. | Schülerinnen | 8. BG BRG Bruck/Leitha |
| | | Schüler | 8. BG Klosterneuburg |
| **ISF-Fußball** | | | |
| Hasselt/Belgien | Jg. 1969 u. j. | Schüler | 8. BHAK BHASCH Innsbruck |
| **ISF-Leichtathletik-Schulcup** | | | |
| Tel Aviv/Israel | Jg. 1970 u. j. | Schülerinnen | 2. BG BRG Dornbirn |
| | | Schüler | 4. BG Wien XIV |

# UNIVERSITÄTS-SPORT

**ZENTRALER HOCHSCHULSPORTAUSSCHUSS ÖSTERREICHS,**
gegründet 1960
1150 Wien, Auf der Schmelz 6, Telefon 0 22 2 / 92 26, 61, Klappe 39
Sprechstunden: Montag, Mittwoch, Freitag 9.30 bis 11.30 Uhr

Vorsitzender
Ministerialrat Dr. Rudolf Metz, 1014 Wien, Freyung 1,
Telefon 0222 / 6620 – 3138
Sekretär
Amtsrat Gustav Posch, 1150 Wien, Auf der Schmelz 6
Telefon 0 22 2 / 92 26 61, Klappe 39

Mitglied der
**Fédération Internationale du Sport Universitaire** (FISU),
87 Nationen, gegründet 1949
FISU-Sekretariat
Rue Général Thys 12, 1050 Bruxelles (Belgique)

Ministerialrat Mag. Werner Czisek ist Mitglied des Exekutivkomitees der FISU und Vorsitzender der Studienkommission (CESU) der FISU.

Amtsrat Gustav Posch ist Mitglied der Kontrollkommission der FISU.

Prof. Mag. Klaus Ruckenbauer ist Vorsitzender der FISU-Subkommission Ski nordisch.

Die absoluten Höhepunkte im Studenten-Spitzensport 87 waren die Winteruniversiade und die Sommeruniversiade.

Während die Winteruniversiade für Österreich sehr erfreulich endete – eine Goldmedaille durch Kathrin und Christoff Beck und zwei Silbermedaillen durch Jürgen Grabher (Herrenslalom) und Jürgen Kriechbaum (alpine Kombination) –, brachte die Sommeruniversiade für unser Land leider nur einige „Ehrenplätze".

Insgesamt stellte aber diese Sommeruniversiade alles bisher Dagewesene in den Schatten. Nicht nur die neuen Teilnehmerrekorde – 121 Nationen mit 5544 Sportlern und Offiziellen – zeigten dies, sondern auch die organisatorische Durchführung, die Unterbringung und Verpflegung, die Weltklasseformat aufwiesen.

Weitere Studentenweltmeisterschaften 1987 waren:
Handball 30. Mai – 7. Juni in Rumänien (Österreich 11. Platz)
Tischtennis: 28. November – 6. Dezember in Sofia/Bulgarien.
Die nächste Sommeruniversiade (1989) wurde an Sao Paolo/Brasilien vergeben.

**ÖSTERREICHISCHE AKADEMISCHE MEISTER 1987**

| | | | | |
|---|---|---|---|---|
| Skilanglauf | Damen | 5 km klass. Technik | **Renate Wieser** | Wien |
| | | 5 km freie Technik | **Renate Wieser** | Wien |
| | | 3 × 5 km Staffel | **Wien** | |
| | Herren | 15 km klass. Technik | **Wolfgang Kattnig** | Innsbruck |
| | | 15 km freie Technik | **Wolfgang Kattnig** | Innsbruck |
| | | 3 × 10 km Staffel | **Wien** | |
| Ski alpin: Studenten-Cup | | | | |
| | Damen | | **Edeltraud Hussauf** | Graz |
| | Herren | | **Thomas Reiter** | Innsbruck |
| | Mannschaft | | **Graz** | |
| Fußball-Cup | | | **Graz** | |
| Mannschaftsmehrkampfspiele | | | **Salzburg** | |
| Mixed Volleyball | | | **Innsbruck** | |
| Hallenfußball | | | **Wien** | |
| Leichtathletik | Herren | 100 m | **Roland Jokl** | Wien |
| | | 200 m | **Franz Ratzenberger** | Linz |
| | | 400 m | **Thomas Hofmann** | Wien |
| | | 800 m | **Winfried Pessentheiner** | Klagenfurt |
| | | 1500 m | **Michael Mattesich** | Innsbruck |
| | | 5000 m | **Hannes Guber** | Wien |
| | | 3000 m Hindernis | **Hannes Gruber** | Wien |
| | | Weitsprung | **Alfred Stummer** | Wien |
| | | Hochsprung | **Bernd Toller** | Graz |
| | | Dreisprung | **Alfred Stummer** | Wien |
| | | 110 m Hürde | **Thomas Weimann** | Wien |
| | | Speer | **Haymo Polzer** | Wien |
| | | Kugel | **Bernhard Kropf** | Graz |
| | | Diskus | **Günter Skursky** | Graz |
| | | 4 × 100 m | **Salzburg** | |
| | | 10-Kampf | **Gernot Kellermayr** | Salzburg |
| | Damen | 100 m | **Sabine Tröger** | Wien |
| | | 400 m | **Elgin Drda** | Linz |
| | | 800 m | **Elgin Drda** | Linz |
| | | 100 m Hürden | **Ulrike Kleindl** | Graz |
| | | Weitsprung | **Sabine Spiesslehner** | Wien |
| | | Speer | **Trude Kaiser** | Wien |
| | | Kugel | **Maria Schramser** | Wien |
| | | Diskus | **Maria Schramseis** | Wien |
| | | 7-Kampf | **Petra Beydi** | Wien |
| | | 4 × 100 m | **Graz** | |

**Winteruniversiade**

| | | | | |
|---|---|---|---|---|
| 21.–28.2.87 Strbske Pleso | Eistanzen | **1. Kathrin/Christoff Beck** | 28 Länder | 14 Starter |
| | Herrenslalom | 2. Jürgen Grabher | | 29 Starter |
| | Alp. Kombin. | 2. Jürgen Kriechbaum | | |

**Sommeruniversiade**

121 Länder

| | | | |
|---|---|---|---|
| 8.–19.7.87 Zagreb | Rudern | Frauen-Einer | 4. Astrid Unger |
| | | Frauen-L. G.-Einer | 6. Vera Sommerbauer |
| | | Frauen-L. G.-Doppelzweier | 4. Glinsner/Liptak |
| | | Männer-Einer | 5. Arnold Jonke |
| | Wasserspringen | 3 m | 5. Niki Stajkovic |
| | Schwimmen | 4 × 100 m Kraul | 5. St. Opatril/M. Opatril/ Placheta/Pilhatsch |
| | Leichtathletik | 400 m Hürden | 6. Thomas Futterknecht |
| | Fechten | He.-Florett | 6. Wendt/Somloi/Gödl Tschinkel/Schiefermeier |

# SONSTIGE SPORT-VERBÄNDE

**ÖSTERREICHISCHER ALPENKLUB** (ÖAK)
1060 Wien, Getreidemarkt 3, Telefon 0 22 2 / 56 38 673
Dienstzeit: Donnerstag von 17 bis 20 Uhr

**ÖSTERREICHISCHER ALPENVEREIN** (ÖAV)
Verwaltungsausschuß
6020 Innsbruck, Wilhelm-Greil-Straße 15, Telefon 0 52 22 / 23 171
Dienstzeit:
Montag bis Donnerstag von 8 bis 12.30 Uhr und von 13.30 bis 18 Uhr,
Freitag 8 bis 12.30 Uhr

**VERBAND DER ÖSTERREICHISCHEN ARBEITERFISCHERVEREINE**
1080 Wien, Lenaugasse 14, Telefon 0 22 2 / 43 21 76
Dienstzeit:
Montag, Mittwoch, Freitag von 8.30 bis 12.30 Uhr, Freitag von 14 bis 18 Uhr

**AUTO-, MOTOR- UND RADFAHRERBUND ÖSTERREICHS** (ARBÖ)
1150 Wien, Mariahilfer Straße 180, Telefon 0 22 2 / 85 35 35, Telex 136 581 Arbob
Sportsekretariat
1030 Wien, Schlechtastraße 4, Telefon 0 22 2 / 78 21 16, Telex 135 344

**ÖSTERREICHISCHE BERGSTEIGERVEREINIGUNG** (ÖBV)
1010 Wien, Bäckerstraße 16/1/10

**ÖSTERREICHISCHER EISENBAHNERSPORT**
1010 Wien, Nibelungengasse 11/8, Telefon 0 22 2 / 56 50 / DW 54 14
Dienstzeit: Montag bis Freitag von 8 bis 16 Uhr

**ÖSTERREICHISCHER GEHÖRLOSEN-SPORTVERBAND**
1100 Wien, Ettenreichgasse 48/3/5/22

**ÖSTERREICHISCHER GENDARMERIE-SPORTVERBAND**
1030 Wien, Oberzellergasse 1, Telefon 0 22 2 / 73 35 81, Klappe 218
Dienstzeit: Montag bis Freitag von 8 bis 16 Uhr

**ÖSTERREICHISCHER GYMNASTIKBUND**
1170 Wien, Promenadengasse 29/1
Dienstzeit: Montag bis Freitag von 18 bis 20 Uhr

**ÖSTERREICHISCHE HIMALAYA-GESELLSCHAFT**
1041 Wien, Prinz-Eugen-Straße 12, „Haus des Sports", Telefon 0 22 2 / 65 40 553
Dienstzeit: Dienstag und Donnerstag von 10 bis 14 Uhr

**ÖSTERREICHISCHE HOCHSCHÜLERSCHAFT**
Sportreferat
1090 Wien, Liechtensteinstraße 13, Telefon 0 22 2 / 34 65 18
Dienstzeit: Montag bis Freitag von 9 bis 15 Uhr

**ÖSTERREICHISCHER POLIZEISPORTVERBAND**
Präsidium: 1014 Wien, Herrengasse 7, Telefon 0 22 2 / 66 26
Geschäftsstelle: 1010 Wien, Postgasse 7, Telefon 0 22 2 / 51 23 750
Sportleitung: Bundespolizeidirektion Salzburg, 5010 Salzburg,
Churfürstenstraße 1, Telefon 0 62 22 / 44 5 51, Kl. 221
Dienstzeit: Montag bis Freitag von 8 bis 15 Uhr

**ÖSTERREICHISCHER PRELLBALL-VERBAND**
1180 Wien, Thimiggasse 39

**REICHSBUND FÜR TURNEN UND SPORT**
1010 Wien, Ebendorferstraße 6/V, Telefon 0 22 2 / 42 54 06
Dienstzeit: Montag bis Freitag von 9 bis 12 Uhr und von 15 bis 19 Uhr

**ÖSTERREICHISCHER TOURISTENKLUB** (ÖTK)
1010 Wien, Bäckerstraße 16, Telefon 0 22 2 / 52 38 44
Dienstzeit: Montag, Mittwoch von 9 bis 17 Uhr, Dienstag, Donnerstag von 9 bis 19 Uhr, Freitag von 9 bis 15 Uhr

**TOURISTENVEREIN „NATURFREUNDE ÖSTERREICHS"**
1150 Wien, Viktoriagasse 6, Telefon 0 22 2 / 83 86 08-0
Dienstzeit: Montag, Mittwoch, Donnerstag von 7.30 bis 12 Uhr, und von 12.45 bis 16 Uhr, Dienstag von 13.15 bis 19 Uhr und Freitag von 7.30 bis 13 Uhr

**ÖSTERREICHISCHER TOURISTENVEREIN** (ÖTV)
1080 Wien, Laudongasse 16, Telefon 0 22 2 / 42 75 81 / 265
Dienstzeit: Dienstag, Freitag von 15 bis 18 Uhr

**ÖSTERREICHISCHER TURNERBUND** (ÖTB)
4020 Linz, Kellergasse 14, Telefon 0 73 2 / 55 3 59

**ZENTRALE FÜR TRABER-ZUCHT UND -RENNEN IN ÖSTERREICH**
1010 Wien, Nibelungengasse 3, Telefon 0 22 2 / 57 72 58
Dienstzeit: Montag bis Freitag von 8 bis 16.30 Uhr

**ARBEITSGEMEINSCHAFT ÖSTERR. WASSERRETTUNGSWESEN**
(ARGE ÖWRW)
1041 Wien, Prinz-Eugen-Straße 12, Postfach 108, Telefon 0 22 2 / 65 37 42-46
Dienstzeit: Montag bis Freitag von 8 bis 15 Uhr

**VERBAND DER ZOLLWACHEBEAMTEN ÖSTERREICHS**
1010 Wien, Wollzeile 1–3, Telefon 0 22 2 / 52 26 51
Dienstzeit: Montag von 8 bis 16 Uhr, Dienstag bis Freitag von 8 bis 12 Uhr

**ÖSTERREICHISCHER BETRIEBSSPORTVERBAND**
1010 Wien, Falkestraße 1, Telefon 0 22 2 / 52 39 80
Dienstzeit:
Montag bis Donnerstag von 8 bis 17 Uhr, Freitag von 8 bis 12 Uhr
Präsident
Helmut Dembsher, 1010 Wien, Gonzagasse 3, Telefon privat 0 22 2 / 63 72 01
Mitglied der
**EUROPEAN FEDERATION FÜR COMPANY SPORT**
Anschrift
Voorhavenlaan 67, 9000 Gent, Belgien
Präsident Helmut Dembsher ist Mitglied des Präsidiums der European Federation

# SONSTIGE EINRICHTUNGEN

**ÖSTERREICHISCHE SPORTHILFE**
1010 Wien, Führichgasse 4, Telefon 0 22 2 / 52 31 93

**ÖSTERREICHISCHES INSTITUT FÜR SCHUL- UND SPORTSTÄTTENBAU** (ÖISS)
1041 Wien, Prinz-Eugen-Straße 12, „Haus des Sports"
Tel. 0 22 2 / 65 37 42 / 51

**KURATORIUM FÜR ALPINE SICHERHEIT**
1041 Wien, Prinz-Eugen-Straße 12, „Haus des Sports"

Präsident: Brigadier Dr. Raimund Truxa
Bundesministerium für Landesverteidigung, Telefon 52 95 25

**SPORT UND KIRCHE**
Kontaktstelle des Referates Sport und Seelsorge
1041 Wien, Prinz-Eugen-Straße 12, Telefon 0 22 2 / 65 52 164
Dienstzeit: Montag, Mittwoch und Freitag von 14 bis 18 Uhr.

**HAUPTVERBAND KATHOLISCHER ELTERNVEREINE ÖSTERREICHS**
Sportreferat
1180 Semperstraße 45, Telefon 0 22 2 / 34 62 80

**KATHOLISCHE JUGEND ÖSTERREICHS**
Sportreferat
1010 Wien, Johannesgasse 16, Telefon 0 22 2 / 52 16 21
Dienstzeit: Montag bis Freitag von 9 bis 17 Uhr

**KATHOLISCHE SCHULEN**
Sportreferat: 1180 Wien, Semperstraße 45, Telefon 0 22 2 / 34 62 80
Dienstzeit: Dienstag bis Freitag von 14 bis 18 Uhr

**ÖSTERREICHISCHES INSTITUT FÜR SPORTMEDIZIN** (ÖISM)
1150 Wien, Auf der Schmelz 6
Telefon 0 22 2 / 92 26 61

**VEREIN FÜR MEDIZINISCHE UND SPORTWISSENSCHAFTLICHE BERATUNG** (VMSB)

Geschäftsführung und Sekretariat:
2344 Maria Enzersdorf, Johann-Steinböck-Straße 5
Telefon 0 22 36 / 22 928

Abteilung Leistungsdiagnostik:
2344 Maria Enzersdorf, Johann-Steinböck-Straße 5
Telefon 0 22 36 / 26 83 3 / 51

# INTERESSEN-VERTRETUNGEN

**VERBAND DER LEIBESERZIEHER ÖSTERREICHS**
1150 Wien, Auf der Schmelz 6, Universitätssportzentrum,
Telefon 0 22 2 / 92 26 61-64
Vorsitzender
Dr. Heinz Ertl
Sekretärin: Hilde Siebert, Telefon 0 22 2 / 78 18 623

**ARBEITSGEMEINSCHAFT FÜR EISKUNSTLAUF UND TANZEN AUF DEM EIS**
c/o Astrid Zojer, 9020 Klagenfurt, Akazienhofstraße 106

**ÖSTERREICHISCHER BERUFSSKILEHRERVERBAND**
6314 Niederau, 123, Telefon 0 53 32 / 82 17

**BUND ÖSTERREICHISCHER FUSSBALLEHRER**
1140 Wien, Weststadion, Kreisslergasse 6, Telefon 0 22 2 / 94 22 33

**VERBAND DER ÖSTERREICHISCHEN SCHILEHRWARTE**
1030 Wien, Hetzgasse 41/11, Telefon 0 22 2 / 73 32 (ab 19 Uhr)

**ÖSTERREICHISCHER SPORTLEHRERVERBAND**
1041 Wien, Prinz-Eugen-Straße 12

**VERBAND ÖSTERREICHISCHER TENNISLEHRER**
1030 Wien, Hainburger Straße 36/4, Telefon 0 22 2 / 75 33 45

**VERBAND DER TENNISINSTRUKTOREN ÖSTERREICHS**
8010 Graz, Raiffeisenstraße 50, Telefon 03 16 / 46 10 61

**VERBAND ÖSTERREICHISCHER SPORTÄRZTE** (VÖSpÄ)
1150 Wien, Auf der Schmelz 6
Telefon 0 22 2 / 92 26 61 / 74 Dw.

401 Mitglieder

Präsident
Hofrat Prof. Dr. Ernst Raas, Institut für Sport- und Kreislaufmedizin
6020 Innsbruck, Anichstraße 35

**VEREINIGUNG ÖSTERREICHISCHER SPORTMASSEURE** (VÖSM)
gegründet 1977

Sekretariat
Bundessportzentrum Südstadt, 2344 Maria Enzersdorf,
Johann-Steinböck-Straße 5, Telefon 0 22 36 / 26 8 33

Präsident
Ministerialrat Dr. Otto Ventruba, 1100 Wien, Troststraße 16/2

# LANDESSPORTORGANISATIONEN
# LANDESSPORTBEIRÄTE
# LANDESSPORTRÄTE
# LANDESSPORTÄMTER

**VERBINDUNGSSTELLE DER BUNDESLÄNDER**
beim Amt der Niederösterreichischen Landesregierung
1014 Wien, Schenkenstraße 4, Telefon 0 22 2 / 535 37 61

Dienstzeit: Montag bis Freitag von 8 bis 16 Uhr

Leiter: Hofrat Dr. Gernot Meirer

## BURGENLAND

**AMT DER BURGENLÄNDISCHEN LANDESREGIERUNG**
7000 Eisenstadt, Landhaus, Telefon 0 26 82 / 600 / 533
Dienstzeit:
Montag bis Donnerstag von 7.30 bis 12 Uhr und von 12.30 bis 16 Uhr,
Freitag von 7.30 bis 13 Uhr

Landessportorganisation: dzt. noch nicht existent

Landessportreferent: Landeshauptmann Hans Sipötz

Beamteter Referent: Regierungsrat Mag. Hans Kaippel

## KÄRNTEN

**AMT DER KÄRNTNER LANDESREGIERUNG**
Abteilung 6, Landessportsekretariat
9021 Klagenfurt, Viktringer Ring 15, Telefon 0 42 22 / 536, Klappe 30 625 oder 30 626

Dienstzeit:
Montag bis Donnerstag von 7.30 bis 16 Uhr, Freitag von 7.30 bis 13 Uhr

Landessportreferent: Landeshauptmann Leopold Wagner

Landessportsekretär: Stefan Genser

Derzeit gibt es in Kärnten mit seiner halben Million Einwohner 3 Dachverbände, 38 Fachverbände und 880 Sportvereine mit 1088 Sektionen. In dieser Statistik scheinen nur solche Verbände auf, die auf Bundesebene in der Bundes-Sportorganisation Aufnahme gefunden haben. Außerdem werden nur solche Vereine und Sektionen gezählt, die am Meisterschaftsbetrieb des jeweiligen Fachverbandes aktiv beteiligt sind.

Der Sportstättenplan wurde bei den allgemeinen Sportanlagen (Sportplätze, Sporthallen, Hallenbäder) praktisch erfüllt.

Allein die Steigerungsraten der Sportanlagen sind beachtlich:

| | |
|---|---|
| Sportplätze: | 1966: 102; 1986: 270 |
| Sporthallen: | 1966: 111; 1986: 256 |
| Hallenbäder: | 1966: 9; 1986: 43 |
| Tennisanlagen: | 1966: 77; 1986: 277 |
| Tennishallen: | 1966: 1; 1986: 23 |

Der Sport hat entscheidend dazu beigetragen, das Image des Bundeslandes als Sommerurlaubsland, und in immer stärker werdendem Maße auch als Wintererholungsgebiet im In- und Ausland zu festigen.

Wie sehr diese Tätigkeit international Anerkennung findet, beweist die Tatsache, daß Kärnten die Ausrichtung der Rad-WM 87 zugesprochen erhielt.

Der seit 15 Jahren beim Amt der Kärntner Landesregierung installierte Landessportrat konnte seine Aufgaben – Beratung in allen grundsätzlichen Sportfragen – und Durchführung des Kärntner Sportgesetzes sowie prinzipielle Empfehlung über die Aufteilung des Sportbudgets – aufgrund der Tatsache, daß von den zuständigen Gremien ausschließlich Experten nominiert wurden, auch 1987 bestens erfüllen.

Die Arbeit in den Fachverbänden ist ebenso verantwortungsvoll, wie die Mitarbeit in den anderen Gremien sowie weitere gute und konstruktive Zusammenarbeit zwischen den Dachverbänden und nicht zuletzt die Mitarbeit in den diversen Einrichtungen des Sportes.

## NIEDER-ÖSTERREICH

**AMT DER NIEDERÖSTERREICHISCHEN LANDESREGIERUNG**
Abteilung I/4–Sportangelegenheiten
1014 Wien, Herrengasse 13, Telefon 0 22 2 / 53 1 10, Klappe 2699
Sprechstunden: Dienstag von 8 bis 12 Uhr

Politischer Referent: Landesrat Liese Prokop
Beamteter Sportreferent: Wirkl. Hofrat Dr. Johann Wagner
Landessportrat
1040 Wien, Herrengasse 13, Telefon 0 22 2 / 53 1 10, Klappe 2604

Landessportschule und Sportfachrat
2344 Maria Enzersdorf, Johann-Steinböck-Straße 5, Telefon 0 22 36 / 26 7 39

Als wohl bemerkenswerteste Weichenstellung für den nö. Sport im Jahre 1987 kann der Beschluß gewertet werden, die Landessportschule in der Landeshauptstadt St. Pölten zu errichten. Es liegt auf der Hand, daß von dieser sportpolitischen Maßnahme wertvolle Impulse für die Weiterentwicklung des Sports in seinem gesamten Erscheinungsbild zu erwarten sind.

Wie wichtig die Entscheidung war, eine eigene Landessportschule in St. Pölten zu errichten, ergibt sich, wenn man die Auslastung der Landessportschule im Bundessportzentrum Südstadt betrachtet, wo eine Intensivierung des Betriebes nicht mehr möglich ist.

Im Oktober wurde die Studie „Das Sportverhalten in Niederösterreich und seine Bestimmungsfaktoren" der Sportwissenschaftler Dr. Roland Bässler und Univ.-Prof. Dr. Raimund Sobotka präsentiert.

Von den Ergebnissen dieser und ergänzender Studien werden künftige Zielsetzungen und damit Förderungsschwerpunkte bestimmt sein.

Die Beratung der Gemeinden und Vereine bei der Errichtung, Um- und Neugestaltung von Sportstätten und Sporteinrichtungen sowie bei der Erstellung von Finanzierungsplänen steht nach wie vor im Vordergrund.

Im Voranschlag für das Jahr 1988 sind für Zwecke der Sportförderung mehr als 70 Mio. S vorgesehen.

## OBER-ÖSTERREICH

**AMT DER OBERÖSTERREICHISCHEN LANDESREGIERUNG-LANDESSPORTBÜRO UND LANDERSSPORTORGANISATION OÖ.**
4020 Linz, Stockbauernstraße 8, Telefon 0 73 2 / 66 98 01
Dienstzeit: Montag bis Freitag von 8 bis 13 Uhr und
Montag, Dienstag, Donnerstag von 14 bis 18 Uhr

Landessportreferent: Landeshauptmannstellvertreter Hofrat Gerhard Possart
Landessportsekretär Rechnungsdirektor Konsulent Regierungsrat Rudolf Mahringer

Die Landessportorganisation umfaßt Ende 1987 2.333 Sportverbände und -vereine mit rund 335.000 Mitgliedern. Der Jahreszuwachs betrug neuerlich 75 Vereine. Nur mehr 19 Kleinstgemeinden Oberösterreichs haben keinen organisierten Vereinssport. Für Betreuung der 47 Dach- und Fachverbände und deren finanzielle und organisatorische Unterstützung standen 93 Millionen Schilling aus Landesmitteln zur Verfügung, sodaß die Entwicklung des Sportes in Oberösterreich weiter gewährleistet war. Erfreulich ist die gegenüber 1986 verbesserte Leistungsbilanz: 22 Medaillen bei Welt- und Europameisterschaften und 107 Staats- sowie eine Reihe österreichischer Meistertitel wurden erobert. Weiters wurden 425 offizielle Landesmeistertitel vergeben. Der Trend, daß der Leistungssport dank des dichten Netzes angemessener Sportstätten auch in den Landgemeinden verstärkt heimisch ist, hält weiter an. Die Landesmeister stammen bereits aus 75 Gemeinden.

Bemerkenswert ist der weiter anhaltende leistungsmäßige Aufschwung in der Leichtathletik, im Judo, Karate, Boxen und Badminton. Oberösterreich dominiert wie seit Jahren, in der gesamtösterreichischen ÖSTA-Statistik.

Trotz der Sättigung im Sportstättenbereich konnten 1987 36 neue Sportstätten in Betrieb genommen werden. Mit 4.049 Sportanlagen der verschiedensten Kategorien weist Oberösterreich eine hervorragende Dichte auf. Die allererste Verpflichtung und wichtigste Aufgabe wird es sein, diese mit Milliarden an Steuergeldern und großen Eigenleistungen der Vereine errichteten Sportanlagen der gesamten Bevölkerung und auch unseren Gästen im Fremdenverkehr zur optimalen Nutzung anzubieten und ihren guten Zustand durch pflegliche Behandlung zu erhalten.

Die Förderung des Sports in der breiten Palette von 60 Sportzweigen durch Land, Gemeinden und Verbände war wieder vorbildlich. Aufgaben gab und gibt es genug zu erfüllen, z. B. in der Sportmedizin und in den Bezirks- und Stadtsportausschüssen, um nur zwei wichtige Bereiche zu nennen, in welchen neue Akzente gesetzt wurden, die der weiteren Behandlung bedürfen.

Darüberhinaus stand das Jahr 1987 im Zeichen des Jubiläums „25 Jahre Landessportfachrat".

## SALZBURG

**AMT DER SALZBURGER LANDESREGIERUNG**
**LANDESSPORTBÜRO**
5020 Salzburg, Aignerstraße 14
Telefon 0 66 2 / 80 42, Dw. Kl. 25 18 oder 25 24, oder 0 66 2 / 20 2 80

Landessportreferent: Landesrat Dr. Othmar Raus
Leiter des Landessportbüros: Dr. Peter Pilsl

Landessportorganisation Salzburg
5020 Salzburg, Aignerstraße 14, Haus des Sports
Telefon 0 66 2 / 80 42, Dw. Kl. 25 18 oder 25 24, oder 0 66 2 / 20 2 80
Dienstzeit: Montag bis Donnerstag von 8 bis 17 Uhr, Freitag von 8 bis 13 Uhr

Vorsitzender der Landessportorganisation
Landesrat Dr. Othmar Raus
Geschäftsführer: Dr. Peter Pilsl

LSO Salzburg

Organisation des Salzburger Sportes
Landessportorganisation, bestehend aus 51 Sport-Dach- und -Fachverbänden, 1008 Sportvereinen und 60 alpinen Vereinen

Als Meilenstein für den Salzburger Sport und äußerst wichtige Weichenstellung für die zukünftige Entwicklung des Sports kann das im Oktober 1987 beschlossene neue Landessportgesetz angesehen werden, das mit 1.1.1988 in Kraft trat. Die wesentlichsten Inhalte des neuen Landessportgesetzes sind die Verpflichtungen des Landes zur Sportförderung, die Aufwertung der Fachverbände als praktisch gleichberechtigte Partner der Dachverbände im Landessportrat und die Verankerung des Schutzes bestehender Sportanlagen.

Um den Kontakt mit allen Sportvereinen des Landes weiter zu intensivieren und wichtige Informationen im direkten Gespräch mit möglichst vielen Vereinsfunktionären austauschen zu können, wurden als Ergänzung zum Landessporttag erstmals Bezirkssportgespräche durchgeführt, die sich sehr gut bewährt haben.

Die 1986 begonnene Sportstättenbehebung konnte abgeschlossen werden. Mit Ausnahme von Dreifachturnhallen darf im Bundesland Salzburg von einer guten Sportstätten-Infrastruktur gesprochen werden. Die Ergebnisse der Sportstättenbehebung werden die Basis für die künftige Projektierung von Sportstätten darstellen.

Eine Fortsetzung erfuhr die bewährte Jugendsport-Förderungsaktion. Dazu wurde im Schuljahr 1986/87 in der Stadt Salzburg ein Schulversuch für Leistungssportler in Form eines fünfjährigen Oberstufen-Realgymnasiums installiert, für das sehr reges Interesse herrscht. In diesen Schulversuch sind talentierte Nachwuchssportler aus den Bereichen Schwimmen, Tennis, Leichtathletik, Rad, Turnen, Fußball und Faustball integriert. Als Trainingszentrum dient das Universitäts- und Landessportzentrum Salzburg in Rif.

Als weitere Neuerung wurde im Sommer 1987 mit großem Erfolg die Aktion „Jugend zum Sport“ im Universitäts- und Landessportzentrum Salzburg durchgeführt. Dabei nahmen zwei Wochen hindurch täglich ca. 200 Kinder und Jugendliche an sportlichen Aktivitäten mit größter Begeisterung teil. Im Herbst 1987 startete im Universitäts- und Landessportzentrum Salzburg die Aktion „Gymnastik und Schwimmen für alle“, die einen Beitrag zum Breiten- und Seniorensport darstellt.

Durch die Entsendung einer Salzburger Delegation zu den ALPEN- ADRIA-Winter-Jugendspielen in Piancavallo und die Teilnahme von Salzburger Sportlern an zahlreichen ARGE-ALP-Veranstaltungen wurden die internationalen Sportbeziehungen gefestigt. Eine Entsendung erfolgte auch zu den Jugendlagern in Breisach (BRD) und Bellinzona (Schweiz) sowie einem Trainingslager für Nachwuchssportler anläßlich der Rad-WM in Villach. Zum zweiten Mal bot sich im vergangenen Jahr einer kleinen Gruppe von Salzburger Jugendsportlern die Möglichkeit, im Rahmen eines Jugendsportaustausches mit Japan dieses Land und seine Sportstruktur kennenzulernen.

Auf dem Veranstaltungssektor sind die Skibob-WM 88 in Dorfgastein und die Nordischen Junioren-Ski-WM in Saalfelden hervorzuheben. Als größtes Ziel im Veranstaltungsbereich gilt jedoch die Bewerbung von Saalbach-Hinterglemm um die Ausrichtung der Alpinen Ski-WM 1991.

# STEIERMARK

**LANDESSPORTORGANISATION STEIERMARK**
8010 Graz, Radetzkystraße 3/I, Telefon 0 31 6 / 70 31 / 21 82 und 21 83
Dienstzeit: Montag bis Freitag von 8 bis 16 Uhr

Politischer Sportreferent
Landesrat Dipl.-Ing. Franz Hasiba
Beamteter Sportreferent: Hofrat Dr. Nikolaus Hermann

Präsidium der LSO
Vorstands-Dir. Dipl.-Ing. Dr. Oskar Beer
Hofrat Dr. Ernest Brauchart
Landesrat a. D. Hannes Bammer

Landessportsekretär: OAR Richard Stiger

**Landesturnanstalt**
8010 Graz, Jahngasse 3, Telefon 0 31 6 / 72 3 95

Es wurde ein Entwurf für ein neues Landessportgesetz ausgearbeitet.
Die wichtigsten Anliegen dieses Gesetzes sind eine Verbreiterung des Präsidiums der Landessportorganisation und des Landessportrates unter Vorsitz des politischen Sportreferenten. Ferner die Einplanung einer gesetzlichen Regelung für die Sportförderung durch das Land; die Regulierung des Ehrenzeichenwesens, die Überleitung des Sekretariates des LSO in ein Sportamt u. a. m.

Neben Förderungen des laufenden Meisterschaftsbetriebes und diversen Großveranstaltungen wird der zur Tradition gewordene Sportgrenzverkehr mit Slowenien und dem Komitat Vas weiterhin unterstützt.

Statistik:

| | |
|---|---|
| ASKÖ: | 464 Vereine |
| ASVÖ: | 251 Vereine |
| Union: | 500 Vereine |

Seit ungefähr 10 Jahren baut die Landessportorganisation das Kurswesen (Übungsleiterausbildung für die Übungsleiter und Lehrwarte sowie die Trainerfortbildung) systematisch aus. Die Veranstaltungsserie wurde 1987 von 695 Teilnehmern besucht. Die Übungsleiterausbildung konnte von rund 180 Interessenten abgeschlossen werden.

„Anläßlich der Staatsmeisterehrung für das Jahr 1987 wurden in den Traditionsräumen der Grazer Burg von Herrn Landesrat DI. Franz Hasiba 187 steirische Sportlerinnen und Sportler empfangen.

Als bester steirischer Sportler 1987 erhielt Herr Wilhelm Huszarek für seine überragenden Leistungen die für diesen Titel vorgesehene Trophäe, den „Bronzenen Diskuswerfer".

24 Steirer errangen 3 Weltmeistertitel und 13 WM-Plazierungen,
14 steirische Athleten plazierten sich bei Europameisterschaften,
118 Sportler und Sportlerinnen errangen 89 österreichische Staatsmeistertitel."

# TIROL

**AMT DER TIROLER LANDESREGIERUNG**
Abteilung If – Sportangelegenheiten
6010 Innsbruck, Landhaus, Telefon 0 52 22 / 28 7 01 / 382 (Durchwahl)
Dienstzeit:
Montag bis Donnerstag von 8 bis 13 und 14 bis 18 Uhr, Freitag von 8 bis 13 Uhr

Politischer Sportreferent: Landesrat Fridolin Zanon

Beamteter Sportreferent (Vorstand der Abteilung If):
Hofrat Dr. Wolfgang Girardi

Tiroler Landessportrat
6010 Innsbruck, Landhaus (Telefonnummer und Dienststunden wie oben)

# VORARLBERG

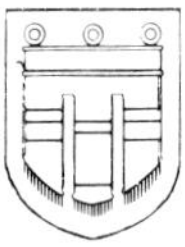

**AMT DER VORARLBERGER LANDESREGIERUNG**
6901 Bregenz, Landhaus, Telefon 0 55 74 / 511-0

Dienstzeit:
Montag bis Freitag von 8 bis 12 und von 13 bis 16.45 Uhr

Landessportreferent: Landesrat Fredy Mayer

Beamteter Sportreferent: Mag. Udo Albl

**Landessportstätte**
Vorarlberger Landessportschule, 6850 Dornbirn, Birkenwiese,
Telefon 0 55 72 / 64 4 65; Bettenzahl: 45

**Förderung**

Der Landessportbeirat hat als wichtigste Beratungspunkte die Erstellung des Jahresplanes zur Verteilung von Förderungsmitteln inkl. des Mannschaftsspitzensportes bei gesamtösterreichischen und internationalen Bewerben sowie die Errichtung und Großsanierung von Sportstätten behandelt. Der Vorarlberger Landtag hat S 23,4 Mio. für sportliche Zwecke bewilligt.

**Sportmedizin**

Am Institut für Sportmedizin in Feldkirch wurden insgesamt 417 Untersuchungen an 390 Sportlern vorgenommen, 92 Sportlerinnen und 290 Sportler aus 25 Sportarten nützten die Möglichkeit eines medizinischen Leistungstestes.

**Servicestelle**

An der Landessportschule in Dornbirn wurden 9 Seminare für Sportbetreuer, Trainer und Sportler durchgeführt.
Jedes österreichische Sport- und Turnabzeichen (ÖSTA), welches innerhalb eines Vereines erworben wird, fördert das Land mit einem Beitrag von öS 100,–. 723 Personen haben diese Möglichkeit einer zusätzlichen Vereinsförderung genutzt.

**Übungsleiter-Aktion**

Wegen der besonderen volksgesundheitlichen Bedeutung hat die Vorarlberger Landesregierung erstmals eine verstärkte Förderung des Breitensports beschlossen. Im Rahmen der Übungsleiter-Aktion haben 854 Übungsleiter aus 26 Sportfachverbänden rund S 2,1 Mio. erhalten.

**Landessportschule**

Der Gebäudekomplex ist ganzjährig mit Kursen von ausländischen, innerösterreichischen sowie einheimischen Vereinen und Verbänden belegt. Vorarlberger Verbände und Vereine erhalten für Trainingskurse und Trainingseinheiten einen 30%igen Förderungsbeitrag.

# WIEN

**AMT DER WIENER LANDESREGIERUNG**
Magistratsabteilung 51 – Sportangelegenheiten
1082 Wien, Ebendorferstraße 4, Telefon 0 22 2 / 42 8 00 / 27 93 Durchwahl
Dienstzeit: Montag bis Freitag von 7.30 bis 15.30 Uhr

Politischer Landessportreferent: Amtsführender Stadtrat Dr. Michael Häupl
Beamteter Landessportreferent: Senatsrat Dr. Ferdinand Podkowicz
Wiener Landessportorganisation
Wiener Landessportrat
Wiener Landessportfachrat
1082 Wien, Ebendorferstraße 4

Wesentliche Aufgaben des Wiener Sportamtes sind Baumaßnahmen und der Betrieb von Sportstätten. Das Investitionsprogramm wird weiterhin schrittweise verwirklicht. In einigen Fällen baut die Stadt Wien nicht selber, sondern unterstützt durch Subventionen den Neu- oder Umbau von Sportanlagen. So wurde dem ASKÖ-Landesverband Wien eine Baurate in Höhe von öS 7,500.000,– für den „Eisring Süd" zur Verfügung gestellt. Die Union erhielt öS 3,600.000,– und der ASVÖ öS 1,093.000,– für den Ausbau ihrer Verbandssportanlagen.

Die Gremien der Wiener Landessportorganisation (Wiener Landessportrat, Landessportpräsidium, Wiener Landessportfachrat und Fachausschuß) stellen eine Plattform für alle zur Lösung der Probleme des Wiener Sports dar. Aus Mitteln der Leistungssportförderung wurden allen Vereinen, deren Mannschaften an in mehreren Phasen ausgetragenen gesamtösterreichischen Meisterschaften der beiden obersten Spielklassen teilnahmen, Fahrtkosten in Höhe von öS 1,100.000,– vergütet. Den Teilnehmern an Europacupbewerben wurde rund ein Drittel der Fahrtkosten ersetzt – öS 200.000,–. Für die Förderung der Tätigkeit von Verbandstrainern wurden öS 500.000,– angewiesen. Für die Förderung von Spitzensportlern wurden ebenfalls öS 500.000,– aufgewendet.

Die Aktion „Komm zum Sport" wurde auch 1987 mit großem Erfolg durchgeführt. Neben Fußball wurden auch Handball, Leichtathletik, Kegeln, Gewichtheben und Judo in die Aktion miteinbezogen.

Ferner wurden 19 Jugendspielplätze und 18 öffentlich zugängliche Ball- und Kleinkinderspielplätze betrieben, neun von der Stadt Wien verwaltete Sporthallen den Dach- und Fachverbänden kostenlos zur Verfügung gestellt. Weitere sieben Spielplätze und 97 Sportanlagen wurden Verbänden und Vereinen zur Verfügung gestellt sowie 5 Sportanlagen, die von der MA 54 selbst verwaltet werden.

Der Schlepplift „Hohe Wand-Wiese" wird von den Wintersportlern sehr gerne benützt. Aufgrund des großen Interesses am Langlaufsport werden auf dem Cobenzl, im Prater, auf der Sofienalpe, auf der Donauinsel, im Gelände des Böhmischen Praters, auf den Steinhofgründen und im Donaupark Langlaufloipen präpariert und der Bevölkerung zur Verfügung gestellt.

Mit den Jugendsportaktionen „Sportplatz der offenen Tür", „Jugendeislaufaktion", „Fahrt zum Schnee", „Spielschwimmen", „Talent-Leistungsschwimmen", „Talent-Spezial" und „Talent-Turnen" wird der direkte Kontakt zur Wiener Jugend gesucht.

Beim „Sportplatz der offenen Tür", der auch im Rahmen des Wiener Ferienspiels und des Wiener Ferienklubs durchgeführt wird, haben Kinder und Jugendliche und, auf einigen Anlagen abends, auch Erwachsene die Möglichkeit, unter Anleitung erfahrener Sportlehrer, Leichtathletik, Ballspiele, Wasserskilauf, Rollschuhlauf und Tennis zu betreiben. Diese Aktion fand vom 6. Juli bis 4. September auf 12 Sportanlagen und in 2 Rundturnhallen für 38.077 Jugendliche und Erwachsene statt. Bei der „Jugendeislaufaktion" wurden Normalkurse, Kleinkinderkurse, Mutter- und Kind-Kurse, ein Perfektions- sowie ein Eishockeykurs angeboten. Die „Fahrten zum Schnee" sind seit vielen Jahren ein fester Bestandteil der außerschulischen Jugendsportförderung.

In Zusammenarbeit mit dem Landesschwimmverband Wien wurde in vier Hallenbädern die Jugendsportaktion „Talent-Leistungsschwimmen“ für Kinder von 7 bis 12 Jahren durchgeführt, an der sich 6820 Kinder beteiligten. Als Fortsetzung dieser Aktion wurden 1741 Kinder in dem Kurs „Talent-Spezial“ zusammengefaßt. Beim „Spielschwimmen“ wurden 2972 Kinder ab vier Jahren in spielerischer Form in das Schwimmen eingeführt.

In Zusammenarbeit mit dem Turnverband wurde die Aktion „Talent-Turnen“ durchgeführt. Ein Großteil der genannten Aktionen bildete eine Spielstation des Wiener Ferienspiels 1987 und rundete auch das Programm von „Jugend aktiv“ ab.

Während der Semesterferien wurde in Zusammenarbeit mit dem Landes-Skiverband Wien, dem Verein Wiener Jugendkreis, der ASKÖ und der UNION ein spezielles Sportprogramm angeboten. In den Sporthallen, beim Jugendeislaufen in der Wiener Stadthalle-Kiba und Donauparkhalle und bei den täglichen „Fahrten zum Schnee“ wurden in diesem Zeitraum insgesamt 8719 Kinder gezählt.

„Wie läuft's beim Volleyball?"
„Direkt zum Sieg mit der S-Schülerliga."